Das Einsteigerseminar

NetObjects Fusion™ 5.0

Ralf Guttmann
Anja Tönjes

Das Einsteigerseminar NetObjects Fusion™ 5.0

bhv

Die Informationen im vorliegenden Buch werden ohne Rücksicht auf einen eventuellen Patentschutz veröffentlicht.

Warennamen werden ohne Gewährleistung der freien Verwendbarkeit benutzt.

Bei der Zusammenstellung von Texten und Abbildungen wurde mit größter Sorgfalt vorgegangen. Trotzdem können Fehler nicht vollständig ausgeschlossen werden. Verlag, Herausgeber und Autoren können für fehlerhafte Angaben und deren Folgen weder eine juristische Verantwortung noch irgendeine Haftung übernehmen.

Für Verbesserungsvorschläge und Hinweise auf Fehler sind Verleger und Herausgeber dankbar.

Dieses Buch wurde der Umwelt zuliebe auf chlorfrei gebleichtem Papier gedruckt.

bhv Verlag, ein Unternehmen der
verlag moderne industrie Buch AG & Co. KG, Landsberg
Novesiastraße 60
D–41564 Kaarst
www.bhv.net

05 04 03 02 01

10 9 8 7 6 5 4 3 2 1

1. Auflage

ISBN 3-8287-1116-2
ISBN 3-8266-7009-4

Printed in Italy

Inhalt

	Einleitung	**15**
	Was kann NetObjects Fusion 5.0?	16
	Was ist neu in Version 5.0?	17
	Zu diesem Buch	18
	Schreibweisen und Bezeichnungen	18
1	**Erste Schritte**	**23**
1.1	Was wir für Fusion empfehlen	23
	ODBC-Treiber für Zugriff auf externe Datenquellen	24
1.2	Installation	25
1.3	Zusatzsoftware	35
	Acrobat Reader 4.0	35
1.4	Ihre erste Website	35
	Alles Ansichtssache	38
	Navigation	39
	What you see is what you need	41
	Neue Seiten hinzufügen	42
	Seiten benennen	44
	Seiten gestalten	45
	Site speichern	51
1.5	Einstellungen	53
	Allgemeine Einstellungen	53
	Meta-Tags	54
	Protokoll-Einstellungen	56
	Sicherungskopie-Einstellungen	57
1.6	Zusammenfassung, Fragen und Übungen	58

2 Site-Planung 63

2.1 Die Site-Ansicht 63
Werkzeuge in der Site-Ansicht 66
Gliederung darstellen 68
2.2 Seitenstruktur festlegen 69
Seite hinzufügen 69
Seite verschieben 70
Seite löschen 71
Häufige Fehler bei der Strukturierung 71
2.3 Seiten benennen 73
Benutzerdefinierte Namen vergeben 76
2.4 Seiten verwalten 77
Darstellungsfarbe ändern 79
2.5 Strukturplan drucken 81
2.6 Zusammenfassung, Fragen und Übungen 83

3 Navigation und Layout 87

3.1 Arbeiten in der Seiten-Ansicht 87
3.2 Master-Rahmen 89
Merkmale für Master-Rahmen 90
Liste der Master-Rahmen bearbeiten 91
Ränder einstellen 93
Automatische Rahmen 94
3.3 Layout 98
Layout-Eigenschaften 98
Name festlegen 99
Größe festlegen 100
HTML-Ausgabe 101
Weitere Layout-Eigenschaften 102
3.4 Benutzerfreundliche Navigation 103
Site-Struktur und Navigation 104
Navigationsleisten-Eigenschaften 105

Navigationsleiste erstellen 110
Neuer Master-Rahmen für untergeordnete Seiten 114
Navigationsleiste für untergeordnete Seiten 115
Navigation in der Seiten-Ansicht 117
Anpassen der Homepage 118
Hervorgehobene Schaltflächen verwenden 119
So kommt Bewegung in Ihre Navigation 120
Benutzerdefinierte Schaltflächen 121
Weitere Navigationsleisten-Eigenschaften 123
3.5 Zusammenfassung, Fragen und Übungen 124

4 Grundlegende Techniken 129

4.1 Objekte positionieren 129
Einzelnes Objekt auswählen 129
Gruppe von Objekten auswählen 130
Ausgewählte Objekte kopieren 131
Ausgewählte Objekte ausschneiden 131
Kopierte oder ausgeschnittene Objekte einfügen 131
Ausgewählte Objekte löschen 131
Ausgewählte Objekte verschieben 132
Form eines Objektes ändern 132
Größenänderung von Bildern 133
Hilfsmittel zur exakten Positionierung 135
Gitternetz einstellen 136
Automatische Ausrichtung / Genauigkeit 136
Hilfslinien 137
Hilfslinien verschieben 138
Hilfslinien löschen 138
Maßeinheit der Lineale einstellen 139
4.2 Links 140
Textlink erstellen 140
Bildlink erstellen 141

	Link-Dialog	142
	Interner Link	142
	Anker	143
	Smart Link	145
	Externer Link	146
	E-Mail-Link definieren	148
	Datei-Link	150
4.3	Textformate	151
	Textformate bearbeiten	151
	Bereich	152
	Stile	152
	Definition	153
	Neues Textformat	154
	Zeichen	155
	Absatz	156
	Liste	157
	Rahmen	158
	Hintergrund	159
	Benutzerdefiniert	160
	Textformat ändern	161
	Textformat löschen	161
4.4	Umgang mit Farben	161
	Farbpalette auswählen	162
	Farbe auswählen	163
	Farbpalette laden	163
	Angepasste Farbpalette erstellen	164
	Farbe ändern	165
	Farbpalette speichern	165
4.5	Design-Grundlagen	165
	Aufteilung in Spalten	166
	Aufteilung in Raster	167
	Abbildungsgrößen festlegen	167
	Optimale Seitengröße	168
4.6	Zusammenfassung, Fragen und Übungen	169

5 Die Homepage gestalten 173

5.1 Text für die Homepage eingeben 173
5.2 Bildgestaltung auf der Homepage 186
Bilder: Woher nehmen und nicht stehlen? 186
Bildqualität und Ladezeiten 187
Bilddatei platzieren 188
Das Bild zur Navigation nutzen (Hotspots) 190
Maussensibler Bildbereich als Rechteck oder Ellipse 192
Maussensibler Bereich in beliebiger Form 193
Verknüpfungen definieren 194
Seite im Browserfenster zentrieren 197
Firmenanschrift mit E-Mail-Verknüpfung 198
Automatisches Änderungsdatum 199
5.3 Zusammenfassung, Fragen und Übungen 203

6 Inhaltsseiten gestalten 207

6.1 Textgestaltung 207
Textfeld-Eigenschaften 208
Hintergrundfarbe 208
Hintergrundbild 209
Textformat-Eigenschaften 213
Schriftschnitt 213
Schriftart 214
Größe 214
Texteffekte 215
Farbe 215
Einrücken 216
Format 217
Listen formatieren 218
Anker 219
Link 219

6.2	Daten aus anderen Programmen	220
	Kopieren über die Zwischenablage	220
	Dateien mit dem Explorer positionieren	221
	Externe HTML-Seiten platzieren	222
	Eigenschaften des externen HTML-Codes	225
6.3	Bilder im Text platzieren	226
	Bild im Text platzieren	226
	Bild ausrichten	228
	Bildumbruch-Einstellungen bei Textformaten	235
	Bildposition im Text verändern	236
6.4	Tabellen	237
	Tabelle erstellen	237
	Inhalte eingeben	239
	Tabelle auswählen	240
	Tabelleneigenschaften	241
	Zellen auswählen	244
	Zellen verbinden	244
	Zellen teilen	245
	Zelleneigenschaften	246
	Zeile auswählen	247
	Zeileneigenschaften	248
	Spalte auswählen	250
	Spalteneigenschaften	251
	Neue Zeile einfügen	252
	Neue Spalte einfügen	253
6.5	Formen und Linien zeichnen	253
	Zeichenwerkzeuge	253
	Rechteck zeichnen	254
	Abgerundetes Rechteck zeichnen	254
	Ellipse zeichnen	256
	Polygon zeichnen	257
	Eigenschaften für gezeichnete Objekte	258
	Text in Element	260
	Linien zeichnen	263

Horizontale Linie 263
Eigenschaften von horizontalen Linien 265
Linie zeichnen 266
Eigenschaften von gezeichneten Linien 267
Gezeichnete Linien bearbeiten 269
Linie des Site-Style 270
6.6 Zusammenfassung, Fragen und Übungen 271

7 Formulare 275

7.1 Formulare erstellen 275
Arbeit mit Layout-Bereichen 275
Layout-Bereich erstellen 276
Eigenschaften von Layout-Bereichen 277
Formular erstellen 277
Formulareinstellungen 280
7.2 Formular-Werkzeuge 285
Formularelemente platzieren 286
Schaltfläche 286
Schaltflächen-Eigenschaften 287
Kontrollkästchen 288
Kontrollkästchen-Eigenschaften 289
Optionsschaltflächen (Radioknöpfe) 290
Optionsschaltflächen-Eigenschaften 291
Eingabefeld 292
Eigenschaften von Eingabefeldern 292
Mehrzeiliges Eingabefeld 294
Eigenschaften von mehrzeiligen Eingabefeldern 295
Auswahlfeld 296
Eigenschaften von Auswahlfeldern 297
7.3 Grundregeln für E-Mail-Anfragen 300
Mitarbeiter vorbereiten 300
Schnell antworten 301

	Wertvolle Kundenmeinungen	303
7.4	Zusammenfassung, Fragen und Übungen	303
8	**Assets verwalten**	**309**
8.1	Die Verwalten-Ansicht	309
	Wozu eine eigene Assetsverwaltung?	310
	Assetstypen	310
	Registerkarte Dateien	311
	Registerkarte Links	311
	Registerkarte Datenobjekte	312
	Registerkarte Variablen	312
8.2	Assets verwalten	312
	Assets bearbeiten	312
	Dateiressource bearbeiten	313
	Assets überprüfen	314
	Assets löschen	315
	Neues Asset erstellen	315
8.3	Zusammenfassung, Fragen und Übungen	316
9	**Publizieren**	**321**
9.1	Die Publizieren-Ansicht	321
	Verzeichnis erstellen	322
	Dateien und Verzeichnisse umbenennen	324
	Verzeichnis löschen	325
	Ressourcen verschieben	326
	Veröffentlichungseigenschaften (Attribute)	326
9.2	Konfiguration	328
	Verzeichnisstruktur	328
	Server definieren	330
	Lokaler Computer	331

Basiseinstellungen 332
Dateibenennung 332
Ferner Publizierungsserver 333
Basiseinstellungen 334
Dateibenennung 335
Erweiterte FTP 336
9.3 HTML-Ausgabe 337
Erweiterte HTML-Optionen 340
9.4 Veröffentlichen 343
Speicherort 343
Zu generierende Seiten 344
Nur geänderte Assets generieren 346
Veröffentlichung starten 346
9.5 Zusammenfassung, Fragen und Übungen 347

Lösungen 351

Glossar 361

Anhang 367

Index 371

Einleitung

NetObjects Fusion ist eines der produktivsten Werkzeuge für Ihren erfolgreichen Auftritt im Internet: Mit NetObjects Fusion erzeugen Sie auch ohne Vorkenntnisse schon nach wenigen Minuten attraktiv gestaltete WebSites. Professionellen Webdesignern bietet die WYSIWYG-Oberfläche (engl.: **W**hat **y**ou **s**ee **i**s **w**hat **y**ou **g**et, was übersetzt heißt: Du bekommst das, was Du siehst) alle Möglichkeiten für die pixelgenaue Positionierung von Grafiken und die exakte Kontrolle über Farben, Paletten und Textformate. Programmierer wissen die komfortable Integration von Dynamic HTML, Cascading Style Sheets, ASP und Java zu schätzen. Selbst eingefleischte Puristen in Sachen HTML sind von der vollständigen Implementierung von HTML 4.0, der komfortablen Tabellengestaltung und der Quellcode-Optimierung für verschiedene Browser begeistert. Und nicht nur Neulinge profitieren von eingebauten Gimmicks wie den dynamischen JavaScript-Buttons und Newstickern mit LED-Laufschrift.

In unserer Webagentur setzen wir Fusion seit der Version 2.02 für die Gestaltung von Internetpräsenzen für unsere Kunden ein und haben bisher mehr als 50 Websites mit Fusion produziert. Wir schätzen vor allem die Möglichkeit eigene Stilvorlagen und Prototypen zu erstellen, die komfortable Anbindung von Datenbanken und das effektive Zusammenspiel mit Allaire Cold Fusion (übrigens mit NetObjects Fusion weder verwandt noch verschwägert).

In diesem Einsteigerseminar werden Sie an konkreten Beispielen einfach und schnell einen Großteil der leistungsfähigen Funktionen von NetObjects Fusion kennen lernen, um Ihren Internetauftritt effektiv und professionell zu gestalten.

Vorher erfahren Sie jedoch noch einige allgemeine Dinge zum Programm und zu diesem Buch.

Was kann NetObjects Fusion 5.0?

Fusion 5.0 bietet Ihnen alles, was Sie für die professionelle Gestaltung Ihres Internetauftrittes benötigen.

Wir haben für Sie die wichtigsten Leistungsmerkmale als Stichpunkte zusammengefasst:

- Einfache Bedienung durch WYSIWYN-Oberfläche (What you see is what you need): Sie sehen nur die Bedienungselemente, die Sie gerade benötigen. Das mühsame Suchen durch unübersichtliche Menüs entfällt.
- Assistenten für viele Funktionen
- Schnelles Planen und Verändern Ihrer Site-Struktur durch Drag&Drop
- Auf allen Seiten wiederkehrende Elemente wie Schriftzüge, Seitentitel und Navigationsleisten brauchen Sie nur einmal zu platzieren, die aktuellen Seitentitel, Schaltflächen und Verknüpfungen werden automatisch erstellt und aktualisiert.
- Exaktes Platzieren von Grafiken, Tabellen und Texten im WYSIWYG-Editor (What you see is what you get) mit Raster, Hilfslinien und Linealen
- Nutzung von Mustervorlagen, Farb- und Textformaten
- Übernahme und Optimierung von Bildern in Ihre Internetseiten
- Automatisches Erstellen von Rahmen (Framesets) mit einem Mausklick
- Einfache und schnelle Integration von bestehenden externen HTML-Dateien
- Übertragung der Daten auf den Webserver mit einem Mausklick ohne zusätzliches Programm

- Unterstützung aller wichtigen Web-Technologien wie Java, JavaScript, Shockwave, ActiveX, Hotmedia, DHTML, VRML, Video und Sound
- Effektive Anbindung an Datenbanken und Anwendungsserver von Allaire, Microsoft, IBM und Lotus
- Komfortable Verwaltung aller Bausteine wie Bilder, externen HTML-Seiten, Dateien und Datenquellen innerhalb des Programms

Im Verlauf dieses Einsteigerseminars werden Sie erfahren, wie Sie die Funktionen von NetObjects Fusion 5.0 einsetzen können, um Ihren Internetauftritt effektiv und professionell zu gestalten.

Was ist neu in Version 5.0?

Neben einer wesentlich verbesserten Benutzeroberfläche zeichnet sich die neue Version 5.0 vor allem durch die folgenden Leistungsmerkmale aus:

- Integrierte Voranzeige auch ohne externen Web-Browser
- Vollständige Unterstützung von Cascading Style Sheets mit integriertem Format-Editor und wesentlich erweiterten Formatierungsmöglichkeiten
- Die automatisch erzeugten Navigationsleisten können mit zusätzlichen frei definierbaren Buttons ergänzt werden
- Verbesserte Anzeige und einfachere Ergänzung des erzeugten HTML-Quelltextes

Zu diesem Buch

Sie benötigen für dieses Einsteigerseminar keine Vorkenntnisse im Umgang mit NetObjects Fusion oder einem anderen Web-Publishing-Programm. Sie sollten jedoch bereits im Internet gesurft haben und über Erfahrung in der Bedienung eines Windows-PCs verfügen.

Dieses Buch gibt Ihnen eine praxisgerechte Anleitung zum Einstieg in NetObjects Fusion, kann jedoch den sehr großen Leistungsumfang des Programms nicht vollständig darstellen. Wir haben deshalb den Schwerpunkt auf solche Themen gelegt, die unserer Erfahrung nach in der täglichen Praxis besonders häufig benötigt werden. In den Kapiteln stellen wir Ihnen typische Anwendungen in Form von Beispielen vor. Die vorgestellten Techniken werden am Ende eines jeden Kapitels noch einmal kurz zusammengefasst. Anhand von Fragen und Übungen können Sie das Erlernte überprüfen und vertiefen.

Schreibweisen und Bezeichnungen

Zur schnelleren Orientierung werden in diesem Einsteigerseminar folgende Schreibweisen und Bezeichnungen benutzt:

Kursiv: Menünamen und Bezeichnungen von Fenstern und Dialogboxen sowie deren Inhalte und Elemente wie Register, Schaltflächen etc. werden *kursiv* geschrieben. Die Punkte und Auswahlmöglichkeiten, die in den Menüleisten oder Untermenüs zu finden sind, werden als Befehle bezeichnet und sind ebenfalls kursiv formatiert. Auch Datei- und Pfadangaben werden kursiv gesetzt, ebenso alle neuen Fachbegriffe, die im Glossar am Ende des Buches erklärt werden.

`Courier`: Eingaben, die Sie als Anwender über die Tastatur vornehmen sollen, sind in der Schriftart `Courier` gesetzt.

[Strg]: [Strg] bezeichnet eine einzelne Taste, die Sie drücken sollen. Tastenkombinationen werden durch [Strg] + [C] dargestellt, d.h., Sie drücken zuerst die [Strg]-Taste, halten diese gedrückt und drücken dann die [C]-Taste. Wenn zwischen zwei Tasten kein Pluszeichen steht, müssen Sie die Tasten nacheinander drücken, d.h., Sie müssen die erste Taste zuerst loslassen, bevor Sie die zweite Taste drücken.

Wir wünschen Ihnen bei der Arbeit mit diesem Einsteigerseminar für NetObjects Fusion 5.0 viel Spaß und Erfolg.

Ralf Guttmann & Anja Tönjes

Erste Schritte

1 Erste Schritte

In diesem Kapitel erfahren Sie, was Sie für Fusion benötigen, wie Sie das Programm installieren, was sich außerdem noch auf der Programm-CD befindet und was Sie damit anfangen können. Nach der Installation zeigen wir Ihnen, wie Sie mit Fusion Ihre erste Website erstellen, was Fusion grundlegend von anderen Programmen unterscheidet und was es mit den verschiedenen Ansichtsmodi und der Merkmalpalette auf sich hat. Anschließend beschreiben wir einige Voreinstellungen, die Sie beherzigen sollten.

1.1 Was wir für Fusion empfehlen

Wenn Sie auf die Seite der Softwarepackung schauen, finden Sie die aktuellen Systemvoraussetzungen des Herstellers NetObjects:

- 133 MHz Pentium Prozessor (Pentium 200 empfohlen)
- Windows 95, 98 oder NT 4.0
- CD-ROM-Laufwerk
- Maus
- 32 MB RAM (empfohlen 64 MB)
- 160 MB freier Festplattenspeicher
- Bildschirmauflösung mindestens 800 x 600 x 256 Farben
- Web-Browser, Microsoft Internet Explorer 3.0 oder höher
- Internetzugang
- 32-Bit ODBC-Treiber für den Zugriff auf externe Datenquellen

Wie gesagt: Es handelt sich dabei um Mindestvoraussetzungen. Damit Ihnen die Arbeit richtig Spaß macht, empfehlen wir jedoch folgende Ausstattungsmerkmale für Ihren Webdesign-PC (schneller und besser schadet übrigens nicht):

- Pentium 300 MHz oder schneller
- 64 MB RAM oder mehr
- Bildschirmauflösung von 1024 x 768 x 16 Mio. Farben bei einer Monitorgröße von mindestens 35,6 cm (17") Bildschirmdiagonale
- die neuesten Web-Browser von Netscape und Microsoft (möglichst beide, um browserspezifische Varianten zu testen)

Außerdem benötigen Sie ein gutes pixelorientiertes Zeichenprogramm als Ergänzung zu Fusion wie z.B. Adobe Photoshop, Corel Photopaint oder Ulead Photoimpact sowie einen Farbscanner oder eine Digitalkamera für die Übernahme Ihrer Bilder ins Internet. Neben den genannten Zeichenprogrammen gibt es natürlich zahlreiche weitere Programme anderer Hersteller, die auch für die Bearbeitung von Internetgrafiken geeignet sind.

HINWEIS

Von bhv gibt es in einigen Kaufhäusern oder im Versandhandel immer noch eine Special Edition von Ulead Photoimpact 3.0 zu einem echten Knallerpreis, einschließlich sehr guter Zusatzprogramme für die Optimierung von Webgrafiken. Die Version ist zwar nicht mehr die neueste, reicht aber vollkommen aus.

ODBC-Treiber für Zugriff auf externe Datenquellen

NetObjects Fusion erlaubt einen recht ordentlichen Zugriff auf externe Datenquellen mit Hilfe von ODBC-Treibern. Wenn Sie Microsoft Office oder ein anderes Produkt mit 32-Bit-Datenbanken installiert haben, sind die 32-Bit-ODBC-Treiber in der Regel schon auf Ihrem System installiert. Sie erkennen das am Vorhandensein des entsprechenden Symbols in der Windows-Systemsteuerung, die Sie im Startmenü durch die Auswahl *Einstellungen / Systemsteuerung* aufrufen. Falls Sie noch keine ODBC-Treiber installiert haben, können Sie sich die aktuelle Version von der Microsoft-Homepage im Internet unter der Adresse *http://www.microsoft.com/data/* herunterladen.

1.2 Installation

HINWEIS

Beenden Sie alle anderen Windows-Programme, bevor Sie die Fusion-CD in das Laufwerk einlegen!

Nach dem Einlegen der CD startet das Installationsprogramm in der Regel automatisch.

Der Begrüßungsbildschirm erscheint:

Abb. 1.1: Begrüßungsbildschirm des Setup-Programms

Klicken Sie im Begrüßungsbildschirm auf die Schaltfläche *Installieren*, um die Installation zu beginnen (siehe Abb. 1.2).

Da das Setup-Programm keine offenen Dateien aktualisieren kann und der Rechner nach der Installation neu gestartet werden muss, sollten Sie während der Installation keine anderen Programme laufen lassen. Falls noch nicht geschehen, haben Sie an dieser Stelle Gelegenheit, das Installationsprogramm abzubrechen, um die anderen Windows-Programme zu beenden.

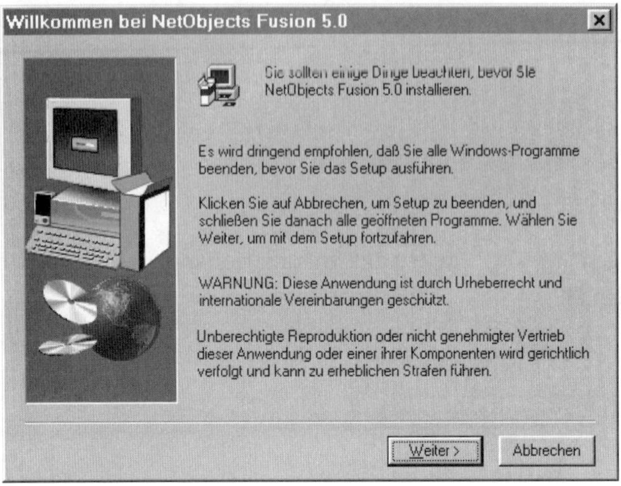

Abb. 1.2: Hinweise zu Beginn der Installation

Andernfalls klicken Sie auf *Weiter*, um die Installation fortzusetzen.

Abb. 1.3: Tipps zum Einstieg in das Programm

Anschließend weist Sie das Setup-Programm auf die Schnellstart-Tipps und den Lehrgang zum Kennenlernen des Programms hin. Wenn Sie den Lehrgang benutzen möchten, sollten Sie Fusion unbedingt vollständig installieren, die entsprechende Auswahl treffen Sie an anderer Stelle im Installationsprogramm.

Durch Klicken auf *Weiter* gelangen Sie zum nächsten Dialogfenster.

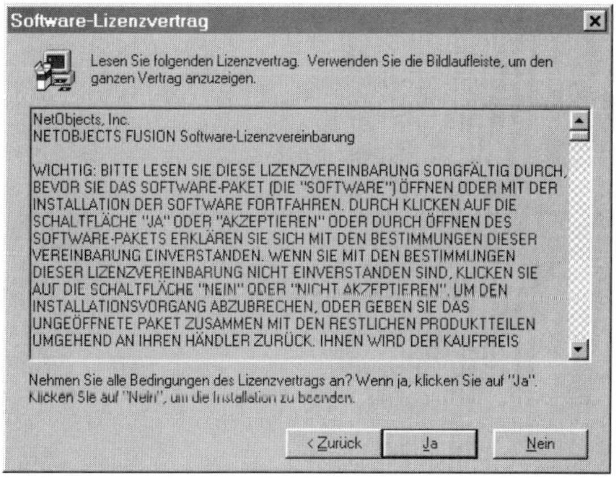

Abb. 1.4: Softwarelizenzvereinbarung

Als Nächstes müssen Sie der Lizenzvereinbarung zustimmen, um das Setup-Programm fortzusetzen. Klicken Sie dazu auf die Schaltfläche *Ja*.

Abb. 1.5: Benutzerinformationen

Nachdem Sie dem Lizenzvertrag zugestimmt haben, müssen Sie Ihre Benutzerdaten und die Seriennummer eingeben. Sie finden die Seriennummer auf der Registrierkarte, die Ihrem Software-Paket beigefügt ist.

Durch Klicken auf *Weiter* gelangen Sie zum nächsten Dialogfenster.

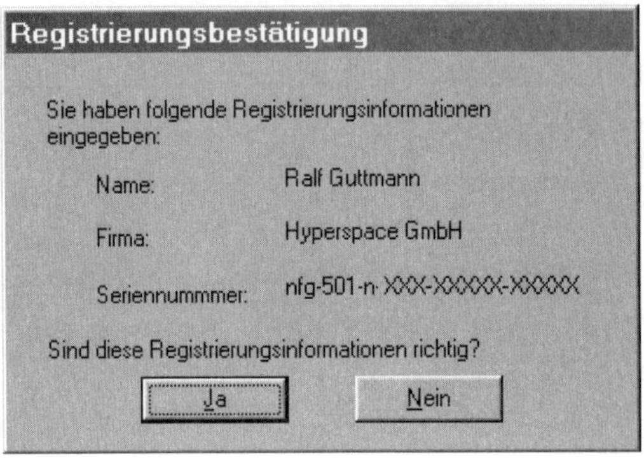

Abb. 1.6: Registrierbestätigung

Sie müssen dort die Registrierinformationen, die Sie zuvor eingegeben haben, durch Klicken auf *Ja* bestätigen. Falls Sie einen Tippfehler entdecken, können Sie Ihre Angaben mit der Schaltfläche *Nein* korrigieren.

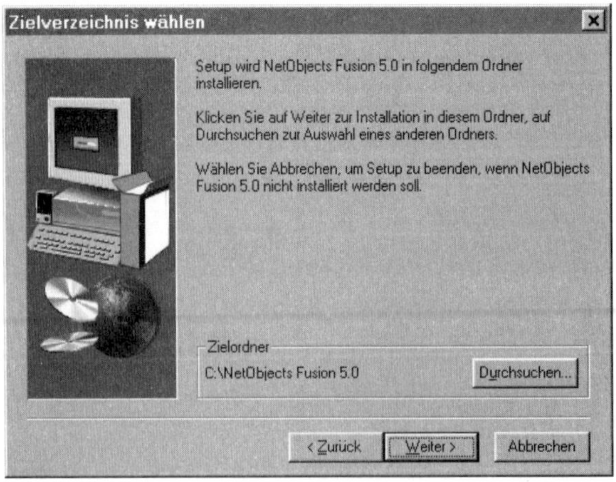

Abb. 1.7: Zielverzeichnis auswählen

Anschließend müssen Sie den Ordner festlegen, in dem Sie Fusion installieren wollen. Sie können dazu mit *Weiter* die Standardvorgabe C:\NetObjects Fusion 5.0 übernehmen oder durch Klicken auf *Durchsuchen* ein anderes Verzeichnis festlegen.

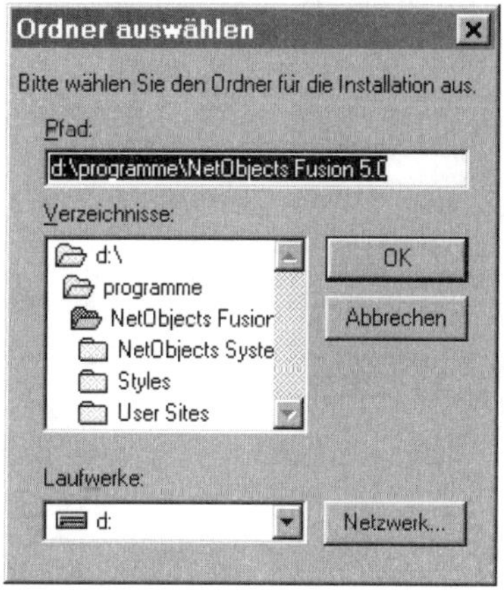

Abb. 1.8: Ordner für die Installation festlegen

Wählen Sie das gewünschte Zielverzeichnis aus und klicken Sie auf *OK*, um die Einstellungen zu übernehmen. Anschließend müssen Sie mit *Weiter* die Verarbeitung fortsetzen.

HINWEIS

Wenn Sie im Feld *Pfad* ein Verzeichnis eintragen, das noch nicht existiert, wird es angelegt.

Wählen Sie für die Installation des Programms unbedingt ein lokales Laufwerk auf der Festplatte Ihres PCs. Der Hersteller des Programms NetObjects rät von der Installation auf einem Netzwerklaufwerk ab, außerdem müssen Sie aus lizenzrechtlichen Gründen ohnehin für jeden PC, der mit dem Programm arbeiten soll, eine eigene Version erwerben. Für die gleichzeitige Arbeit im Netzwerk bietet NetObjects eine wesentlich erweiterte Version unter dem Namen NetObjects Authoring Server Suite 2000 an, die jedoch leider nur auf Englisch verfügbar ist.

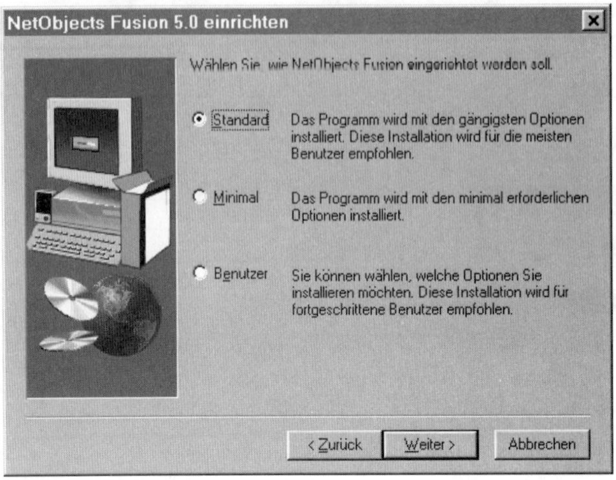

Abb. 1.9: Installationsart auswählen

Im nächsten Schritt müssen Sie die Installationsart auswählen:

Standard installiert alle Programmoptionen, Vorlagen und Beispiele; dazu werden etwa 125 MB Speicherplatz auf der Festplatte benötigt. Sie sollten diese Option wählen, wenn Sie den Lehrgang zum Kennenlernen des Programms absolvieren wollen.

Minimal installiert nur das Allernötigste und ist somit für Notebooks oder PCs mit wenig Speicherplatz geeignet.

Benutzer öffnet ein weiteres Dialogfenster, mit dem Sie einzelne Programmkomponenten aus- oder abwählen können.

Wenn Sie bereits über Vorkenntnisse verfügen, können Sie bei der benutzerdefinierten Auswahl der Setup-Komponenten auf die Installation des Lernprogramms verzichten. Wenn Sie die Beispiele nachvollziehen möchten, die in der mitgelieferten Dokumentation von Fusion beschrieben sind, sollten Sie die Beispieldateien installieren. Auf keinen Fall verzichten dürfen Sie auf die Programmdateien, Hilfedateien und Schablonen.

Abb. 1.10: Komponenten wählen

Klicken Sie auf *Weiter*, um die Installation fortzusetzen.

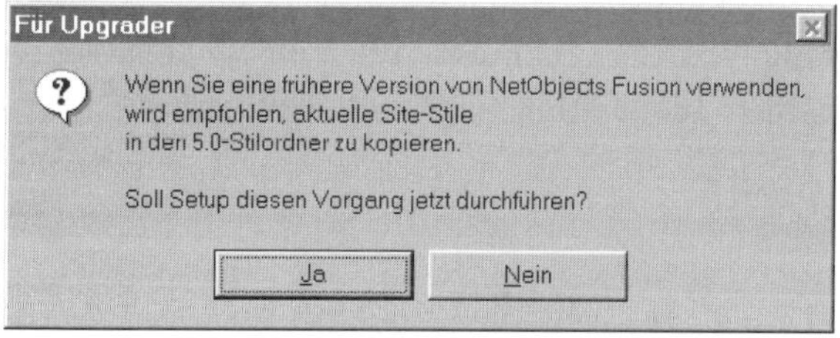

Abb. 1.11: Aktualisierung einer bestehenden Version

Dieser Bildschirm erscheint nur dann, wenn Sie zuvor bereits eine andere Version von Fusion auf Ihrem System installiert hatten. Durch Klicken auf die Schaltfläche *Ja* können Sie alle Site-Darstellungen (Site-Styles) der vorherigen Version in die neue Version übernehmen. Diese Funktion ist vor allem dann sehr nützlich, wenn Sie selbst eigene Site-Darstellungen erstellt haben und diese auch in der Version 5.0 weiter benutzen wollen.

Möglicherweise müssen Sie das Programmverzeichnis der bisherigen Fusion-Installation noch in einem weiteren Dialogfenster angeben:

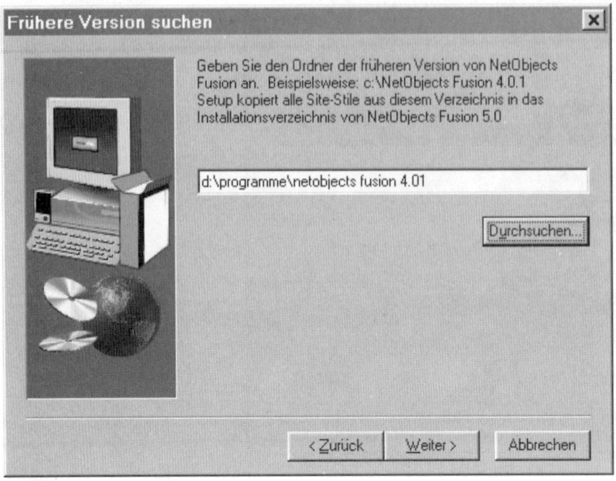

Abb. 1.12: Verzeichnis der früheren Version angeben

Nach diesen ganzen Vorbereitungen beginnt jetzt endlich der eigentliche Installationsvorgang, bei dem die Dateien von der CD auf die Festplatte Ihres Computers kopiert und die Programmsymbole eingerichtet werden. Der Fortschritt der Installation wird dabei mit einer Balkengrafik angezeigt.

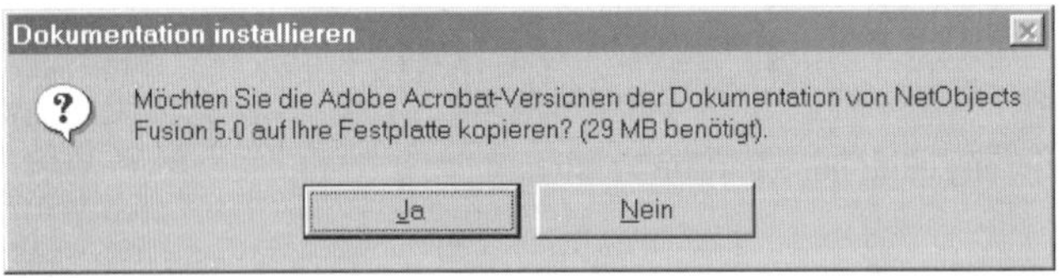

Abb. 1.13: Dokumentation installieren

Nachdem alle Dateien kopiert wurden, fragt Sie das Installationsprogramm, ob Sie die Dokumentationsdateien auf die Festplatte kopieren wollen. Die Dokumentation liegt als PDF-Datei für Acrobat Reader vor, der ebenfalls auf der CD enthalten ist. Wenn Sie noch nicht mit Fusion vertraut sind und noch 30 MB Speicherplatz auf Ihrer Festplatte frei sind, sollten Sie die Dokumentation ruhig installieren: Klicken Sie dazu auf *Ja*.

Nach der Installation fragt Sie das Setup-Programm, ob Sie die Readme-Datei ansehen wollen.

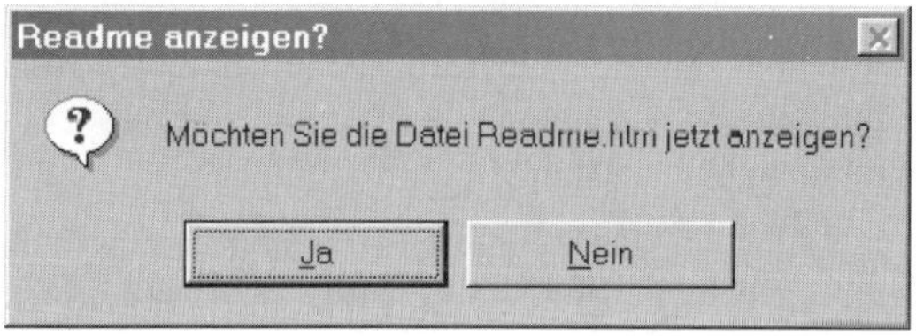

Abb. 1.14: Readme anzeigen

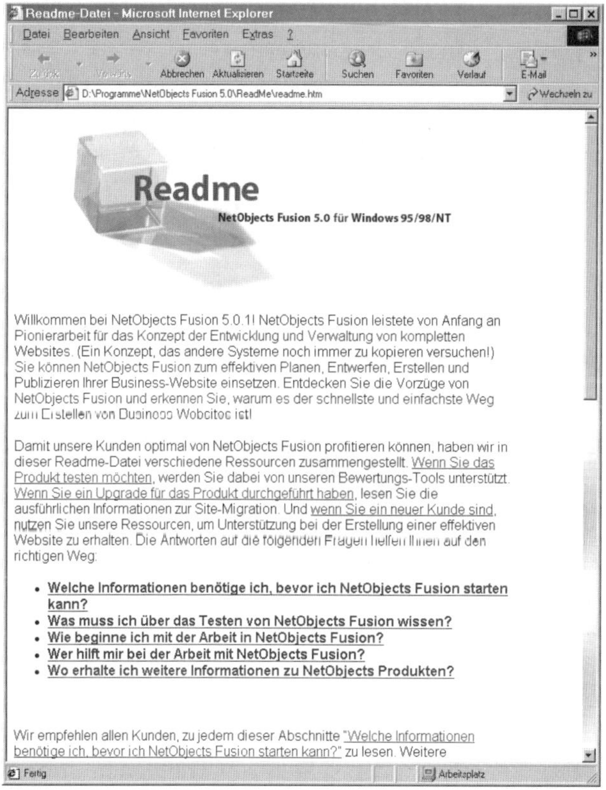

Abb. 1.15: Die Readme-Datei enthält nützliche Informationen

Sie sollten hier mit *Ja* bestätigen, weil die Readme-Datei sehr viele wichtige Informationen und Hinweise zur Lösung von Problemen enthält (siehe Abb. 1.15).

Sie können die Readme-Datei aber auch zu einem späteren Zeitpunkt aus dem Startmenü aufrufen.

HINWEIS

Umsteiger von einer älteren Fusion-Version sollten die Readme-Datei unbedingt lesen!

Die Readme-Datei wird als HTML-Dokument im Web-Browser angezeigt. Sie müssen das Browserfenster schließen, um die Installation abzuschließen.

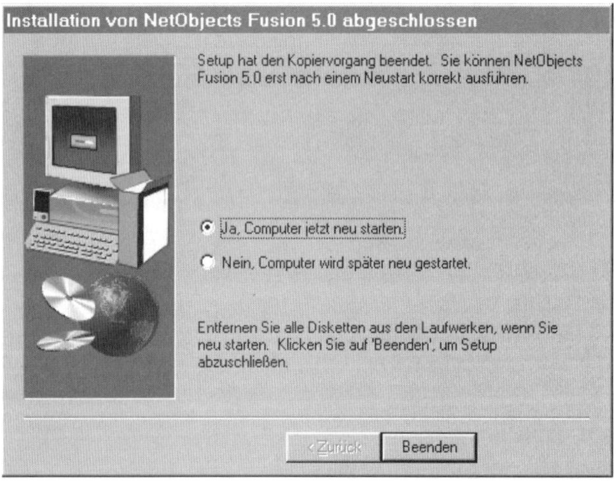

Abb. 1.16: Installation beendet – Neustart erforderlich

Nach der Installation muss der Rechner neu gestartet werden, bevor Sie mit Fusion arbeiten können. Wählen Sie aus, ob Sie den Computer sofort durch das Setup-Programm oder später von Hand neu starten wollen, und klicken Sie auf *Beenden*, um das Installationsprogramm zu beenden.

Nach dem Neustart des Computers können Sie mit NetObjects Fusion arbeiten.

1.3 Zusatzsoftware

Neben Fusion befindet sich noch weitere kostenlose Zusatzsoftware auf der CD.

Acrobat Reader 4.0

Um die Dokumentation lesen zu können, benötigen Sie einen Acrobat Reader ab Version 4.0, der ebenfalls auf der CD mitgeliefert wird. Wechseln Sie für die Installation in den Ordner *Adobe Acrobat Reader 4.0* und starten Sie dort das Programm *ar40deu.exe*.

1.4 Ihre erste Website

In der folgenden Übung zeigen wir Ihnen, wie einfach es ist, mit Fusion Websites zu erstellen. Als Beispiel wollen wir die Internetagentur hyperspace mit einigen Seiten im Internet präsentieren, die Struktur dieser Website ist jedoch auf nahezu jedes andere Unternehmen übertragbar.

Starten Sie Fusion, indem Sie im Startmenü *Programme / NetObjects / NetObjects Fusion 5.0* auswählen oder durch Doppelklick auf das Symbol für NetObjects Fusion 5.0 auf der Arbeitsoberfläche.

Abb. 1.17: Das Symbol für NetObjects Fusion auf der Arbeitsoberfläche

Daraufhin wird der Startdialog von Fusion angezeigt:

Abb. 1.18: NetObjects Fusion Startdialog

Wählen Sie *Leere Site* aus und klicken Sie auf *OK*, um das Dialogfenster *Neue leere Site* anzuzeigen:

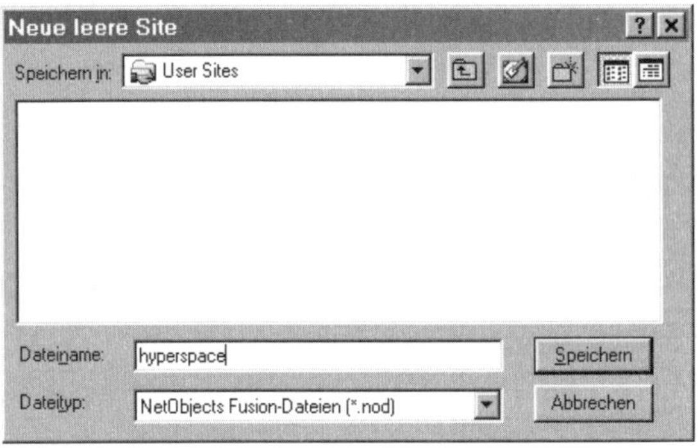

Abb. 1.19: Neue leere Site

Geben Sie im Feld *Dateiname* den Namen für die Website ein, für unser Beispiel also *hyperspace*, und klicken Sie dann auf *Speichern*.

HINWEIS

Als Verzeichnis gibt Fusion den Ordner *User Sites* unterhalb des Fusion-Programmverzeichnisses automatisch vor, Sie können diesen Ordner jedoch wechseln. Im ausgewählten Verzeichnis wird ein neuer Ordner mit dem gleichen Namen wie die Website erzeugt, die Site-Datei erhält die Endung *.nod*. NetObjects rät dringend dazu, Site-Dateien nur auf lokalen Festplatten und nicht im Netzwerk zu speichern.

Beim ersten Start werden Sie gefragt, ob Fusion automatisch eine Verbindung zum Internet herstellen soll, um nach neueren Versionen der Software zu suchen. Dies bezieht sich vor allem auf die Menüeinträge und Links im Hilfe-Menü.

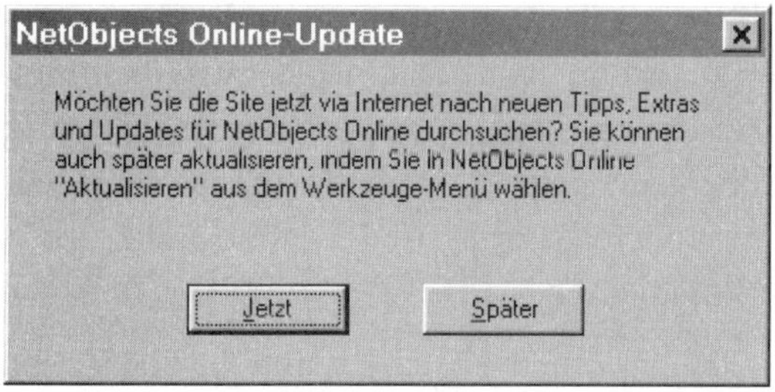

Abb. 1.20: Online-Aktualisierung

Klicken Sie auf *Jetzt*, um die Aktualisierung sofort durchzuführen, oder auf *Später*, um die Aktualisierung zu einem späteren Zeitpunkt vorzunehmen.

Fusion zeigt Ihnen als Nächstes die Site-Ansicht Ihrer Website an:

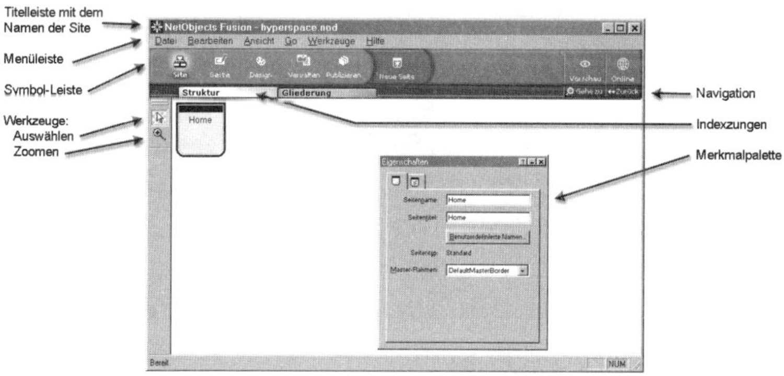

Abb. 1.21: Site-Ansicht

In der Site-Ansicht sehen Sie eine hierarchische Struktur Ihrer Website. Für die Bearbeitung stellt Ihnen Fusion jedoch noch weitere Ansichten zur Verfügung, die wir im Folgenden kurz beschreiben:

Alles Ansichtssache

Anders als die meisten anderen Programme, mit denen Sie bisher gearbeitet haben, verfügt NetObjects Fusion über mehrere völlig unterschiedliche Ansichten der Datei (Website), die Sie gerade bearbeiten. Das ist ein wenig vergleichbar mit der Layout-Ansicht oder der Seitenvorschau, die Sie vielleicht schon von Ihrem Textverarbeitungsprogramm her kennen. Das Konzept mit verschiedenen Ansichten in Fusion geht jedoch weit über eine reine Vorschau hinaus, denn jede Ansicht in Fusion hat eine andere Aufgabe und erlaubt völlig unterschiedliche Bearbeitungsmöglichkeiten.

Für den Wechsel zwischen den einzelnen Ansichten und die Navigation innerhalb der Website stellt Fusion einige Symbolknöpfe in der Hauptkontrollleiste zur Verfügung.

Abb. 1.22: Hauptkontrollleiste

Links befinden sich die Symbole zum Wechseln der aktuellen Ansicht.

Site

In der Site-Ansicht planen Sie die Struktur Ihrer Website, fügen neue Seiten hinzu, löschen oder verschieben Seiten und ändern ihren Status.

Seite

In der Seitenansicht legen Sie das Layout und die Inhalte der einzelnen Seiten fest und binden externe Datenquellen ein.

Design

In der Design-Ansicht legen Sie ähnlich wie bei einer Mustervorlage in einer Textverarbeitung das Aussehen für Navigationsleisten, Hintergründe, Linkfarben, Trennlinien und Schriftzüge (Seitenbanner) fest.

Verwalten

Die Ansicht Verwalten stellt Ihnen eine Möglichkeit zur Verfügung, alle Objekte Ihrer Website wie Hyperlinks, Bilddateien, externe Datenquellen, externe HTML-Dateien und Java-Applets zentral zu verwalten.

Publizieren

In der Ansicht Publizieren schließlich bestimmen Sie die Verzeichnisstruktur Ihrer Website auf dem Webserver und alle weiteren Einstellungen für die Publikation der Seiten im Internet. Hier können Sie auch Ihre Website auf den Webserver übertragen.

> **HINWEIS** Wenn Sie Fusion das erste Mal starten, wird Ihnen die Site-Ansicht angezeigt. Beim Verlassen des Programms und beim Schließen einer Website merkt sich Fusion die aktive Ansicht und kehrt beim nächsten Aufruf der Webseite wieder zur letzten Ansicht zurück.

Navigation

Im rechten Teil der Hauptkontrollleiste sind weitere Symbolknöpfe für die Navigation innerhalb der Website und für die Vorschau im Browser zu finden:

Abb. 1.23: Symbolknöpfe für Vorschau und Navigation

Besonders häufig werden Sie hier das Vorschausymbol benötigen.

HINWEIS

Drücken Sie die [Strg]-Taste, wenn Sie auf das Vorschausymbol klicken, um nur die aktuelle Seite im Browser anzuzeigen. Hierbei funktionieren die Links auf andere Seiten allerdings nicht. Ohne die [Strg]-Taste werden Vorschauseiten von allen Seiten der Website erstellt, dies kann bei umfangreichen Websites einige Zeit in Anspruch nehmen.

Mit dem Symbol für *Gehe zu Seite* können Sie den Namen der Seite eingeben, die Sie in der Seitenansicht anzeigen wollen. Dabei haben Sie auch die Möglichkeit, nach Teilen des Namens einer Seite zu suchen.

Mit dem Symbol für *Vorherige Ansicht* können Sie zu den vorigen Ansichten zurückgehen. Dies entspricht in seiner Funktion etwa dem Zurück-Knopf in einem Web-Browser.

Die Funktion *Online* ist in der Version 5 neu hinzugekommen, hier finden Sie zahlreiche Tipps für die Planung und Realisierung Ihrer Website sowie Links zu den Anbietern von Zusatzprogrammen und Dienstleistern.

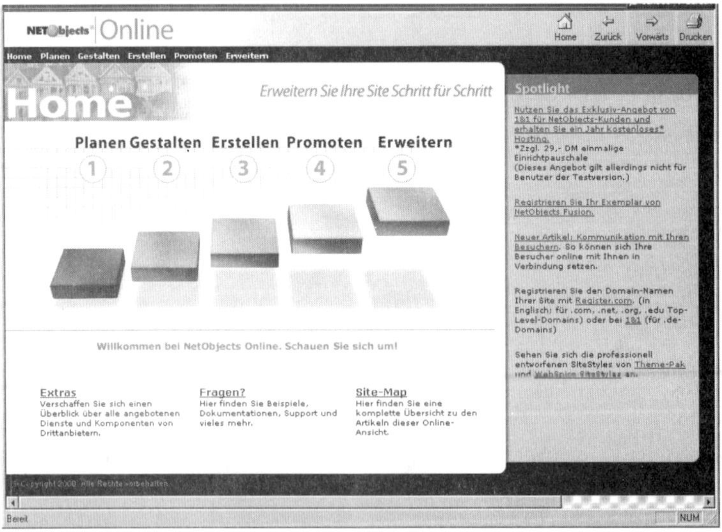

Abb. 1.24: Zusatzinformationen im Online-Bereich

Fusion kann selbsttätig dafür sorgen, daß die Informationen im Online-Bereich immer auf dem neuesten Stand sind. Im Menü *Werkzeuge / Optionen / Online* können Sie einstellen, wann Fusion die Daten im Online-Bereich aktualisiert:

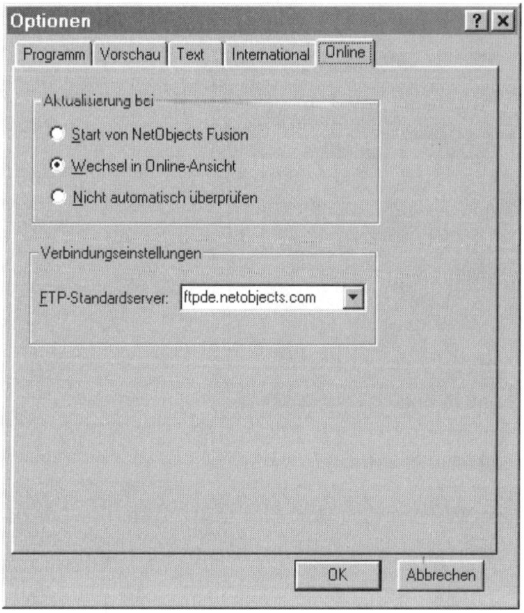

Abb. 1.25: Optionen - Online

What you see is what you need

Eine weitere Besonderheit von Fusion ist ebenso effektiv wie gewöhnungsbedürftig: Sie sehen nämlich immer nur die Befehle, Eingabefelder und Schaltflächen, die Sie im Moment gerade benötigen (What you see is what you need). Das Aussehen des Bildschirms und die Inhalte der Menüs, Paletten und Werkzeugleisten ändern sich dabei in Abhängigkeit vom gerade ausgewählten Werkzeug bzw. Objekt. Sie werden feststellen, dass nach der Eingewöhnung diese Art der Programmsteuerung wesentlich effektiver ist als die althergebrachte Steuerung durch verschachtelte Menüstrukturen, da die Suche nach dem gerade benötigten Menübefehl bei Fusion fast völlig entfällt.

Kernstück dieser benutzerfreundlichen Programmsteuerung ist die Merkmalpalette, die Sie über den Menübefehl *Ansicht / Merkmalpalette* oder die Taste [F3] ein- oder ausblenden können.

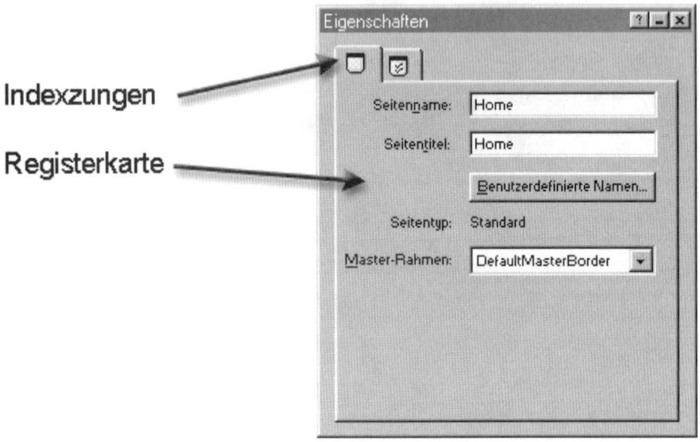

Abb. 1.26: Merkmalpalette (Site-Ansicht: Seite)

Abhängig vom ausgewählten Werkzeug oder Element stellt die Merkmalpalette alle nötigen Einstellungsmöglichkeiten zur Verfügung. Die Einstellungsmöglichkeiten werden dabei thematisch in einzelne Registerkarten zusammengefasst, die Sie über Indexzungen im oberen Teil der Merkmalpalette ansteuern können.

HINWEIS Leider können Sie die Größe der Merkmalpalette nicht verändern. Sie können sie lediglich auf die Titelzeile minimieren, indem Sie auf das entsprechende Symbol in der Titelleiste klicken oder im blauen Bereich der Titelleiste doppelklicken.

Neue Seiten hinzufügen

Die neu erstellte, leere Website enthält bisher nur die Homepage. Wir wollen deshalb einige weitere Seiten hinzufügen. Bitte wechseln Sie dazu wieder in die Site-Ansicht.

Abb. 1.27: Auswahl-Werkzeug

Wählen Sie in der Site-Ansicht das Auswahl-Werkzeug aus und klicken Sie auf die Homepage.

Klicken Sie dann fünfmal auf das Symbol für *Neue Seite*, um fünf neue Seiten unterhalb der Homepage zu erzeugen.

> **HINWEIS**
> Das Symbol *Neue Seite* hat nur in der Seitenansicht die gleiche Funktion. In der Design-Ansicht können Sie mit diesem Symbol eine neue Darstellung definieren, in der Ansicht Verwalten wird damit eine neue Ressource erstellt. In der Ansicht Publizieren können Sie das Symbol benutzen, um einen neuen Ordner anzulegen.

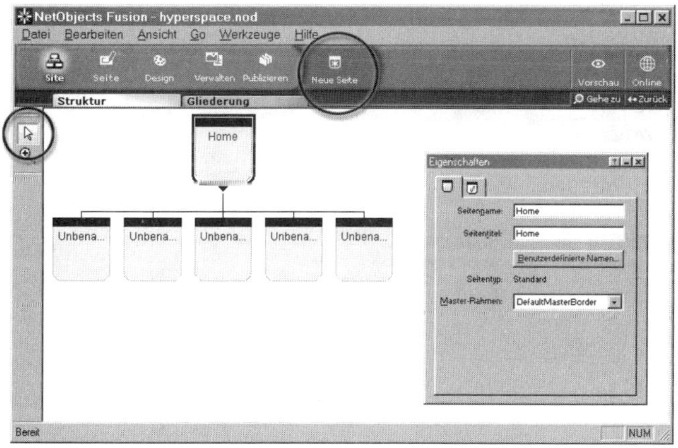

Abb. 1.28: Fünf neue Seiten unterhalb der Homepage

Fusion versieht die neuen Seiten automatisch mit dem Namen »Unbenannt«. In der Strukturansicht werden vom Namen nur so viele Zeichen angezeigt, wie ohne Zeilenumbruch innerhalb des Seitensymbols

Platz finden. Längere Namen werden abgekürzt und durch drei Punkte ... dargestellt.

Seiten benennen

Klicken Sie mit dem Auswahl-Werkzeug auf den Namen im Seitensymbol für die Seite ganz links.

Abb. 1.29: Benennen einer Seite im Seitensymbol

Der Cursor wird dadurch in das Namensfeld gesetzt, der bisherige Name *Unbenannt* wird blau markiert.

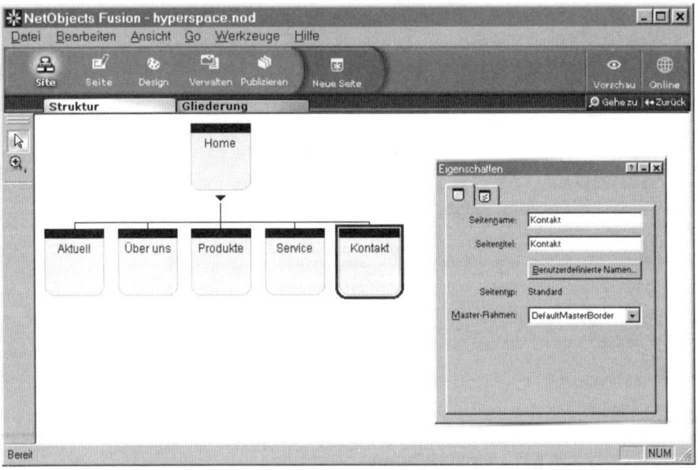

Abb. 1.30: Namen ändern in der Merkmalpalette

Ändern Sie den Namen auf `Aktuell` und betätigen Sie die Tabulator-Taste, um den neuen Namen zu übernehmen und gleichzeitig den

Cursor in das Namensfeld des nächsten Seitensymbols zu setzen. Benennen Sie auf diese Weise die anderen Seiten mit `Ueber uns`, `Produkte`, `Service` und `Kontakt`.

Alternativ können Sie auch die Merkmalpalette benutzen, um Seitennamen zu ändern. Wählen Sie dazu die Seite aus, deren Namen Sie ändern wollen.

Klicken Sie in der Merkmalpalette in das Feld *Name* und geben Sie dort den neuen Namen für die Seite ein. Wenn Sie den Cursor mit der Tabulatortaste aus dem Eingabefeld herausbewegen oder ein anderes Element in der Site-Ansicht anklicken, wird die Bildschirmansicht aktualisiert und der geänderte Name angezeigt.

Weitere Hinweise zum Benennen von Seiten finden Sie in Kapitel 2 Abschnitt 2.3: "Seiten benennen".

Seiten gestalten

Nachdem die Struktur der Site vorläufig fertig gestellt ist, geht es jetzt an die Gestaltung der einzelnen Seiten.

Abb. 1.31: Symbol zum Wechseln in die Seitenansicht

Bitte wählen Sie dazu die Homepage aus und wechseln Sie in die Seitenansicht, indem Sie auf das Symbol für »*Seitenansicht*« klicken.

In der Seitenansicht können Sie das Layout und die Inhalte Ihrer Webseiten bearbeiten.

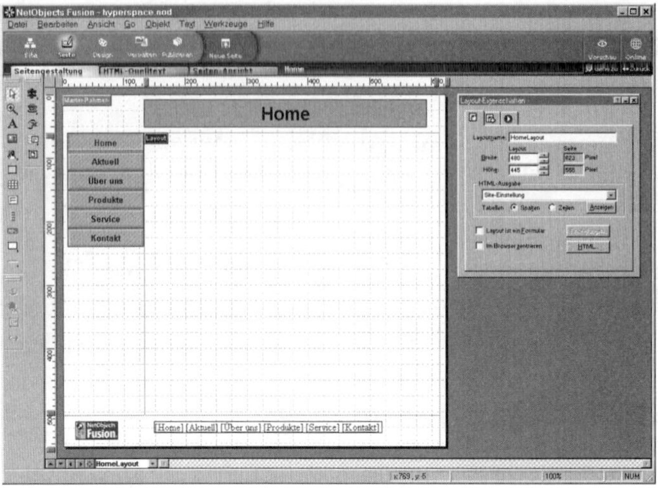

Abb. 1.32: Die Homepage in der Seitenansicht

Wie Sie sehen, enthält die Seite am oberen Rand bereits einen Schriftzug mit dem Namen der Seite, das so genannte Banner, und eine Leiste mit Schaltflächen am linken Rand. Diese Elemente wurden von NetObjects Fusion automatisch platziert, als Sie die Seiten in der Site-Ansicht erstellt haben.

Wir wollen nun als Nächstes das Aussehen dieser Standardelemente ändern.

Abb. 1.33: Symbol für Wechseln in die Design-Ansicht

Klicken Sie auf das Symbol *Design-Ansicht*, um in die Design-Ansicht zu wechseln.

In der Design-Ansicht sehen Sie rechts die Elemente des aktuell ausgewählten Stils, in dem die Website derzeit dargestellt wird sowie links eine Liste mit den anderen Stil-Vorlagen, die derzeit auf Ihrem PC installiert sind.

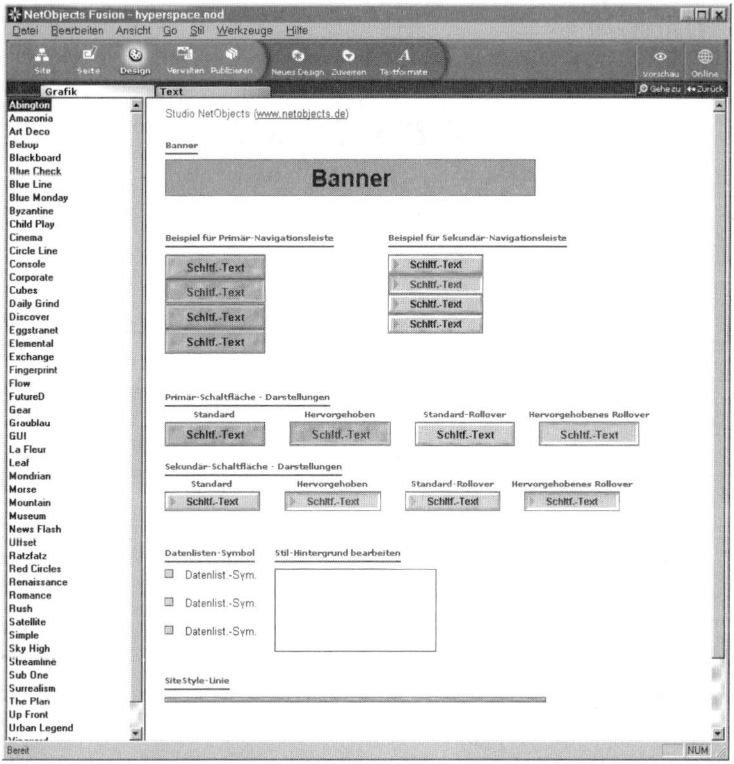

Abb. 1.34: Design-Ansicht

Bitte wählen Sie in der Liste im linken Fenster die Site-Darstellung *Console* aus. Die Elemente der gewählten Site-Darstellung werden daraufhin im rechten Fenster angezeigt.

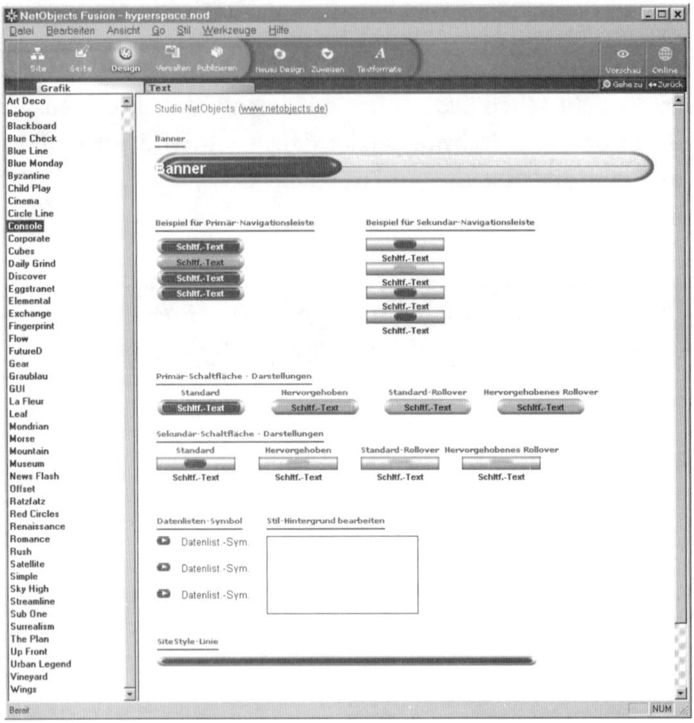

Abb. 1.35: Geänderte Stil-Vorlage

Klicken Sie jetzt auf das Symbol *Zuweisen* in der Symbolleiste, um die Elemente des neuen Stils für alle Seiten zu übernehmen.

Abb. 1.36: Symbol für Stil zuweisen

Wenn Sie jetzt wieder in die Seitenansicht wechseln, hat die Homepage ein neues Aussehen erhalten:

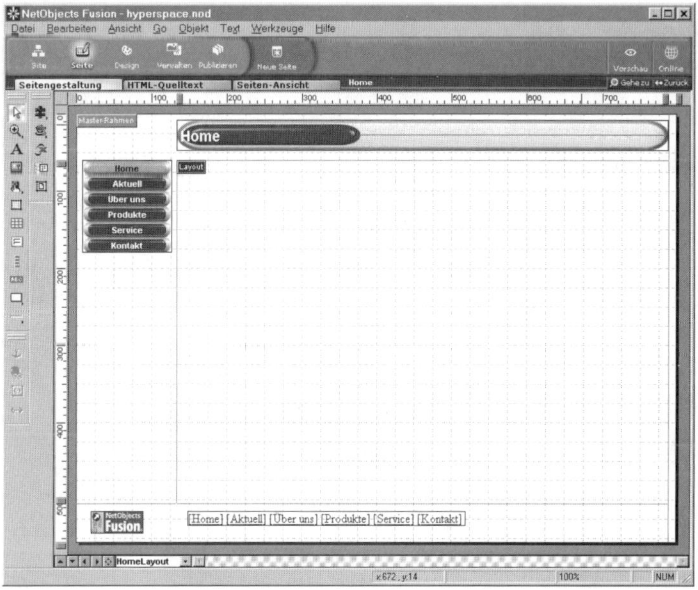

Abb. 1.37: Die Homepage im neuen Outfit

Die Seite ist durch das neue Seitenbanner etwas breiter geworden als vorher. Um das zu korrigieren und den optischen Eindruck zu verbessern, sollten Sie das Seitenbanner weiter nach links schieben, bis es mit den Navigationsbuttons eine Linie bildet.

Wählen Sie dazu das Auswahl-Werkzeug aus, das Sie bereits in der Site-Ansicht kennen gelernt haben, und klicken Sie auf das Seitenbanner. Halten Sie die Maustaste gedrückt und ziehen Sie das Banner an die gewünschte neue Position. Während der Mausaktion zeigt Fusion durch eine gestrichelte Umrisslinie die neue Position des Seitenbanners an. Wenn Sie die Maustaste loslassen, wird die Position des Banners geändert.

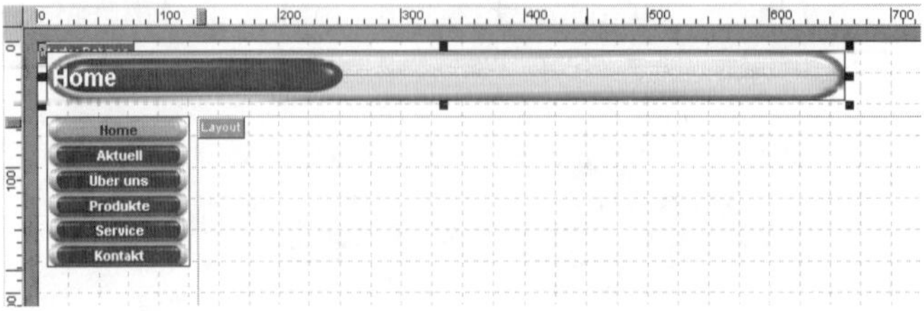

Abb. 1.38: Das Banner an der neuen Position

Obwohl sich das Banner jetzt weiter links befindet, ist die Seite immer noch zu breit. Sie können die Seitenbreite jedoch einfach mit Hilfe der rechteckigen Anfasser im waagerechten Lineal ändern, es befindet sich am oberen Rand der Seite:

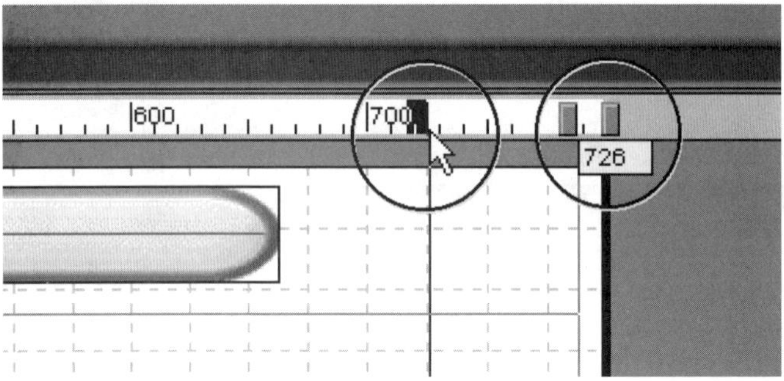

Abb. 1.39: Anfasser zum Ändern der Seitenbreite

Klicken Sie dazu auf den linken der beiden Anfasser, die sich rechts oben im waagerechten Seitenlineal befinden, und ziehen Sie ihn bei gedrückter Maustaste nach links bis an das Seitenbanner heran.

Wenn Sie die Maustaste loslassen, wird die Seitenbreite geändert.

Obwohl die Website bisher weder Text noch Bilder enthält, funktioniert das Grundgerüst aus Seitenbannern und Navigationsleisten bereits.

Abb. 1.40: Symbol für Voranzeige im Browser

Klicken Sie doch einmal auf das *Vorschau*-Symbol, um zu sehen, wie die Seiten in Ihrem Web-Browser aussehen. Dazu benötigen Sie weder einen Internetzugang noch einen lokalen Webserver.

Sie werden sehen, dass die Seiten bereits im Web-Browser angezeigt werden können und auch die Links zum Wechseln zwischen den Seiten bereits funktionieren. Das Einzige, was jetzt noch fehlt, sind die eigentlichen Inhalte für Ihre Webseiten, d.h. die Texte, Bilder und Daten, die Sie im Internet präsentieren wollen. Wie Sie mit Fusion Texte und Bilder positionieren und im Internet veröffentlichen können, beschreiben wir ausführlich in den nächsten Kapiteln.

Site speichern

Zuvor sollten Sie Ihre Website jedoch speichern. Schließen Sie dazu – falls nötig – Ihren Web-Browser wieder und kehren Sie zu Fusion zurück. Wählen Sie im Menü den Befehl *Datei / Site speichern*, um Ihre Website zu speichern, oder betätigen Sie die Tastenkombination [Strg] + [S].

Ein Blick hinter die Kulissen

An dieser Stelle ist ein guter Zeitpunkt, um die grundsätzliche Funktionsweise des Web-Publishings mit Fusion zu beschreiben, damit Sie sehen, was hinter den Kulissen des Programms geschieht:

Die Seiten, die Sie in Fusion erstellen, werden auf der Festplatte Ihres PCs nicht als fertige Internetseiten im HTML-Format, sondern als Seiteninformationen in einer Datenbank gespeichert, der .nod-Datei.

Diese Datenbank enthält alle eingegebenen Texte mit den zugehörigen Formatierungsangaben wie Schriftgröße, Schriftart, Informationen über die Anordnung und Gestaltung der einzelnen Seiten, Schriftzüge und Navigationsleisten sowie Verweise auf eingebettete Bilder und andere Dateien.

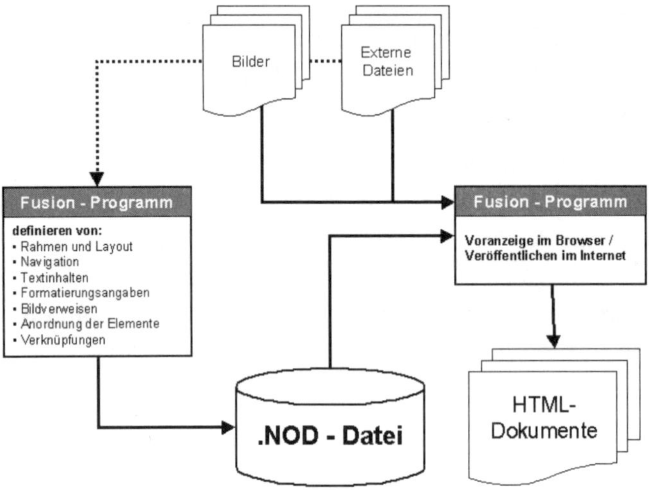

Abb. 1.41: Internet-Publikation mit NetObjects Fusion

Bilder werden dabei nicht in der Fusion-Datenbank gespeichert, sondern bleiben unverändert am ursprünglichen Speicherort auf der Festplatte Ihres PCs erhalten. Fusion speichert nur einen Verweis auf die eingebetteten Bilder und die anderen externen Dateien.

Erst wenn Sie eine Seite im Browser als Vorschau anzeigen lassen oder die Website im Internet veröffentlichen, erzeugt Fusion anhand Ihrer Angaben die zugehörigen HTML-Dateien und kopiert die eingebetteten Bilder und Dateien an eine neue Position auf der Festplatte oder dem Webserver.

Die Seitenbanner und Schaltflächen der Navigationsleisten werden dabei anhand der ausgewählten Site-Darstellung und Ihrer Angaben für die angepassten Namen automatisch von Fusion erzeugt und an der vorgesehenen Stelle in die einzelnen HTML-Dateien eingebettet.

1.5 Einstellungen

Nach diesem kurzen Streifzug durch Fusion, bei dem Sie Ihre erste Website erstellt haben, sollten Sie einige Einstellungen für die weitere Arbeit mit Ihrer Website festlegen.

Wählen Sie dazu im Menü den Befehl *Werkzeuge / Site-Einstellungen* aus.

Allgemeine Einstellungen

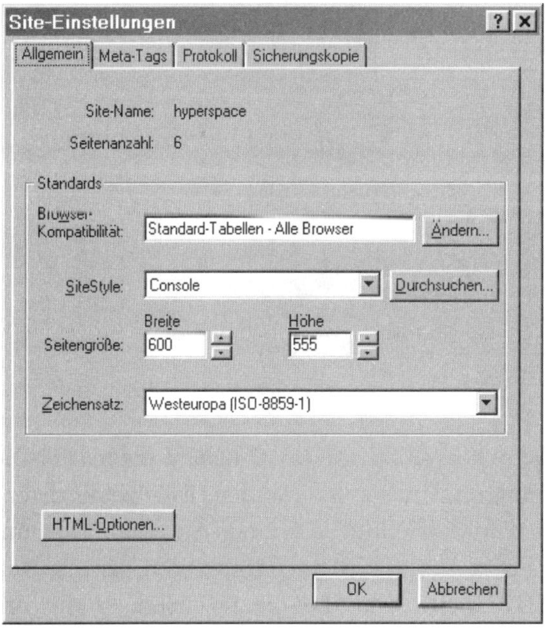

Abb. 1.42: Allgemeine Einstellungen

Bei der Registerkarte *Allgemein* können Sie die Browserkompatibilität einstellen, den Site-Stil festlegen, Breite und Höhe neu angelegter Seiten bestimmen und einen Zeichensatz auswählen. Die in der Abbildung gezeigten Einstellungen stellen Durchschnittswerte dar, die für die meisten Anwendungsfälle recht gut geeignet sind.

Meta-Tags

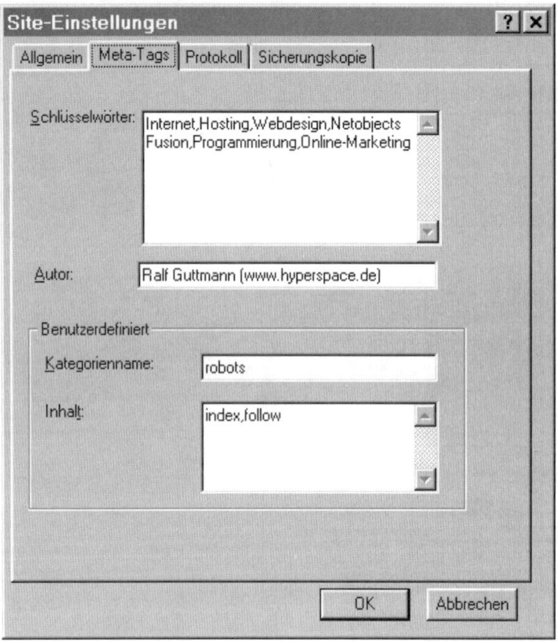

Abb. 1.43: Meta-Tags

Meta-Tags sind spezielle Schlüsselbegriffe im Quelltext einer HTML-Seite, die z.B. von Suchmaschinen benutzt werden. Mit der Registerkarte *Meta-Tags* bei den Site-Einstellungen können Sie Meta-Tags für alle Seiten der Website definieren, die Meta-Tags werden dann später beim Erzeugen der HTML-Seiten an die entsprechende Stelle im HTML-Quelltext eingefügt.

Schlüsselwörter

Tragen Sie hier die Suchbegriffe ein, unter denen Ihre Website gefunden werden soll. Versetzen Sie sich dazu in die Besucher Ihrer Website und stellen Sie sich vor, was diese Leute in eine Suchmaschine eingeben würden, um Ihre Seite zu finden. Wenn Sie beispielsweise Badezimmer bauen und Sanitärinstallationen vornehmen, können Sie als Schlüsselwörter Badezimmer,Bad,Bäder,Sanitär,Installation,Installationen, Sanitärinstallation eintragen.

> **HINWEIS**
> Trennen Sie mehrere Begriffe durch Komma, ein Leerzeichen zwischen dem Komma und dem Wort ist nicht nötig. Verwenden Sie auch unterschiedliche Varianten eines Begriffes wie Einzahl/Mehrzahl oder Aktiv-/Passivformen. Nennen Sie die wichtigsten Begriffe zuerst, einige Suchmaschinen verwenden nur die ersten 128 Stellen der Schlüsselwörter. Und vermeiden Sie es, dasselbe Wort mehrfach zu benutzen: Manche Suchmaschinen nehmen Ihre Website dann nicht in ihre Datenbank auf. Sie dürfen dasselbe Wort jedoch in unterschiedlicher Zusammensetzung auch mehrfach nennen, z.B. »Installation, Sanitär-Installation«.

Autor

Hier können Sie den Namen des Autors der Website eintragen, außerdem können Sie – z.B. in Klammern – auch noch einmal die URL Ihrer Website nennen, z.B.: Gabi Mustermann (*www.gabi-mustermann.de*).

Benutzerdefiniert

Hier können Sie selbst leider nur einen weiteren Meta-Tag definieren. Tragen Sie dort als Kategoriename *»robots«* ein und *index,follow* als Wert. Sie erreichen dadurch, dass die Indexierungsprogramme der Suchmaschinen den Inhalt Ihrer Webseiten in ihre Datenbank aufnehmen und die Hyperlinks auf Ihren Webseiten nachverfolgen.

HINWEIS

Damit die Meta-Tags ihre Wirkung nicht verfehlen und Ihre Website auch in den wichtigsten Suchmaschinen gefunden wird, müssen Sie Ihre Website bei den Suchmaschinen anmelden, d.h. bei den einzelnen Suchmaschinen die Adresse Ihrer Website in ein Anmeldeformular eintragen. Eine sehr bequeme Lösung dafür bietet die Meta-Suchmaschine Metager (*www.metager.de*), die nicht nur eine bequeme Suche über mehrere deutsche Suchmaschinen ermöglicht, sondern eine Website auch bei mehreren Suchmaschinen auf einmal anmelden kann. Für deutsche Besucher sollten Sie Ihre Website bei den folgenden Suchmaschinen anmelden: aladin, altavista, crawler, eule, excite, fireball, infoseek, kolibri, lotse, lycos, web.de, yahoo.

Protokoll-Einstellungen

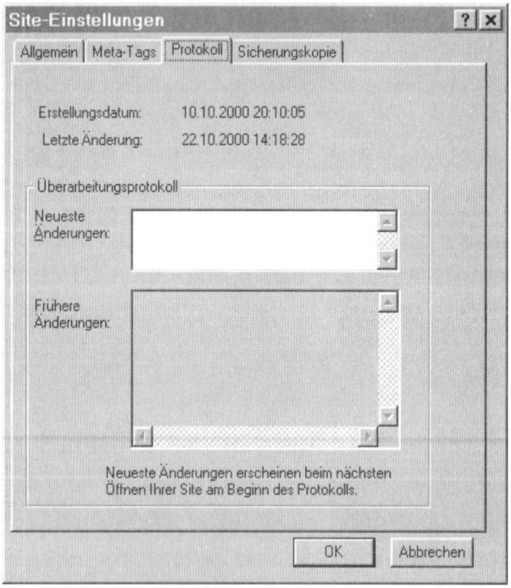

Abb. 1.44: Protokoll-Einstellungen

Mit den Protokoll-Einstellungen können Sie Notizen zu den Änderungen an der Website speichern und erhalten dadurch im Laufe der Zeit ein Änderungsprotokoll.

Sicherungskopie-Einstellungen

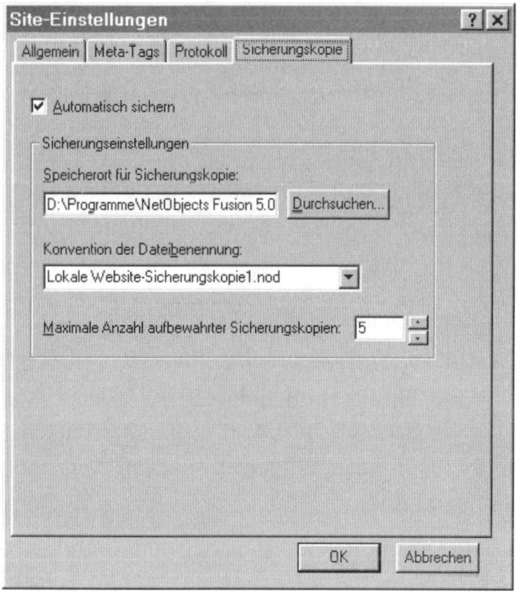

Abb. 1.45: Sicherungs-Einstellungen

HINWEIS

Wichtig! Schalten Sie die Option *Automatisch sichern* unbedingt ein, damit Fusion beim Starten und Beenden des Programms automatisch eine Sicherungskopie Ihrer Website erzeugt.

Wichtig! Erhöhen Sie den Wert für *Maximale Anzahl aufbewahrter Sicherungskopien* unbedingt auf 5 oder mehr. Sie laufen sonst Gefahr, bei einem Systemabsturz nicht nur die letzten Änderungen, sondern möglicherweise Ihre gesamte Website zu verlieren!

Die anderen Einstellungen können Sie unverändert lassen.

1.6 Zusammenfassung, Fragen und Übungen

Zusammenfassung

- Fusion verfügt über verschiedene Ansichten einer Website, mit denen Sie jeweils unterschiedliche Aufgaben bearbeiten können.
- Der Wechsel zwischen den Ansichten erfolgt mit Hilfe der entsprechenden Symbole in der Hauptkontrollleiste oder durch Doppelklick auf das entsprechende Seiten-Symbol in der Site-Ansicht.
- Kernstück der Programmsteuerung ist die Merkmalpalette, die abhängig vom ausgewählten Werkzeug alle nötigen Einstellungsmöglichkeiten zur Verfügung stellt. Die Einstellungsmöglichkeiten werden dabei thematisch in einzelne Registerkarten zusammengefasst, die Sie über Indexzungen im oberen Teil der Merkmalpalette ansteuern können.
- Die Site-Ansicht zeigt die Struktur der Website; hier können neue Seiten hinzugefügt und benannt werden.
- Seitenbanner und Navigationsleisten können von Fusion automatisch auf neuen Seiten positioniert werden.
- Layout und Inhalte der Webseiten werden in der Seitenansicht bearbeitet.
- Das Aussehen der Seitenbanner und Navigationsleisten einer Website kann in der Design-Ansicht durch Auswahl eines anderen Site-Stils sehr einfach und schnell geändert werden.

Zusammenfassung

- Die Vorschau der erzeugten Seiten erfolgt lokal im Web-Browser, dazu sind weder Internetzugriff noch ein Webserver nötig.
- Vorgaben können durch den Menübefehl *Werkzeuge / Site-Einstellungen* bearbeitet werden.

Fragen und Übungen

1. Fügen Sie in der Site-Ansicht unterhalb der Seite *Produkte* drei weitere Seiten hinzu.
2. Mit welchem Namen versieht Fusion die neuen Seiten automatisch?
3. Benennen Sie die neuen Seiten mit *Internet*, *Software* und *Dienstleistung*.
4. Wechseln Sie in der Design-Ansicht die Site-Darstellung von *Console* auf *Estimate* und weisen Sie diese Darstellung der Beispielsite zu.
5. Wie wirkt sich die neue Site-Darstellung auf die Seitenbreite aus?

2 Site-Planung

2 Site-Planung

Dieses Kapitel ist dem Thema Site-Planung gewidmet. Sie lernen hier die Programmfunktionen in der Site-Ansicht kennen und erfahren, wie Sie mit Fusion die Struktur Ihrer Website planen und ausdrucken können. Außerdem gehen wir auf einige grundsätzliche Probleme bei der Planung Ihrer Website ein.

2.1 Die Site-Ansicht

Falls Sie nicht bereits die Beispielwebsite aus dem vorigen Kapitel geöffnet haben, starten Sie das Programm bitte, indem Sie im Startmenü *Programme / NetObjects / NetObjects Fusion 5.0* auswählen oder durch Doppelklick auf das Symbol für NetObjects Fusion 5.0 auf der Arbeitsoberfläche.

Daraufhin wird der Startdialog von Fusion angezeigt:

Abb. 2.1: Fusion-Startbildschirm zum Öffnen einer vorhandenen Website

Wenn Sie Fusion neu starten, wird die Website, die Sie zuletzt bearbeitet haben, als Standardvorgabe im Feld *NetObjects Fusion-Site öffnen* angezeigt. Sie können den Dateinamen in diesem Feld mit der Schaltfläche *Durchsuchen...* ändern. Fusion zeigt daraufhin ein Dialogfeld zum Öffnen von Dateien an, wie Sie es auch von anderen Windows-Anwendungen her kennen.

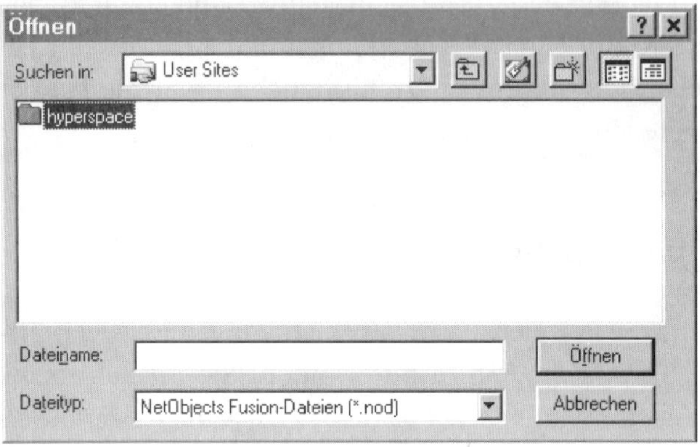

Abb. 2.2: Öffnen einer Website-Datei – Schritt 1

Standardmäßig zeigt Fusion zuerst den Inhalt des Ordners *User Sites* an. Für jede Website, die Sie angelegt haben, existiert dort ein eigenes Verzeichnis. Durch Doppelklick auf den Verzeichnisnamen können Sie sich im *Öffnen*-Fenster den Inhalt des Verzeichnisses anzeigen lassen.

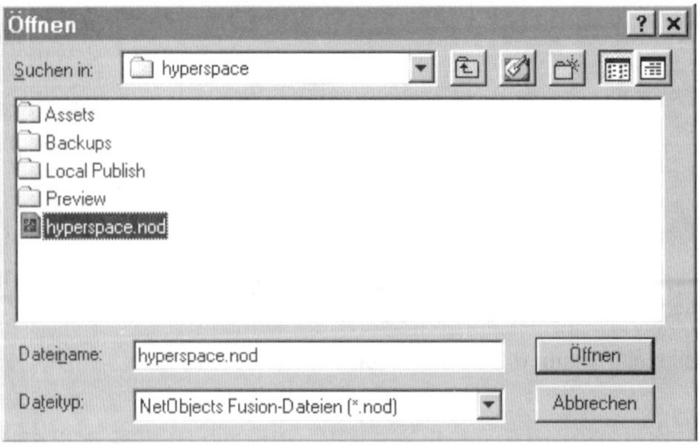

Abb. 2.3: Öffnen einer Website-Datei – Schritt 2

Wählen Sie dort die Datei mit der Endung *.nod* aus. Falls keine Dateiendungen angezeigt werden (Einstellungssache der Windows-Arbeitsoberfläche), wählen Sie die Datei aus, vor der Sie ein kleines NetObjects Fusion Symbol erkennen. Mit der Schaltfläche *Öffnen* wird die ausgewählte Datei in das entsprechende Feld des Fusion-Startbildschirms übernommen. Klicken Sie dort auf *OK*, um die Website zu öffnen.

HINWEIS

Die Zeitspanne, die Fusion zum Öffnen einer Website benötigt, hängt u.a. von der Größe der Website sowie von der Anzahl der Seiten und Bilder ab und kann bei einer großen Website auch mal 10 Sekunden oder mehr in Anspruch nehmen.

Fusion zeigt Ihnen nach einigen Sekunden die Ansicht der Website an, in der Sie zuletzt gearbeitet haben. Bitte wechseln Sie falls erforderlich in die Site-Ansicht. Sie sehen dort eine strukturierte Darstellung Ihrer Website.

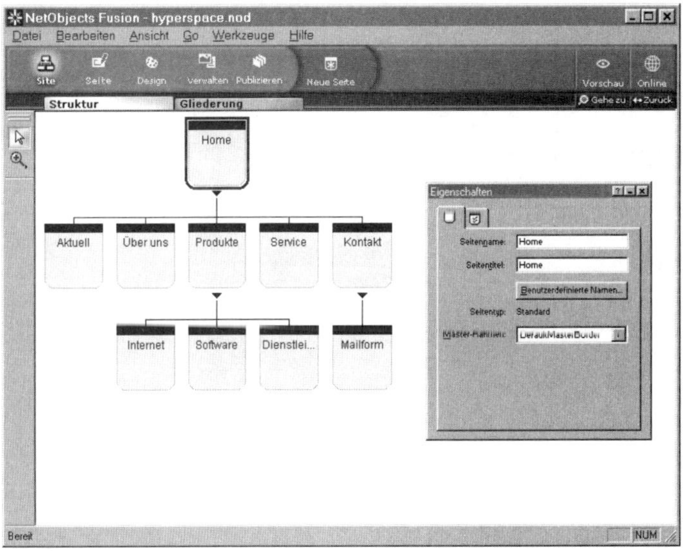

Abb. 2.4: Site-Ansicht (Struktur)

In diesem Ansichtsmodus können Sie:

- Seiten hinzufügen, verschieben und löschen
- Seiten umbenennen und benutzerdefinierte Namen vergeben
- den Masterrahmen einer Seite ändern
- den Status einer Seite ändern
- die Darstellungsfarbe einzelner Seiten oder ganzer Abschnitte Ihrer Website zur besseren Unterscheidung ändern
- Strukturpläne Ihrer Website ausdrucken
- Die Site-Ansicht ist deshalb das perfekte Werkzeug, um Ihren Internetauftritt zu planen und zu strukturieren

Werkzeuge in der Site-Ansicht

In der Site-Ansicht stehen Ihnen nur die Werkzeuge Auswählen und Zoomen zur Verfügung. Sie sind in einer eigenen Werkzeugleiste zusammengefasst und befinden sich standardmäßig am linken Bildschirmrand.

Abb. 2.5: Standardtools

Sie können die Werkzeugleisten in Fusion jedoch beliebig auf dem Bildschirm positionieren. Klicken Sie dazu auf den Anfasser der Werkzeugleiste und ziehen Sie die Leiste bei gedrückter Maustaste an die neue

Position. Fusion zeigt Ihnen während der Mausaktion zur besseren Orientierung die Umrisslinie der Werkzeugleiste in grauer Farbe an. Wenn Sie die Maustaste loslassen, wird die Werkzeugleiste neu auf dem Bildschirm positioniert.

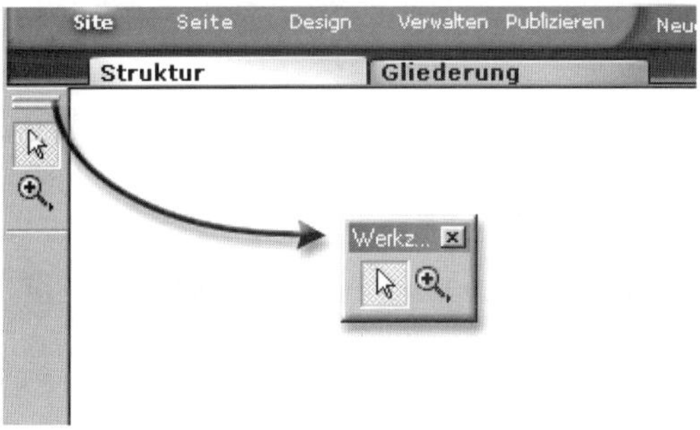

Abb. 2.6: Positionieren einer Werkzeugleiste

> **HINWEIS**
> Wenn Sie eine frei positionierte Werkzeugleiste an den Bildschirmrand ziehen oder in die Titelleiste doppelklicken, wird sie wieder in den Bildschirmrand integriert.

Werkzeugausführungen

Für das Zoomwerkzeug stehen verschiedene Ausführungen zur Auswahl, Sie erkennen das an dem kleinen Pfeil in der rechten unteren Ecke des Werkzeugsymbols.

Bewegen Sie die Maus auf das Werkzeugsymbol, klicken Sie und halten Sie die Maustaste gedrückt. Nach einem kurzen Augenblick werden die zusätzlichen Ausführungen des Werkzeuges eingeblendet (siehe Abb. 2.7).

Halten Sie die Maustaste weiterhin gedrückt und bewegen Sie den Mauszeiger auf das Symbol für die gewünschte Ausführung des Werkzeuges. Lassen Sie die Maustaste los, um diese Ausführung auszuwählen. Das Symbol in der Werkzeugleiste wird dadurch auf das Symbol der aktuell ausgewählten Ausführung geändert.

Abb. 2.7: Ausführungen des Zoom-Werkzeuges

> **HINWEIS**
>
> Wenn Sie das Zoom-Werkzeug ausgewählt haben, können Sie mit der Alt-Taste zwischen den verschiedenen Ausführungen des Zoom-Werkzeuges wechseln.

Gliederung darstellen

Mit Hilfe der Indexzungen unterhalb der Hauptkontrollleiste können Sie bei der Site-Ansicht zwischen den Darstellungsarten *Struktur* und *Gliederung* wählen.

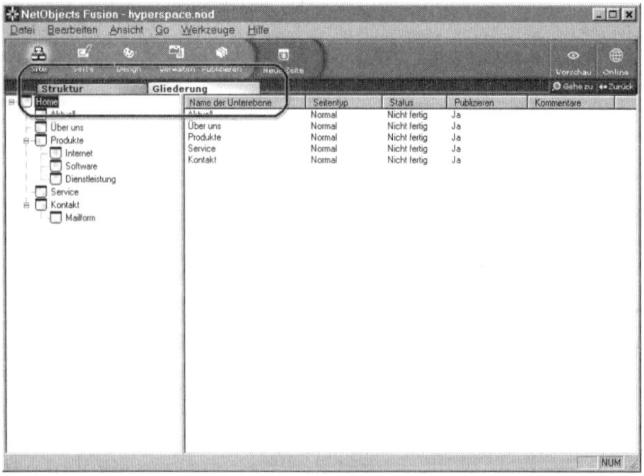

Abb. 2.8: Darstellung als Gliederung

Bei der Gliederungsdarstellung wird die Struktur der Website im linken Teil des Bildschirms mit mehreren Einrückstufen ähnlich wie im Windows-Explorer abgebildet. Im rechten Teil des Bildschirms sehen Sie eine tabellarische Darstellung der Seiten unterhalb der aktuell ausgewählten Seite.

HINWEIS

Die Darstellung als Gliederung kann vor allem bei umfangreichen Websites übersichtlicher sein als die Strukturansicht. Die meisten Bearbeitungsfunktionen wie *Seiten erstellen, ändern* und *löschen* stehen auch bei der Darstellung als Gliederung zur Verfügung. Das Drucken des Strukturplans ist jedoch nur in der Strukturansicht möglich.

2.2 Seitenstruktur festlegen

Indem Sie in der Site-Ansicht neue Seiten erstellen, verschieben oder löschen, legen Sie die inhaltliche Struktur Ihrer Website fest.

Seite hinzufügen

Abb. 2.9: Symbol *Neue Seite*

Neue Seiten werden immer als Kinder vorhandener Seiten erzeugt. Klicken Sie also zuerst mit dem Auswahlwerkzeug auf das Symbol der Seite, unter der Sie eine neue Seite anlegen wollen. Das Seitensymbol wird dadurch mit einem blauen Rahmen markiert. Klicken Sie dann auf das Symbol für *Neue Seite* in der Hauptkontrollleiste, um eine neue Seite anzulegen. Die neue Seite erhält automatisch den Namen *Unbenannt*.

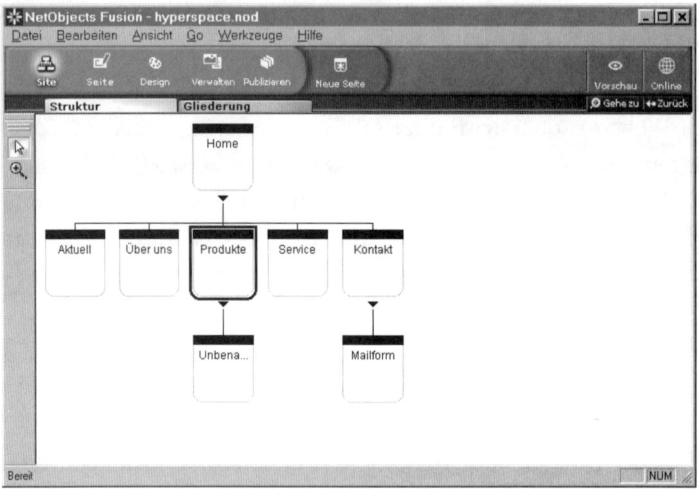

Abb. 2.10: Neue Seite als Kindseite von *Produkte* anlegen

Seite verschieben

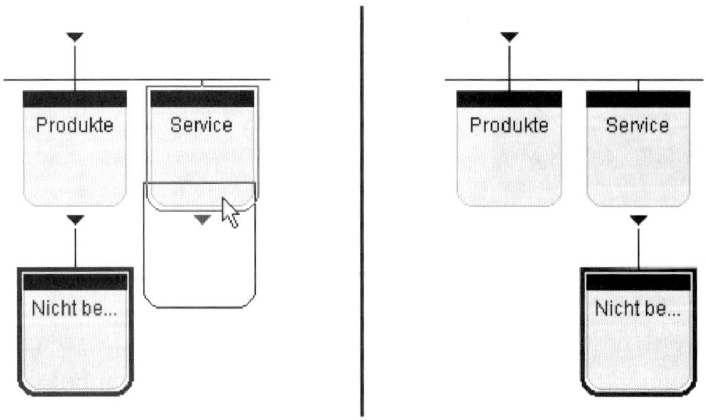

Abb. 2.11: Seite von *Produkte* nach *Service* verschieben

Klicken Sie mit dem Auswahlwerkzeug auf das Symbol der Seite, die Sie verschieben wollen, das Seitensymbol wird dadurch mit einem blauen Rahmen markiert. Ziehen Sie das Seitensymbol bei gedrückter Maustaste an die neue Position. Während der Mausaktion zeigt Fusion zur besseren Orientierung den Umriss des Seitensymbols und die neue Einfügeposition in Rot an (siehe Abb. 2.11).

Wenn Sie die Maustaste loslassen, wird die ausgewählte Seite mit allen darunter liegenden Seiten an der neuen Position eingefügt.

Seite löschen

Klicken Sie mit dem Auswahlwerkzeug auf das Symbol der Seite, die Sie löschen wollen und betätigen Sie die [Entf]-Taste.

Fusion fragt Sie, ob Sie die Seite wirklich löschen wollen und macht Sie durch einen entsprechenden Warnhinweis darauf aufmerksam, dass nicht nur die aktuelle Seite, sondern auch alle darunter liegenden Seiten unwiderruflich gelöscht werden.

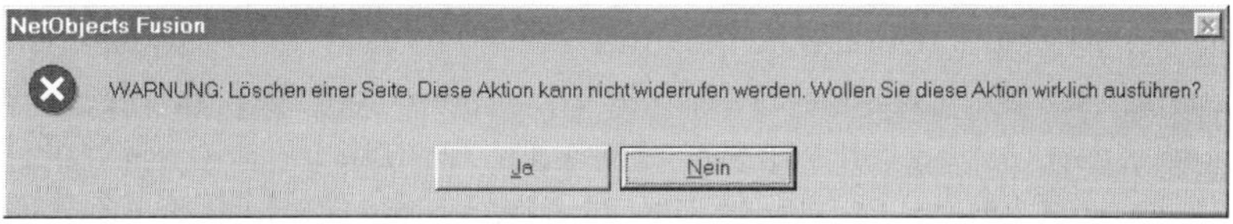

Abb. 2.12: Löschbestätigung

Klicken Sie auf *Ja*, um die Seite und alle Kindseiten unwiderruflich zu löschen, oder auf *Nein*, um das Fenster zu schließen ohne Seiten zu löschen.

Häufige Fehler bei der Strukturierung

Denken Sie während der Strukturierung Ihrer Website daran, dass sich Ihre Besucher anschließend auch möglichst einfach und schnell auf Ihren Internetseiten zurechtfinden müssen.

Die Grundregel lautet: Jede Seite sollte von der Homepage aus möglichst mit drei Mausklicks zu finden sein. Um das zu erreichen, dürfen Sie die Struktur Ihrer Website weder zu breit noch zu tief schachteln.

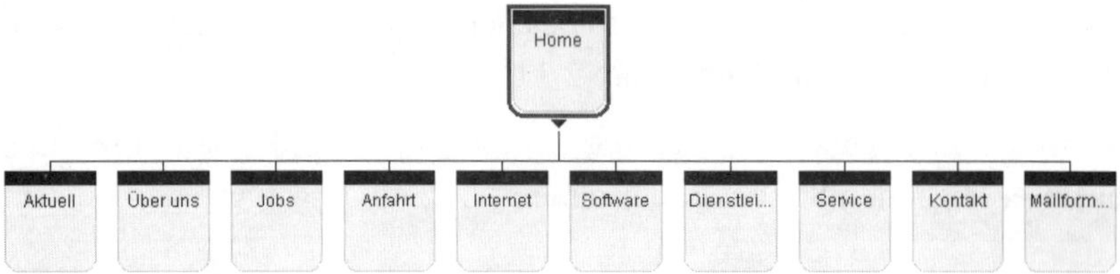

Abb. 2.13: Zu breit strukturierte Website

Wenn Sie zu viele Seiten nebeneinander angelegt haben, versuchen Sie, mehrere Seiten thematisch unter gemeinsame Oberbegriffe zusammenzufassen, ähnlich wie die Rubriken in einer Zeitung. Führen Sie eine zusätzliche Gliederungsstufe ein und reduzieren Sie die Anzahl der Seiten auf der obersten Ebene. Optimal sind fünf bis sieben Themenbereiche auf der ersten Ebene direkt unterhalb der Homepage.

Denken Sie auch daran, dass für jede Seite auf der ersten Ebene später eine Schaltfläche benötigt wird und der Platz auf dem Bildschirm begrenzt ist. Die meisten deutschen Anwender benutzen heute zwar schon einen 35 cm-Bildschirm (17"-Bildschirmdiagonale) mit einer Auflösung von 800 x 600 Pixel oder besser, dennoch sollten Sie darauf achten, dass Ihre Seiten insgesamt nicht breiter werden als höchstens 770 Pixel.

Wenn Sie zu viele Seiten untereinander angelegt haben, verliert der Besucher Ihrer Internetseiten leicht die Orientierung. Denken Sie daran, dass jede Seite möglichst innerhalb von drei Mausklicks erreichbar sein muss. Versuchen Sie also, untereinander liegende Seiten zusammenzufassen oder ordnen Sie die Themen neu an. Bei sehr umfangreichen Informationsangeboten kann es sogar sinnvoll sein, separate Websites für die einzelnen Themenbereiche zu erstellen und diese über externe Verbindungen miteinander zu verknüpfen (siehe Abb. 2.14).

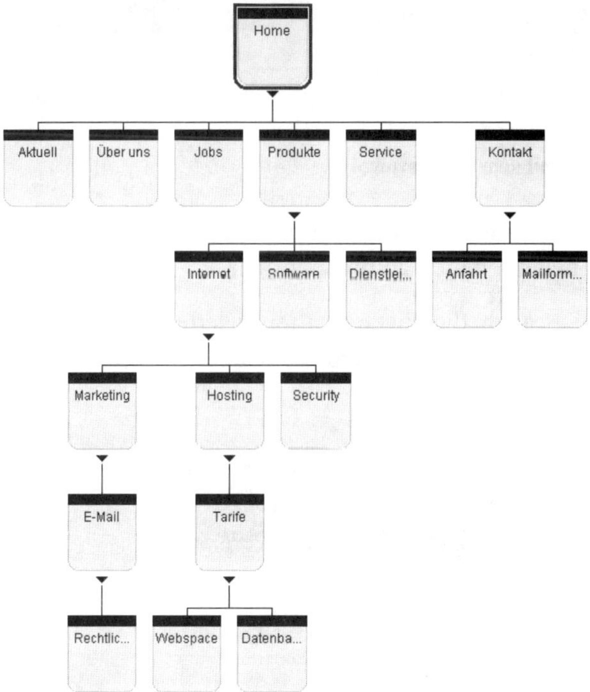

Abb. 2.14: Zu tief strukturierte Website

2.3 Seiten benennen

Der Name einer Seite legt den Dateinamen der zugehörigen HTML-Datei fest, die beim Publizieren Ihrer Website von Fusion erzeugt werden. Der Name einer Seite muss daher unbedingt eindeutig sein. Bitte lesen Sie im nächsten Abschnitt »Benutzerdefinierte Namen vergeben«, wie Sie alternative Namen einer Seite für Schaltflächen und das Seitenbanner festlegen können.

Um eine Seite zu benennen, klicken Sie mit dem Auswahlwerkzeug auf den Namen im Seitensymbol der Seite, die Sie benennen wollen. Der Cursor wird dadurch in das Namensfeld gesetzt, der bisherige Name *Unbenannt* wird blau markiert.

Abb. 2.15: **Seite benennen mit dem Seitensymbol**

Geben Sie den neuen Namen für die Seite ein und betätigen Sie die ↵-Taste, um den neuen Namen zu übernehmen.

Alternativ können Sie auch die Eigenschaften-Palette benutzen, um Seitennamen zu ändern. Wählen Sie dazu die Seite aus, deren Namen Sie ändern wollen.

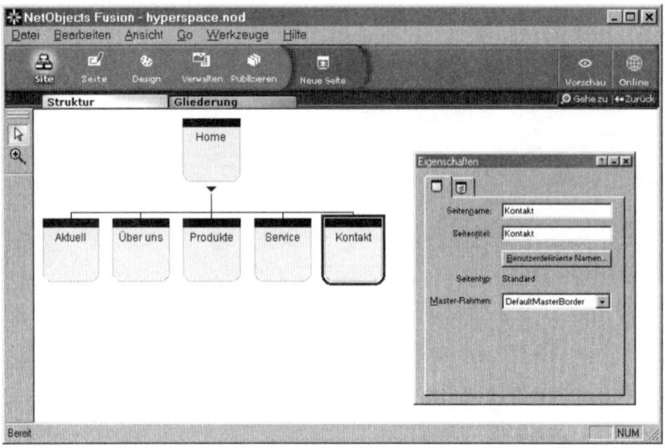

Abb. 2.16: Namen ändern in der Eigenschaften-Palette

Klicken Sie in der Eigenschaften-Palette in das Feld *Name* und geben Sie dort den neuen Namen für die Seite ein. Wenn Sie den Cursor mit der ⇆ aus dem Eingabefeld heraus bewegen oder ein anderes Element in der Site-Ansicht anklicken, wird die Bildschirmansicht aktualisiert und der geänderte Name angezeigt.

Der Name im Feld *Seitentitel* wird bei der Darstellung der Seite im Web-Browser in der Titelzeile des Browserfensters angezeigt.

HINWEIS

Der Name, den Sie einer Seite geben, bestimmt beim Veröffentlichen der Website den Dateinamen der zugehörigen HTML-Dateien. Fusion ersetzt bei diesem Vorgang standardmäßig alle Umlaute und Leerstellen, da viele Webserver diese Zeichen nicht korrekt verarbeiten können. Bei der vorherigen Version von Fusion gab es trotzdem ein paar Bugs, die nur dann auftraten, wenn eine Seite Umlaute wie ä, ü, ö, ß enthielt. Wir wissen noch nicht, ob diese Probleme in der neuen Version tatsächlich alle behoben sind und empfehlen deshalb immer noch, in den Seitennamen keine Umlaute zu benutzen. Falls Sie in Programmen oder selbst erstellten HTML-Befehlen auf Seiten verweisen, sollten Sie außerdem die automatische Ersetzung von Umlauten berücksichtigen. In der Ansicht Publizieren wird Ihnen angezeigt, unter welchem Dateinamen eine Seite im Internet veröffentlicht wird.

Vermeiden Sie außerdem unbedingt Namen, die mit der Zeichenkette PORT beginnen, wie zum Beispiel Portrait oder Portugal: beim Übertragen dieser Seiten auf den Webserver kann es zu Verbindungsfehlern kommen, weil der Dateiname als FTP-Befehl zum Wechseln des Übertragungs-Ports interpretiert wird.

Die meisten Webserver unterscheiden bei Dateinamen nur die ersten 32 Stellen. Bitte wählen Sie daher möglichst kurze und aussagekräftige Namen für Ihre Seiten. Dies gilt insbesondere dann, wenn Sie Ihre Framesets automatisch von Fusion erzeugen lassen, da Fusion in diesem Fall den Namen des Frames vor den eigentlichen Namen der Seite stellt. Aus dem Layoutbereich der Seite *Service* wird auf diese Weise die Datei *body_service.html*.

Weitere Informationen zu diesen Themen finden Sie in den folgenden Kapiteln dieses Einsteigerseminars.

Benutzerdefinierte Namen vergeben

Sie können für das automatisch erzeugte Seitenbanner und die Navigationsschaltflächen für jede Seite unterschiedliche Namen festlegen, die nicht mit dem Dateinamen der Seite identisch sein müssen. Sie haben dadurch zum Beispiel die Möglichkeit, Schaltflächen und das Seitenbanner einer Seite mit dem Namen *Mailformular* mit dem alternativen Namen *Infogutschein* zu beschriften und diesen Namen auch in der Titelzeile des Browserfensters anzeigen zu lassen.

Klicken Sie dazu mit dem Auswahlwerkzeug auf das Symbol der Seite, deren Namen Sie anpassen wollen. Das Seitensymbol wird dadurch mit einem blauen Rahmen markiert.

Abb. 2.17: Namen mit der Eigenschaften-Palette anpassen

Klicken Sie dann in der Eigenschaften-Palette auf die Schaltfläche *Benutzerdefinierte Namen*, um das entsprechende Dialogfenster anzuzeigen.

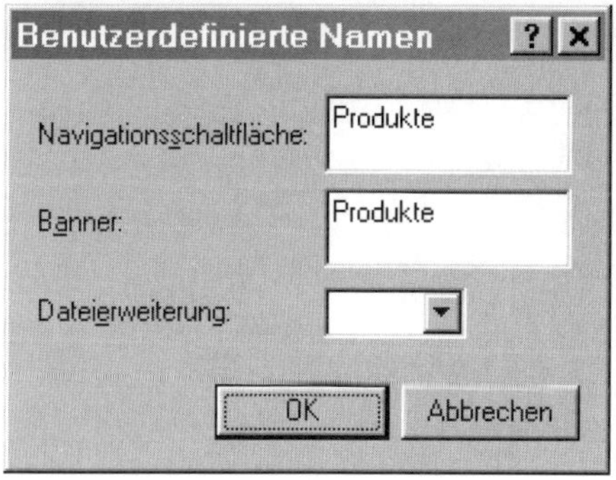

Abb. 2.18: Dialog *Benutzerdefinierte Namen*

Für die *Navigationsschaltfläche* und das *Banner* können Sie unterschiedliche Namen eingeben, hier wird sogar ein Zeilenumbruch berücksichtigt. Wenn Sie Zeilenumbrüche verwenden, müssen Sie jedoch möglicherweise die Schriftgröße der Schaltflächenbeschriftung in der Design-Ansicht anpassen oder eine größere Grafik für den Navigationsknopf auswählen.

Im Feld *Dateierweiterung* können Sie die Dateierweiterung für diese Seite eingeben. Wenn Sie dieses Feld leer lassen, werden die Einstellungen für die Veröffentlichung der gesamten Website automatisch übernommen. Ein Eintrag ist daher nur sinnvoll, wenn die Seite eine abweichende Dateierweiterung erhalten soll (z.B. cfm für Cold Fusion Templates).

2.4 Seiten verwalten

Für die einfachere Verwaltung Ihrer Website stellt Fusion für jede Seite die Statusinformationen *Fertig* und *Publizieren* zur Verfügung. Beide Werte können mit Ankreuzfeldern in der Eigenschaften-Palette gesetzt werden.

Abb. 2.19: Statusinformationen in der Eigenschaften-Palette

Die Angabe für *Fertig* hat lediglich informativen Charakter. Hier können Sie sich selbst einen Merker setzen, wenn Sie eine Seite fertig gestellt haben und sie bereit für die Veröffentlichung ist.

Die Angabe für *Publizieren* wird dagegen bei der Publikation Ihrer Website von Fusion berücksichtigt: Fusion erzeugt nur die Seiten, bei denen *Publizieren* angeklickt ist. Fusion stellt damit eine sehr komfortable Funktion zur Verfügung, um Seiten von der Veröffentlichung auszuschließen.

Der Status einer Seite wird auch im Seitensymbol in der Strukturansicht angezeigt.

Abb. 2.20: Statuszeiger im Seitensymbol

Ein kleiner roter Punkt in der Kopfleiste des Seitensymbols zeigt an, dass diese Seite nicht veröffentlicht wird, ein kleines Häkchen signalisiert, dass die Seite fertig ist.

Darstellungsfarbe ändern

Zur besseren Unterscheidung der verschiedenen Bereiche einer Website können Sie unterschiedliche Farben für Seitensymbole festlegen.

> **HINWEIS** Die Farbfestlegung wirkt sich nur bei der Anzeige in der Strukturansicht aus, weder die Seite selbst noch die Darstellung im Internet sind davon betroffen.

Wählen Sie dazu das Seitensymbol aus, dessen Farbe Sie ändern wollen. Das Seitensymbol wird dadurch mit einem blauen Rahmen markiert.

> **HINWEIS** Sie können die Farbe von mehreren Seiten gleichzeitig ändern, indem Sie bei der Auswahl einer Seite die ⇧-Taste drücken. Dadurch wählen Sie nicht nur die angeklickte Seite, sondern auch alle darunter liegenden Seiten aus.

Klicken Sie dann in der Eigenschaften-Palette auf die Schaltfläche *Farbe*, um das Dialogfenster *Farbauswahl* anzuzeigen.

Sie können dort eine Farbe aus der angezeigten Palette anklicken, den HTML-Code einer Farbe eingeben oder die Farbe anhand ihrer RGB-Werte definieren. Die gewählte Farbe wird durch Klicken auf *OK* übernommen.

Im Dialogfenster *Farbauswahl* können Sie auch die aktuelle Farbpalette wechseln oder eine eigene Palette laden. Diese Funktionen haben jedoch für die Gestaltung Ihrer Webseiten eine wesentlich größere Bedeutung als für das Einfärben von Seitensymbolen in der Strukturansicht, deshalb finden Sie ausführliche Informationen zu Farben, Farbpaletten und der Arbeit mit dem Farbwähler erst in den folgenden Kapiteln dieses Einsteigerseminars.

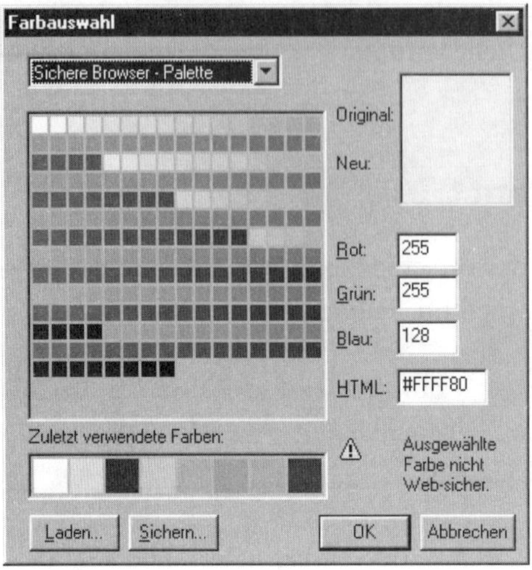

Abb. 2.21: Farbauswahl

Sie können für jedes Seitensymbol in der Strukturansicht zwei unterschiedliche Farben festlegen: *Benutzerdefiniert* legt die Anzeigefarbe für alle ausgewählten Seiten fest, *Masterrahmen* die Anzeigefarbe für alle Seiten, die den gleichen Masterrahmen benutzen wie die angeklickte Seite (in diesem Fall darf nur eine Seite ausgewählt sein).

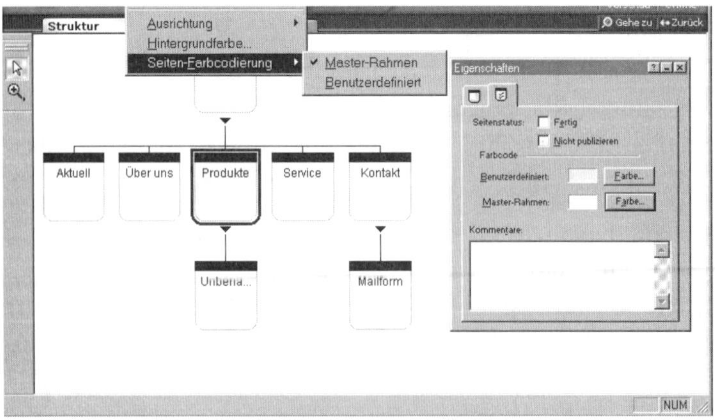

Abb. 2.22: Festlegen der Seiten-Farbcodierung

Damit sich die gewählten Farben tatsächlich in der Strukturansicht auswirken, müssen Sie die Farbcodierung der Seiten mit dem Menübefehl *Ansicht / Seiten-Farbcodierung* festlegen.

2.5 Strukturplan drucken

Mit dem Menübefehl *Datei / Drucken* können Sie einen Strukturplan Ihrer Website oder von Teilbereichen davon ausdrucken.

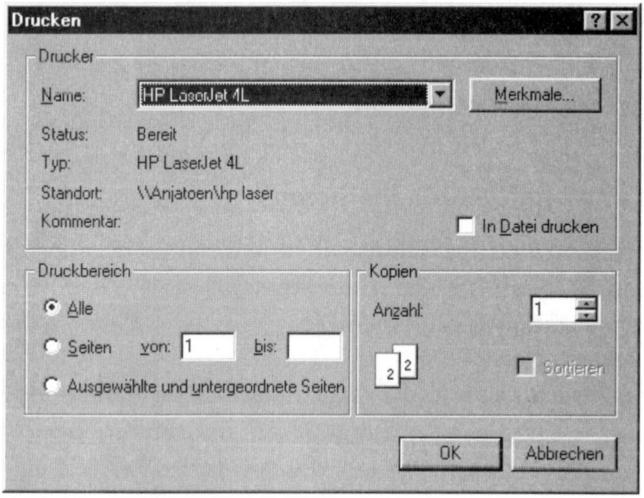

Abb. 2.23: Strukturplan drucken

> **HINWEIS**
> In den meisten Fällen sollten Sie ein Querformat für die Druckausrichtung wählen. Benutzen Sie dazu die Schaltfläche *Merkmale*, um die Einstellungen Ihres Druckers zu ändern.

Druckbereich

Im Kasten *Druckbereich* können Sie festlegen, welche Bereiche der Website gedruckt werden.

Alle

Druckt einen Strukturplan mit allen Seiten der Website.

Seiten von ... bis

Wenn der Ausdruck des Strukturplans für die gesamte Website nicht auf eine Papierseite passt, können Sie hier festlegen, welche Seiten des Strukturplans Sie drucken wollen. »Seiten« bezieht sich dabei auf das bedruckte Blatt Papier in Ihrem Drucker.

> **HINWEIS** Mit dem Menübefehl *Datei / Druckvoranzeige* können Sie sich anzeigen lassen, wie die Bereiche des Strukturplans auf die einzelnen Druckseiten verteilt werden.

Ausgewählte und untergeordnete Seiten

Mit dieser Option wird die ausgewählte Seite mit allen untergeordneten Seiten ausgedruckt. Wenn Sie die Homepage auswählen, wird ein Strukturplan der gesamten Website gedruckt.

> **HINWEIS** Leider ist Fusion nicht in der Lage, verschiedene Farben der Seitensymbole auf Schwarz-Weiß-Druckern in Grauwerten wiederzugeben. Auf Farbdruckern funktioniert die Farbwiedergabe jedoch tadellos.

Wenn Sie nicht den Strukturplan Ihrer Website, sondern die Inhalte einer Seite drucken wollen, müssen Sie die Seite im Browser anzeigen und die Druckfunktion des Web-Browsers benutzen.

2.6 Zusammenfassung, Fragen und Übungen

Zusammenfassung

- Werkzeuge sind in Fusion in Werkzeugleisten zusammengefasst, die frei auf dem Bildschirm positioniert werden können.
- Bei Werkzeugen, deren Symbol unten rechts mit einem Pfeil gekennzeichnet ist, können zusätzliche Werkzeugausführungen ausgewählt werden.
- Die Struktur Ihrer Website planen Sie in der Site-Ansicht. Hier können Sie neue Seiten hinzufügen, verschieben, löschen und umbenennen.
- In der Site-Ansicht können Sie zwischen der Darstellung als Struktur und der Darstellung als Gliederung wählen.
- In der Strukturdarstellung der Site-Ansicht können Sie einen Strukturplan der Website ausdrucken.

Fragen und Übungen

1. Fügen Sie unterhalb der Seite *Aktuell* eine neue Seite ein und geben Sie ihr den Namen *Mailformular1*.
2. Verschieben Sie die Seite *Mailformular1* unter die Seite *Kontakt*.
3. Legen Sie für die Seite *Mailformular1* folgende benutzerdefinierte Namen fest: *Infogutschein* für Seitentitel und Schriftzug, *E-Mail* für den Navigationsknopf.
4. Was passiert mit den benutzerdefinierten Namen, wenn Sie nachträglich den Namen der Seite ändern?
5. Markieren Sie in der Site-Ansicht die Seite *Produkte* und alle Seiten, die darunter liegen und ändern Sie die Farbe der Seitensymbole auf hellblau. Welchen Farbton Sie im Einzelnen wählen, bleibt Ihrem persönlichen Geschmack überlassen.
6. Drucken Sie nur den Strukturplan für den Bereich *Produkte* der Website aus.

Navigation und Layout

3 Navigation und Layout

In diesem Kapitel erfahren Sie, wie einfach es ist, mit Fusion eine benutzerfreundliche Navigation zu erstellen. Wir zeigen Ihnen, wie Seiten-banner und Navigationsleisten funktionieren und wie Sie mit einem Mausklick animierte Schaltflächen erzeugen können.

3.1 Arbeiten in der Seiten-Ansicht

Sie werden bei der Arbeit mit Fusion den größten Teil Ihrer Zeit in der Seiten-Ansicht verbringen. Ein guter Grund also, sich Ihre neue Arbeitsumgebung einmal genauer anzuschauen:

Wählen Sie in der Site-Ansicht die Homepage aus und klicken Sie dann auf das Symbol für *Seiten-Ansicht* in der Symbol-Leiste, um die Homepage in der Seiten-Ansicht darzustellen.

Abb. 3.1: Symbol *Seiten-Ansicht*

Alternativ können Sie auch auf das Seitensymbol doppelklicken.

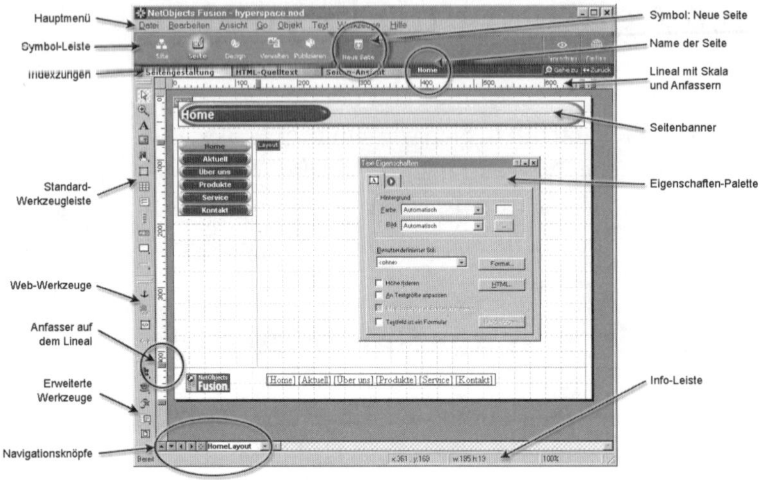

Abb. 3.2: Seiten-Ansicht der Homepage

Ganz oben finden Sie das Hauptmenü und die Symbol-Leiste, die Sie bereits aus der Site-Ansicht kennen. Sie werden bemerken, dass in der Seiten-Ansicht die Menüpunkte *Objekt* und *Text* zur Hauptmenüleiste hinzugekommen sind.

Links oben, direkt unter der Symbol-Leiste, sehen Sie den Namen der aktuellen Seite. Darunter wiederum, am linken und oberen Rand des dunkelgrauen Arbeitsbereiches, befinden sich Lineale, mit denen Sie Hilfslinien positionieren und die Größe der Seite anpassen können.

Im Arbeitsbereich selbst sehen Sie die ausgewählte Seite. Sie können die Seite bearbeiten, Textfenster und Bilder positionieren und den Layoutbereich beliebig verändern, ganz ähnlich wie in einem DTP-Programm. Wie das im Einzelnen geht, erfahren Sie in diesem und den nächsten Kapiteln.

Am linken Rand des Programmfensters werden standardmäßig die Werkzeugleisten *Standard*, *Web-Werkzeuge* und *Erweitert* angezeigt. Sie können jedoch genau wie in der Site-Ansicht die Position der Werkzeugleisten beliebig verändern und sie sogar ganz ausblenden.

Auch die Eigenschaften-Palette wird in der Seiten-Ansicht angezeigt, sie ist ebenso wie die Werkzeugleisten frei positionierbar.

Am unteren Rand des Fensters schließlich finden Sie einige kleine Schaltflächen mit Pfeilen darauf. Sie dienen der Navigation zwischen den Seiten Ihrer Website.

Nach unten hin schließt das Programmfenster mit einer Informationszeile ab, in der Informationen und Meldungen angezeigt werden.

> **HINWEIS**
> Um die folgenden Arbeitsschritte besser am Bildschirm nachvollziehen zu können, sollten Sie zunächst das Raster ausschalten, das zu diesem Zeitpunkt mehr ablenkt als nützt. Bitte wählen Sie dazu den Menübefehl *Ansicht / Raster*.

3.2 Master-Rahmen

Fusion teilt den Bereich einer Seite in den Master-Rahmen und das Layout auf (siehe Abb. 3.3).

Der Master-Rahmen funktioniert dabei ähnlich wie die Fuß- und Kopfzeilen einer Textverarbeitung: Elemente, die Sie hier positionieren, sind automatisch auf allen Seiten vorhanden, die den gleichen Master-Rahmen benutzen. Fusion kann beliebig viele Master-Rahmen verwalten – zumindest sind wir bis jetzt noch nicht an irgendwelche Grenzen gestoßen.

Da Fusion die Aufschriften der Navigationsschaltflächen und der Seitenbanner anhand der angepassten Namen automatisch generiert, werden Navigationsleisten und Seitenbanner in der Regel auf dem Master-Rahmen platziert.

Das Layout enthält dagegen die eigentlichen seitenspezifischen Inhalte der Seite, also Texte, Bilder, Tabellen etc.

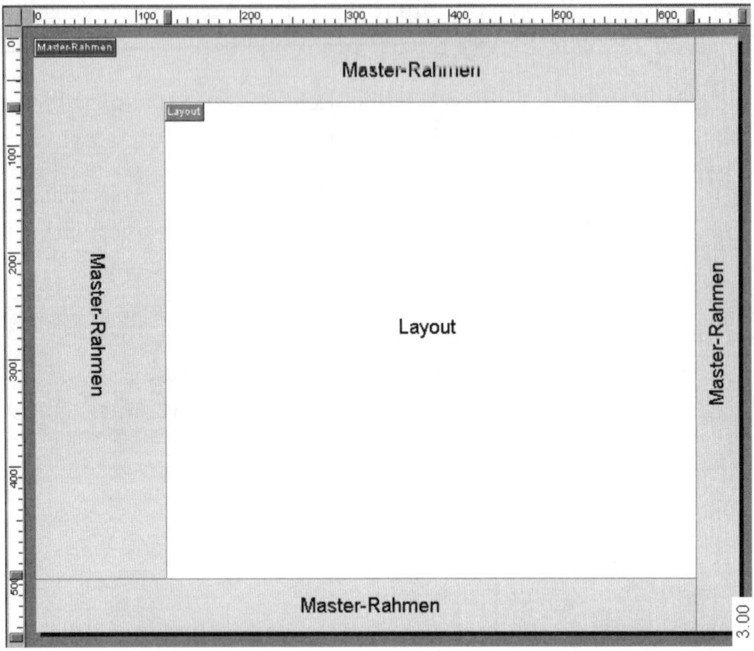

Abb. 3.3: Master-Rahmen und Layout

Merkmale für Master-Rahmen

Wenn Sie in den Master-Rahmen klicken, wird ein kleines Feld mit der Beschriftung *Master-Rahmen* links oben in der Ecke der Seite rot markiert und die Eigenschaften-Palette zeigt die aktuellen Eigenschaften des Master-Rahmens an.

> **HINWEIS**
>
> Sie können diese Beschriftungsfelder durch den Menübefehl *Ansicht / Seitenbeschriftungen* anzeigen und verbergen.

Abb. 3.4: Merkmale für Master-Rahmen

In der Auswahlliste *Name* können Sie festlegen, welcher Master-Rahmen von der aktuellen Seite benutzt werden soll. Eine neue Seite verwendet automatisch den Master-Rahmen der übergeordneten Seite. Sie können diese Zuordnung jederzeit ändern, das Layout ist davon nicht betroffen.

Liste der Master-Rahmen bearbeiten

Mit der Schaltfläche *Hinzufügen / Bearbeiten* können Sie die Liste der Master-Rahmen bearbeiten. Sie legen damit fest, welche Namen in der entsprechenden Auswahlliste der Eigenschaften-Palette angezeigt werden.

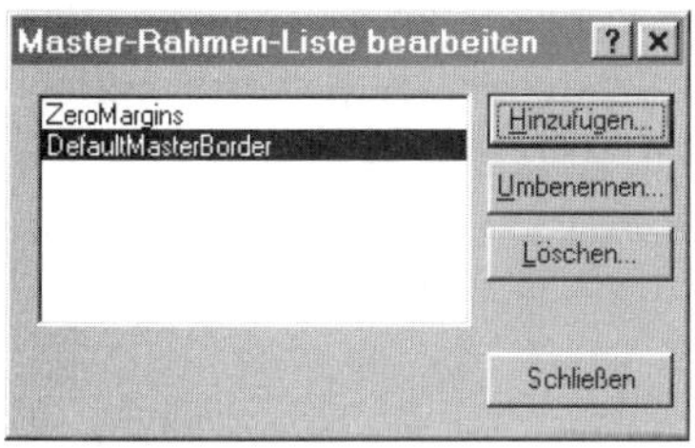

Abb. 3.5: Liste der Master-Rahmen bearbeiten

Hier können Sie neue Master-Rahmen erstellen, vorhandene umbenennen oder löschen.

Als Erstes sollten Sie dem DefaultMasterBorder einen anderen Namen geben. Bitte wählen Sie *DefaultMasterBorder* aus der Liste aus und klicken Sie auf die Schaltfläche *Umbenennen*, um den Namen zu ändern.

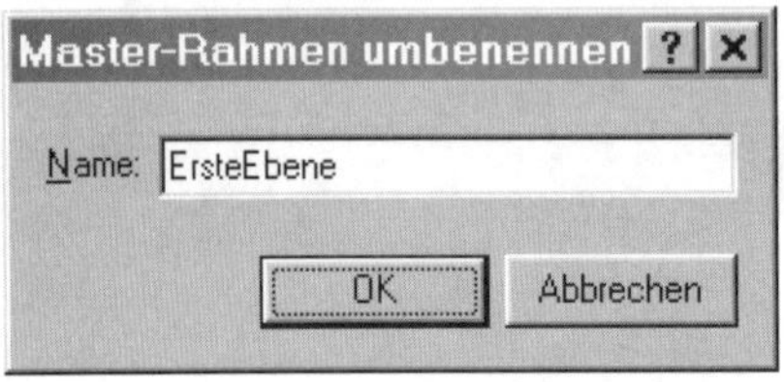

Abb. 3.6: Master-Rahmen umbenennen

Geben Sie hier in das Feld *Name* den neuen Namen `ErsteEbene` ein und bestätigen Sie mit *OK*. Der geänderte Name wird daraufhin in der Liste der Master-Rahmen angezeigt. Bitte schließen Sie anschließend die Liste wieder mit der entsprechenden Schaltfläche.

Wir werden im Folgenden diesen Master-Rahmen für die Seiten der ersten Ebene direkt unterhalb der Homepage verwenden.

HINWEIS

Jede neue Website enthält standardmäßig die Master-Rahmen DefaultMasterBorder und ZeroMargins. ZeroMargins ist ein Master-Rahmen, bei dem die Ränder um das Layout herum überall »0« sind. Er kann weder gelöscht noch umbenannt werden. Wenn Sie einen Master-Rahmen löschen, der noch benutzt wird, erhalten die davon betroffenen Seiten automatisch den Master-Rahmen ZeroMargins. Selbstverständlich fragt Sie Fusion vor dem Löschen eines Master-Rahmens, ob Sie es wirklich ernst meinen und gibt Ihnen Gelegenheit zum Abbrechen.

Es ist nicht möglich, Leerzeichen oder Sonderzeichen im Namen eines Master-Rahmens zu benutzen.

Ränder einstellen

Die Ränder des Master-Rahmens können Sie mit den Feldern für *Ränder* in der Eigenschaften-Palette oder mit Hilfe der entsprechenden Anfasser in den Linealen am oberen und linken Seitenrand festlegen.

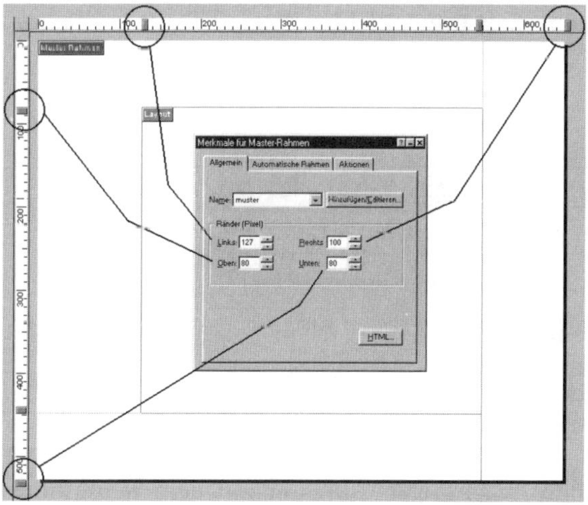

Abb. 3.7: Ränder des Master-Rahmens einstellen

Ränder mit der Eigenschaften-Palette einstellen

Geben Sie den Wert für die gewünschte Randbreite in das entsprechende Feld in der Eigenschaften-Palette ein oder benutzen Sie die kleinen Pfeiltasten am rechten Rand des Feldes, um den angezeigten Wert zu erhöhen bzw. zu verringern.

Wenn Sie den Wert als Zahl eingeben, müssen Sie die [↵]-Taste drücken, den Cursor mit der [⇆]-Taste aus dem Feld herausbewegen oder mit der Maus außerhalb der Palette klicken, damit die neue Randbreite am Bildschirm angezeigt wird.

Der Rand ist immer mindestens so groß wie der Platzbedarf der Objekte, die auf dem entsprechenden Teil des Master-Rahmens platziert sind. Die maximale Randbreite kann 1000 Pixel betragen. Wenn Sie versuchen, einen ungültigen Wert für die Randbreite festzulegen, zeigt Fusion eine entsprechende Fehlermeldung an und korrigiert die Einstellung automatisch.

Ränder mit den Linealen einstellen

Die Randbreite lässt sich auch mit Hilfe der Anfasser auf den Seitenlinealen einstellen:

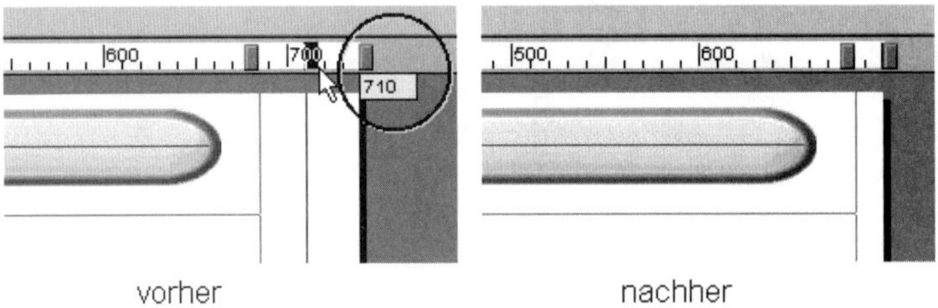

Abb. 3.8: Randbreite mit den Linealen ändern

Klicken Sie dazu auf den zugehörigen Anfasser auf dem Seitenlineal und ziehen Sie ihn mit gedrückter Maustaste an die neue Position. Während der Mausaktion zeigt Ihnen Fusion die exakte Position in einem gelben Textfenster an der alten Position des Anfassers direkt unter dem Lineal an. Wenn Sie die Maustaste loslassen, wird die Breite des Rahmens angepasst.

Automatische Rahmen

Wenn Sie den Master-Rahmen auswählen und in der Eigenschaften-Palette die Registerkarte *Automatische Rahmen* anklicken, können Sie sehr einfach und schnell Rahmendefinitionen (sog. »Framesets«) für den Master-Rahmen erstellen.

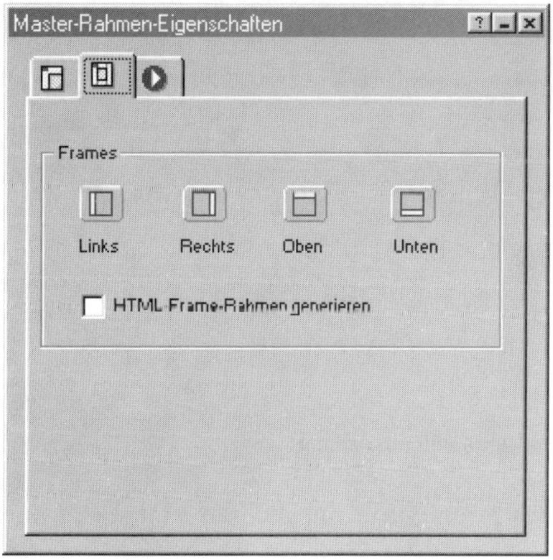

Abb. 3.9: Automatische Rahmen definieren

Mit automatischen Rahmen teilen Sie den Master-Rahmen und das Layout der Seite in unabhängige Bereiche auf, die im Web-Browser in eigenen Fenstern dargestellt werden. Auf diese Weise können Sie das Layout unabhängig vom Master-Rahmen im Browserfenster verschieben, die Navigationsknöpfe auf dem Master-Rahmen sind immer sichtbar. Mit den entsprechenden Schaltflächen der Eigenschaften-Palette können Sie für jeden Bereich des Master-Rahmens einen eigenen Fensterbereich im Browserfenster definieren. Die einzelnen Bereiche des Master-Rahmens werden dabei *Frame* genannt.

Mit der Option *HTML-Frame-Rahmen generieren* werden die einzelnen Fensterbereiche im Web-Browser durch Begrenzungslinien voneinander getrennt.

Frame-Eigenschaften definieren

Nachdem Sie einen automatischen Rahmen erzeugt haben, können Sie die Frame-Eigenschaften für jeden Frame individuell festlegen.

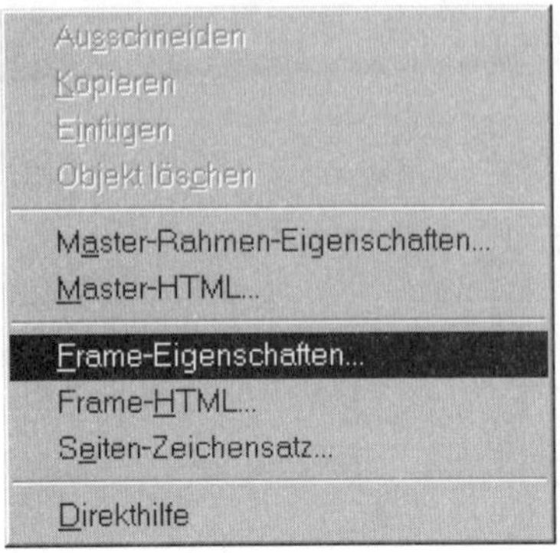

Abb. 3.10: Rahmen-Merkmale im Kontextmenü auswählen

Klicken Sie dazu innerhalb des Frames mit der rechten Maustaste und wählen Sie die Option *Frame-Eigenschaften* aus dem Kontextmenü aus, um die entsprechenden Einstellungsmöglichkeiten in der Eigenschaften-Palette anzuzeigen.

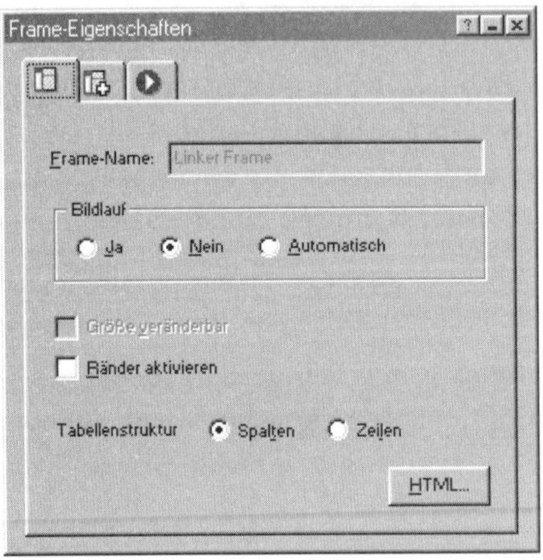

Abb. 3.11: Frame-Eigenschaften (1)

Mit den Optionen auf der Registerkarte *Allgemein* legen Sie die allgemeinen Eigenschaften des Frames im Browserfenster fest.

Bildlauf

Diese Option legt fest, ob der Inhalt des Frames mit Hilfe von Rollbalken verschoben werden kann, wenn das Browserfenster nicht groß genug ist, um den gesamten Inhalt auf einmal darzustellen.

Größe veränderbar

Mit dieser Einstellung bestimmen Sie, ob die Größe des Frames im Browserfenster geändert werden kann.

Ränder aktivieren

Wenn Sie die Option *Ränder aktivieren* einschalten, erzeugt Fusion beim Publizieren der HTML-Dateien einen Abstand zwischen dem Rand des Frames und dem eigentlichen Inhalt.

HINWEIS

Sie sollten diese Option unbedingt ausschalten, wenn Sie Grafiken ganz exakt am Rand eines Frames platzieren wollen.

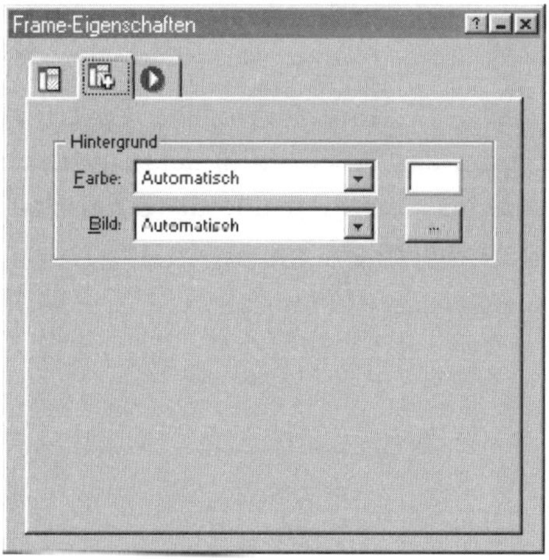

Abb. 3.12: Frame-Eigenschaften (2)

Mit der zweiten Registerkarte der Frame-Eigenschaften legen Sie den Frame-Hintergrund fest. Sie können dazu eine Farbe oder ein Bild auswählen.

> **HINWEIS**
>
> Das Hintergrundbild eines Frames wird endlos wiederholt, wenn die Fläche des Bildes kleiner ist als die sichtbare Fläche des Frames. Sie müssen also ein Bild verwenden, das sich entweder für ein endloses Kachelmuster eignet oder so groß ist, das es selbst auf großen Bildschirmen auf jeden Fall größer ist als der sichtbare Ausschnitt des Frames. In der Regel reicht es dafür aus, wenn das Hintergrundbild 1600 bis 2000 Pixel breit und 1200 bis 1600 Pixel hoch ist. Dabei sollte eine Dateigröße von 15 KB jedoch möglichst nicht überschritten werden.

3.3 Layout

Das Layout enthält die eigentlichen Inhalte der Internetseite. Hier können Sie Texte, Bilder, Tabellen und Formularfelder platzieren, bearbeiten und anordnen.

Layout-Eigenschaften

Wenn Sie in das Layout klicken, wird das Beschriftungsfeld *Layout* in der linken oberen Ecke des Layouts blau markiert und die Eigenschaften-Palette zeigt die aktuellen Eigenschaften an.

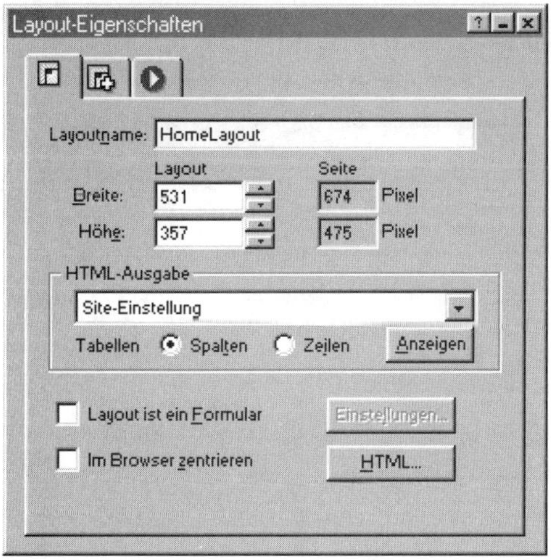

Abb. 3.13: Layout-Eigenschaften (1)

Name festlegen

Im Feld *Layoutname* ganz oben in der Eigenschaften-Palette können Sie den Namen für das aktuelle Layout festlegen.

Mehrere Layouts für eine Seite

In Fusion können Sie für jede Internetseite mehrere Layouts speichern und komfortabel über eine Auswahlliste am unteren Bildschirmrand verwalten.

Dadurch ist es sehr einfach möglich, verschiedene Versionen einer Seite in Fusion zu speichern und bei Bedarf für die Veröffentlichung im Internet auszuwählen. In den nächsten Kapiteln des Einsteigerseminars gehen wir noch ausführlicher auf dieses Thema ein.

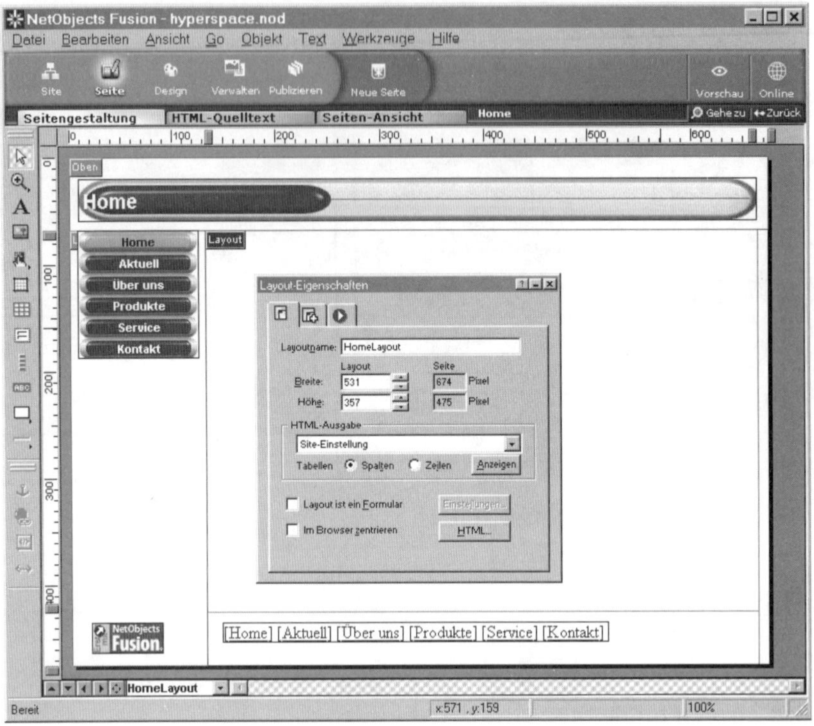

Abb. 3.14: Layouts einer Seite verwalten

> **HINWEIS**
>
> Für verschiedene Sprachversionen einer Website ist es meistens effektiver, nicht mit verschiedenen Layouts zu arbeiten, sondern zuerst die deutsche Version komplett fertig zu stellen und anschließend davon für jede Sprache eine separate Kopie zu erstellen.

Größe festlegen

Auch für das Layout können Sie die Größe mit den Anfassern im Seitenlineal oder durch entsprechende Eingaben in der Eigenschaften-Palette festlegen.

Die Gesamtgröße der Seite wird zur Information in den grauen Feldern rechts neben den Eingabefeldern für Höhe und Breite angezeigt, bei den Angaben wird die Breite der Ränder mit eingerechnet.

HINWEIS

Achten Sie darauf, Ihre Seite nicht zu breit zu machen. Da die meisten Anwender nur eine Bildschirmauflösung von 800 x 600 Pixel benutzen, darf die Seite wegen des Browserfensters und der Rollbalken allerhöchstens 770 Pixel breit sein, optimal ist eine Gesamtbreite (einschließlich der Ränder) zwischen 720 und 750 Pixel.

HTML-Ausgabe

Die Art der HTML-Ausgabe hat Einfluss darauf, wie die Seiten im Browser dargestellt werden und welche Browserversionen die Seiten überhaupt anzeigen können. Standardmäßig ist hier die *Site-Einstellung* gewählt.

Abb. 3.15: HTML-Ausgabe für das Layout festlegen

In der Ansicht Publikation können Sie für die gesamte Website festlegen, wie die Ausgabe der Website als HTML-Dateien erfolgen soll.

Sie können jedoch für jedes Layout die Art der HTML-Ausgabe abweichend von den Veröffentlichungseinstellungen festlegen, indem Sie die gewünschte Ausgabeart aus der Auswahlliste auf der Eigenschaften-Palette auswählen.

Wenn Sie eine Veröffentlichungseinstellung mit Tabellen gewählt haben, können Sie mit den Tabellenoptionen *Spalten* oder *Zeilen* die HTML-Ausgabe noch zusätzlich beeinflussen. Eine Vorschau auf die generierte HTML-Tabelle erhalten Sie, wenn Sie auf die Schaltfläche *Anzeigen* klicken und die Maustaste gedrückt halten.

Weitere Informationen zu diesem Thema finden Sie im Kapitel über die Ansicht Publikation.

Weitere Layout-Eigenschaften

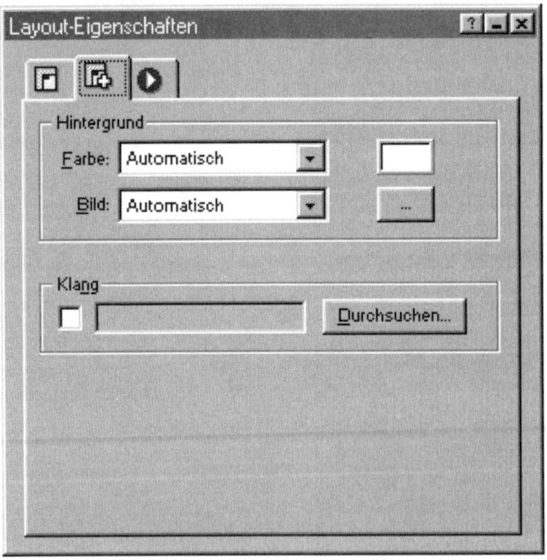

Abb. 3.16: Layout-Eigenschaften (2)

Mit der zweiten Registerkarte *Hintergrund* der Layout-Eigenschaften können Sie eine Hintergrundfarbe oder ein Hintergrundbild für den Layoutbereich festlegen. Wenn Sie die Option *Automatisch* wählen, werden die Einstellungen der Stilvorlage übernommen.

Mit der Option *Klang* können Sie eine Sounddatei (z.B. eine WAV- oder MID-Datei) als Hintergrundklang für die Seite auswählen. Beim Aufruf der Seite wird dann (endlos wiederholend) die ausgewählte Sounddatei abgespielt, falls der Browser, mit dem die Seite angezeigt wird, solche Hintergrundklänge unterstützt.

HINWEIS

Setzen Sie Hintergrundklänge nur sehr sparsam ein. Die sind nämlich out.

3.4 Benutzerfreundliche Navigation

Eine benutzerfreundliche Navigation ist unbedingte Voraussetzung für den Erfolg Ihres Internetauftritts.

Sie zeichnet sich vor allem durch folgende Eigenschaften aus:

- Sie funktioniert in jedem Browser.
- Sie ist übersichtlich und klar strukturiert.
- Der Benutzer weiß jederzeit, wo er sich befindet.
- Jede Seite kann (möglichst) innerhalb von drei Mausklicks angesteuert werden.

Vom produktionstechnischen Gesichtspunkt sollte das alles außerdem noch mit minimalem Aufwand realisiert werden können. Wie gut also, dass Sie sich für NetObjects Fusion entschieden haben, denn Fusion unterstützt Sie bei der Erstellung einer benutzerfreundlichen Navigation wie kein anderes Programm – vorausgesetzt, Sie planen Ihre Website entsprechend.

Site-Struktur und Navigation

In den vorigen Kapiteln haben Sie eine Website mit der folgenden Struktur erstellt:

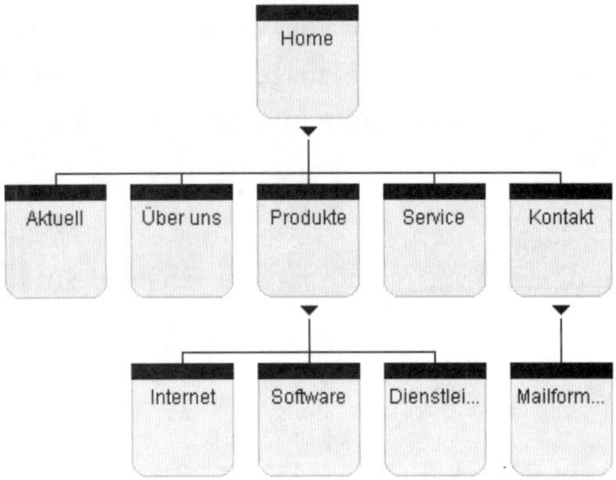

Abb. 3.17: Strukturplan der Beispiel-Website

Diese Website besteht aus der Homepage und fünf weiteren Seiten auf der ersten Ebene mit den Namen *Aktuell, Über uns, Produkte, Service* und *Kontakt*. Unterhalb der Seite *Produkte* gibt es noch drei weitere Seiten: *Internet, Software* und *Dienstleistung*. Unter der Seite *Kontakt* befindet sich noch eine weitere Seite: *Mailformular1*.

Wenn Sie eine Vorschau aller Seiten im Browser anzeigen lassen, werden Sie feststellen, dass die Navigationsleisten, die von Fusion automatisch erstellt wurden, zwar gut funktionieren – Sie können damit bis jetzt jedoch nur auf die Seiten der ersten Ebene und die Homepage gelangen (siehe Abb. 3.18).

Das liegt daran, dass alle Seiten den gleichen Master-Rahmen benutzen und die Navigationsleiste auf diesem Master-Rahmen nur Schaltflächen für die Seiten der ersten Ebene enthält.

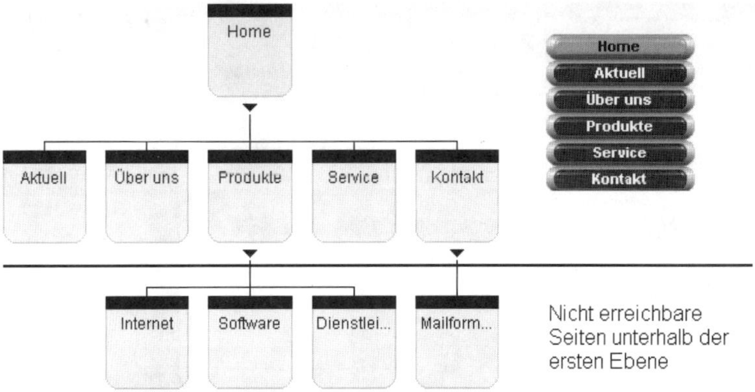

Abb. 3.18: Homepage und erste Ebene

Bitte schauen Sie sich einmal im Detail an, wie die Navigationsleiste der Homepage funktioniert. Wechseln Sie dazu in die Seiten-Ansicht der Homepage und klicken Sie auf die Navigationsleiste im Master-Rahmen, um die Eigenschaften in der Eigenschaften-Palette anzuzeigen.

Navigationsleisten-Eigenschaften

Oben in der Eigenschaften-Palette sehen Sie das Feld *Schaltflächenstruktur*, es enthält zur Zeit den Eintrag *Erste Ebene*. Sie können die Anzeige der Navigationsleiste mit der Auswahlliste *Site* ändern.

Wie Sie sehen, bietet Ihnen Fusion hier mehrere Optionen zur Auswahl an. Zum besseren Verständnis sollten Sie sich dabei die Struktur der Website vergegenwärtigen.

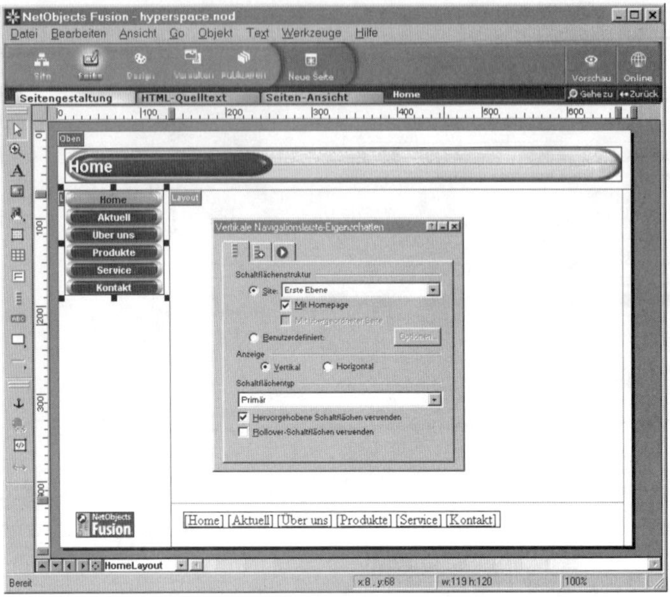

Abb. 3.19: Vertikale Navigationsleiste der Homepage

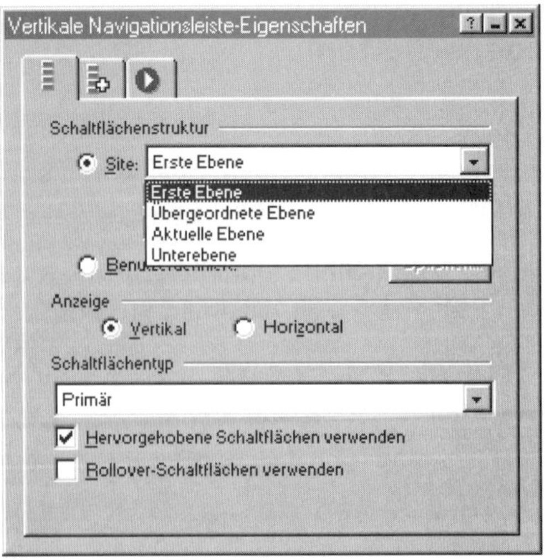

Abb. 3.20: Anzeige der Navigationsleiste festlegen

Erste Ebene

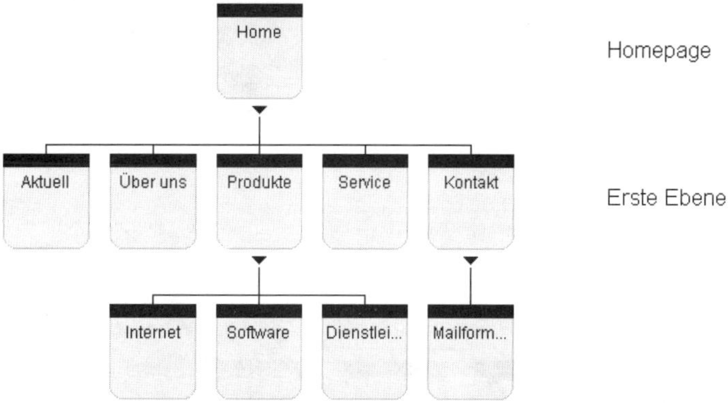

Abb. 3.21: Die Seiten der ersten Ebene

Die Ebene der Seiten direkt unterhalb der Homepage werden mit *Erste Ebene* bezeichnet.

Übergeordnete Ebene

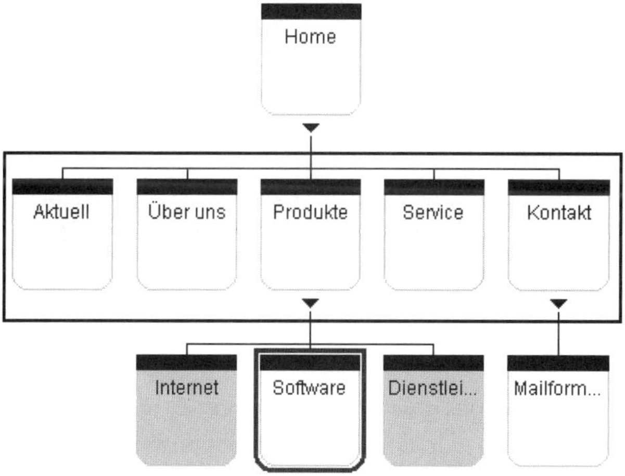

Abb. 3.22: Übergeordnete Ebene der Seite *Software*

Anders als die *Erste Ebene* beschreibt die *Übergeordnete Ebene* eine relative Position zur aktuellen Seite. Die Seite *Produkte* ist z.B. eine übergeordnete Seite von *Software*.

Aktuelle Ebene

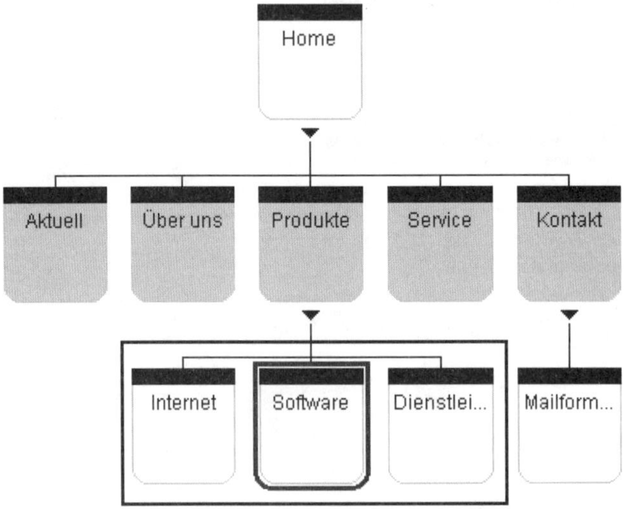

Abb. 3.23: Aktuelle Ebene der Seite *Software*

Die Ebene, auf der sich eine Seite befindet, wird *Aktuelle Ebene* genannt. Von der Seite *Software* aus betrachtet befinden sich die direkten Nachbarseiten *Internet* und *Dienstleistung* auf der aktuellen Ebene, nicht jedoch die Seite *Mailformular1*, da sich diese nicht unterhalb derselben Eltern-Seite *Produkte* befindet.

Untergeordnete Ebene

Von der Seite *Produkte* aus betrachtet ist die Seite *Software* eine untergeordnete Seite und befindet sich demnach auf der untergeordneten Ebene.

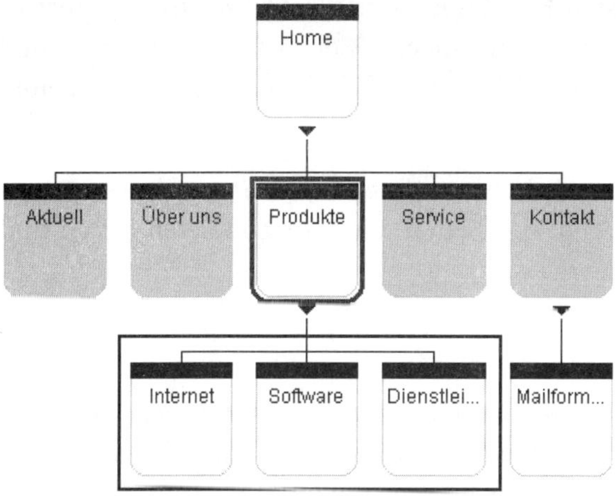

Abb. 3.24: Untergeordnete Ebene von *Produkte*

Wie Sie sehen, bietet Fusion für jeden möglichen Anwendungsfall die passende Navigationsleiste. Zusätzlich können Sie noch festlegen, ob die Homepage in der Navigationsleiste mit angezeigt wird und welche Ausrichtung – horizontal oder vertikal – die Leiste haben soll.

Mit dem neuen Wissen um die Möglichkeiten des Programms können Sie jetzt daran gehen, eine benutzerfreundliche Navigation für die Beispielwebsite aufzubauen.

Bitte schließen Sie deshalb zunächst das Fenster *Anzeige der Navigationsleiste* wieder, ohne eine Einstellung zu ändern, indem Sie auf *Abbrechen* klicken.

Zielvorstellung aus Kundensicht:

Ziel soll es sein, jede Seite von jeder Seite aus innerhalb von drei Mausklicks zu erreichen. Im Detail ergeben sich daraus drei verschiedene Arten von Master-Rahmen mit jeweils unterschiedlichen Navigationsleisten:

Von der Homepage aus müssen nur die Seiten direkt unterhalb der Homepage in der Navigationsleiste angezeigt werden.

Von den Seiten der ersten Ebene aus (*Aktuelles, Über uns, ...*) muss es möglich sein, die Homepage, die anderen Seiten der ersten Ebene und die untergeordneten Seiten aufzurufen, falls es untergeordnete Seiten gibt.

Von den untergeordneten Seiten aus (*Internet, Mailformular1*) muss es möglich sein, die benachbarten Seiten, die übergeordneten Seiten und die Homepage anzusteuern.

Lösungsansatz:

Zur Lösung des Problems müssen neue Master-Rahmen und eine zusätzliche Navigationsleiste erstellt werden. Aus Gründen der Übersichtlichkeit und der optimalen Platzausnutzung sollten wir dabei die Seiten der ersten Ebene in einer waagerechten Navigationsleiste anzeigen lassen und bei Bedarf die Knöpfe für untergeordnete Seiten mit Hilfe einer zweiten senkrechten Navigationsleiste am linken Rand des Master-Rahmens anzeigen lassen. Wir werden diese Arbeitsschritte auf den folgenden Seiten ausführlich beschreiben.

Navigationsleiste erstellen

Wechseln Sie bitte in die Seiten-Ansicht der Seite *Produkte*. Diese Seite benutzt zur Zeit noch wie alle anderen Seiten den Master-Rahmen *ErsteEbene*. Alle Änderungen, die wir jetzt am Master-Rahmen vornehmen, wirken sich demnach auf alle Seiten aus.

Wir benötigen für die neue waagerechte Navigationsleiste mehr Platz, deshalb vergrößern Sie bitte den oberen Rand des Master-Rahmens auf 100 Pixel.

Wählen Sie anschließend aus der Standardwerkzeugleiste das Werkzeug *Navigationsleiste* aus.

Abb. 3.25: Werkzeug *Navigationsleiste*

Positionieren Sie den Mauszeiger oben links in den Master-Rahmen kurz unterhalb des Seitenschriftzuges und ziehen Sie mit gedrückter Maustaste einen rechteckigen Rahmen in waagerechter Richtung auf.

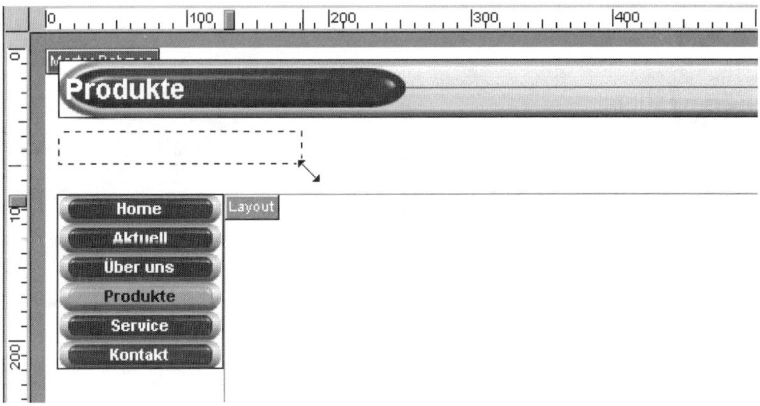

Abb. 3.26: Waagerechte Navigationsleiste erstellen

Achten Sie unbedingt darauf, dabei innerhalb des Master-Rahmens zu bleiben. Es reicht aus, wenn Sie den Rahmen nur wenige Pixel breit aufziehen, da sich die Breite der Navigationsleiste automatisch aus der Anzahl der Navigationsknöpfe ergibt. Wichtig ist nur, dass Sie den Rahmen vorwiegend in horizontaler Richtung aufziehen.

Wenn Sie die Maustaste loslassen, wird die Navigationsleiste erstellt (siehe Abb. 3.27).

Standardmäßig wird eine neue Navigationsleiste mit den Primärknöpfen der Site-Darstellung und der Ansicht *Erste Ebene* erstellt. Für eine horizontale Navigationsleiste sind jedoch in unserem Fall die Sekundärknöpfe geeigneter, zumal sie auch weniger Platz benötigen. Die Art der Schaltflächen können Sie in der Eigenschaften-Palette einstellen.

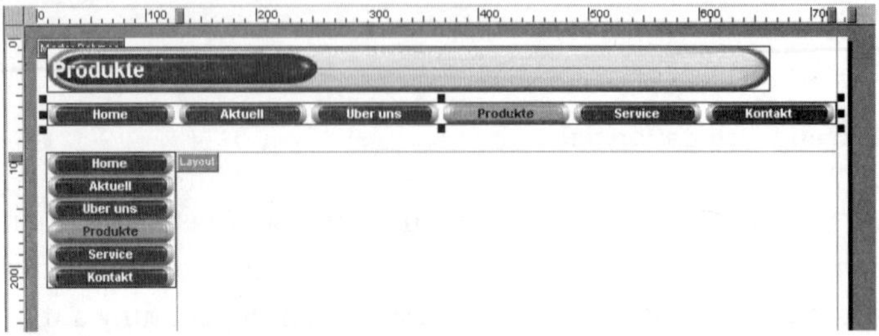

Abb. 3.27: Die neue Navigationsleiste

Abb. 3.28: Schaltflächentyp ändern

Wählen Sie die Option *Schaltflächentyp – Sekundär,* um die Darstellung der Schaltflächen in der Navigationsleiste zu ändern.

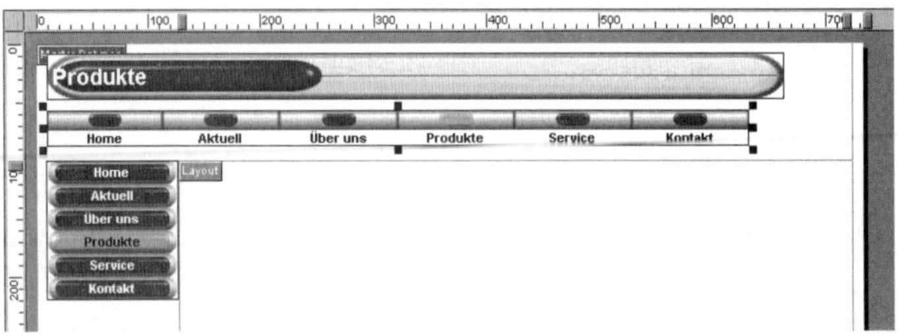

Abb. 3.29: Die Navigationsleiste mit Sekundär-Schaltflächen

Anschließend sollten Sie die Seitenbreite verringern und die Größe des Layouts wieder an den tatsächlichen Platzbedarf des Seitenbanners anpassen.

> **HINWEIS**
> Mit dem Menübefehl *Objekt – Layout an Objekte anpassen* können Sie die Größe des Layoutbereiches ebenfalls sehr einfach und schnell an den tatsächlichen Platzbedarf aller Objekte anpassen.

Als Nächstes wollen wir die Anzeige der linken Navigationsleiste ändern. Wählen Sie dazu die Navigationsleiste aus und ändern Sie in der Eigenschaften-Palette die Anzeigeoption auf *Untergeordnete Ebene*. Außerdem sollten Sie die Anzeige der Homepage in dieser Navigationsleiste ausschalten.

Abb. 3.30: Einstellungen für die Anzeige der linken Navigationsleiste

Als Ergebnis unserer Änderungen können jetzt von der ersten Ebene aus alle Seiten mit den vorhandenen Navigationsleisten angesteuert werden.

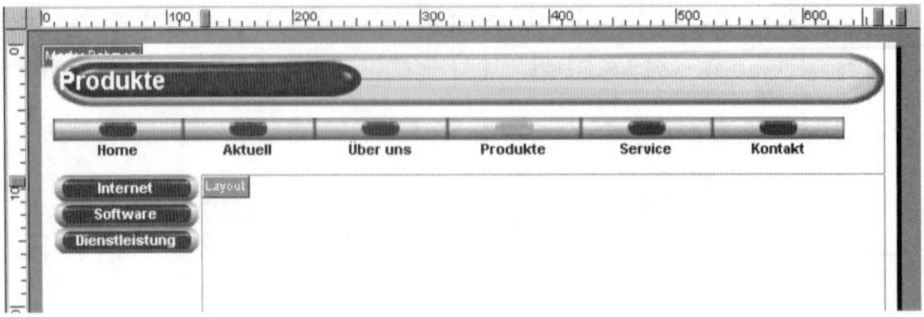

Abb. 3.31: Navigationsleisten der ersten Ebene

Da Fusion intelligent programmiert ist, wird die zweite Navigationsleiste am linken Rand nur dann erzeugt, wenn tatsächlich untergeordnete Seiten vorhanden sind. Dieser Master-Rahmen kann daher von allen Seiten der ersten Ebene genutzt werden. Für die Homepage und die untergeordneten Seiten müssen Sie jedoch eigene Master-Rahmen erstellen und die linke Navigationsleiste anpassen.

Neuer Master-Rahmen für untergeordnete Seiten

Bitte wechseln Sie in die Seiten-Ansicht der Seite *Internet* und klicken Sie auf den Master-Rahmen, damit Sie seine Eigenschaften bearbeiten können.

Klicken Sie in der Eigenschaften-Palette für Master-Rahmen auf die Schaltfläche *Hinzufügen / Bearbeiten* neben dem Feld *Name*, um die Liste der Master-Rahmen zu editieren.

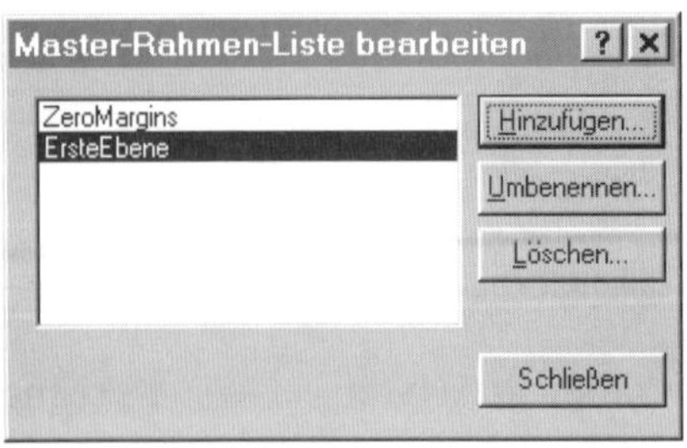

Abb. 3.32: Master-Rahmen auf der Basis von *ErsteEbene* hinzufügen

Wählen Sie dort *ErsteEbene* aus und klicken Sie auf die Schaltfläche *Hinzufügen*, um einen neuen Master-Rahmen als Kopie von *Erste-Ebene* zu erstellen.

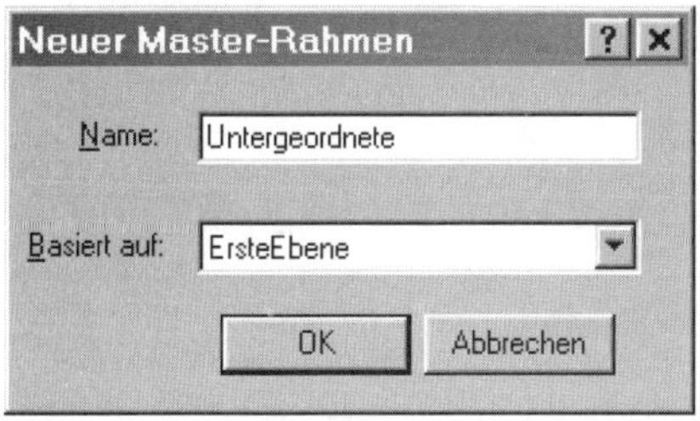

Abb. 3.33: Neuer Master-Rahmen für untergeordnete Seiten

> **HINWEIS** Alternativ dazu können Sie auch erst im Dialogfeld *Neuer Master-Rahmen* den vorhandenen Master-Rahmen *ErsteEbene* als Kopiervorlage aus der Auswahlliste *Basiert auf* auswählen.

Geben Sie dem neuen Master-Rahmen den Namen *Untergeordnete* und klicken Sie auf *OK*, um die Angaben zu übernehmen. Das Dialogfenster wird dadurch geschlossen und der neue Master-Rahmen auf die aktuelle Seite angewendet. Sie erkennen das an der Anzeige des Namens in der Eigenschaften-Palette für den Master-Rahmen.

Sie haben jetzt einen neuen Master-Rahmen für die untergeordneten Seiten erstellt und müssen nur noch die linke Navigationsleiste anpassen.

Navigationsleiste für untergeordnete Seiten

Da die Seite *Internet* keine untergeordneten Seiten hat, werden die Navigationsknöpfe nicht angezeigt. Sie können jedoch falls erforderlich die Umrisslinie der Navigationsleiste mit dem Menübefehl *Ansicht / Objektumrisse* anzeigen lassen.

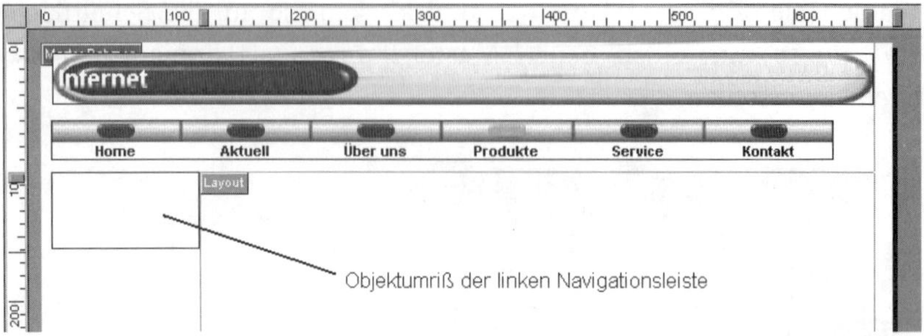

Abb. 3.34: Objektumriss der linken Navigationsleiste

Wählen Sie die linke Navigationsleiste aus, indem Sie in den Objektumriss der Leiste klicken. Ändern Sie in der Eigenschaften-Palette die Anzeigeoption von *Untergeordnete Ebene* auf *Aktuelle Ebene* ab.

Abb. 3.35: Einstellungen für die Anzeige der linken Navigationsleiste

Als Ergebnis Ihrer Bemühungen können Ihre Besucher jetzt auch von einer untergeordneten Seite aus alle anderen Seiten der Website erreichen.

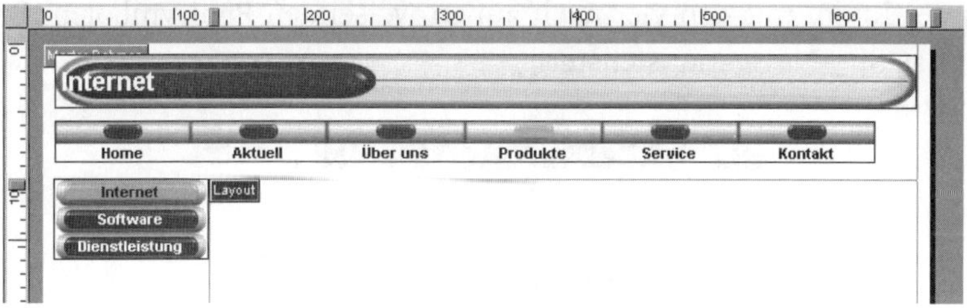

Abb. 3.36: Navigationsleisten auf untergeordneten Seiten

Sie müssen jetzt nur noch allen untergeordneten Seiten den Master-Rahmen *UntergeordneteSeiten* zuweisen.

Navigation in der Seiten-Ansicht

Bitte benutzen Sie diesmal nicht die Site-Ansicht, um zu einer anderen Seite Ihrer Website zu wechseln, sondern die kleinen Pfeil-Schaltflächen am unteren linken Rand des Arbeitsbereiches.

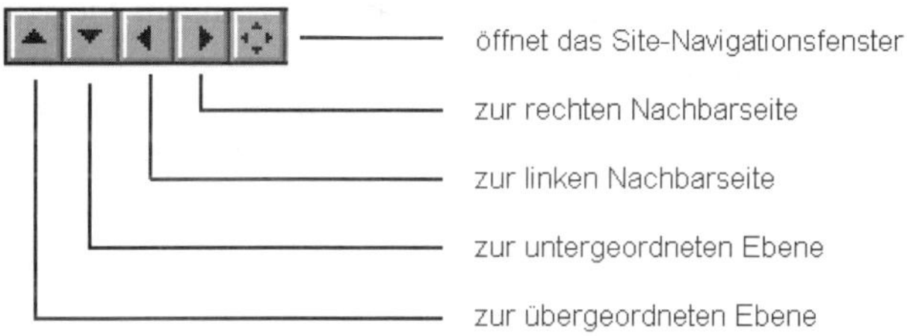

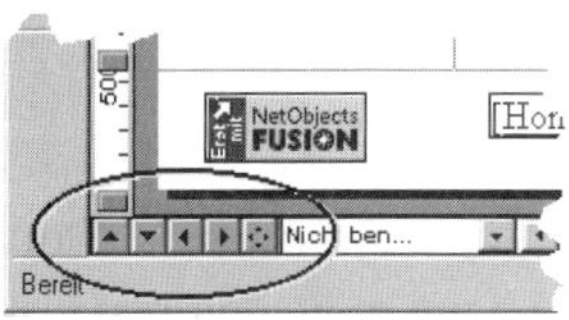

Abb. 3.37: Schaltflächen zur Site-Navigation in der Seiten-Ansicht

Damit haben Sie die Möglichkeit, auch innerhalb der Seiten-Ansicht schnell die angrenzenden Seiten anzusteuern. Besonders hilfreich ist dabei der Knopf mit den vier nach außen weisenden Pfeilsymbolen: Er öffnet das Site-Navigationsfenster.

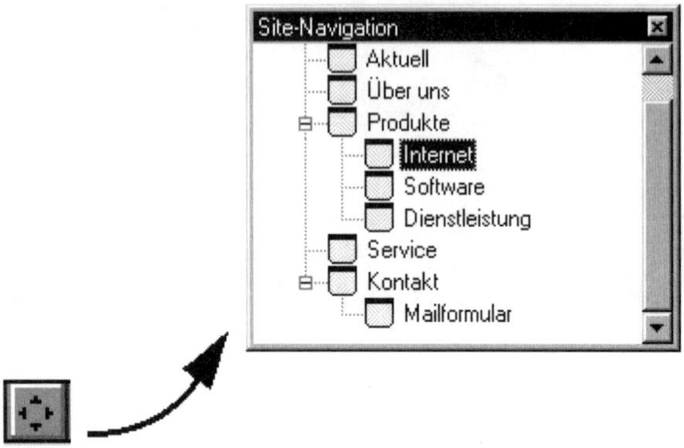

Abb. 3.38: Site-Navigationsfenster

Im Site-Navigationsfenster sehen Sie eine verkleinerte Gliederungsansicht Ihrer Website, die aktuelle Seite ist blau markiert. Sie können den Rollbalken benutzen, um den sichtbaren Bereich der Gliederung zu verschieben. Durch Doppelklick auf einen Seitennamen wechseln Sie zur Seiten-Ansicht der angeklickten Seite.

Bitte benutzen Sie diese Art der Site-Navigation, um die anderen untergeordneten Seiten *Software*, *Dienstleistung* und *Mailformular1* anzuzeigen und ändern Sie dort jeweils den aktuellen Master-Rahmen auf *UntergeordneteSeiten*.

Anpassen der Homepage

Zu guter Letzt müssen Sie nur noch die Homepage anpassen: Dort werden im Moment noch die Seiten der ersten Ebene in beiden Navigationsleisten angezeigt, und das ist genau eine Leiste zu viel.

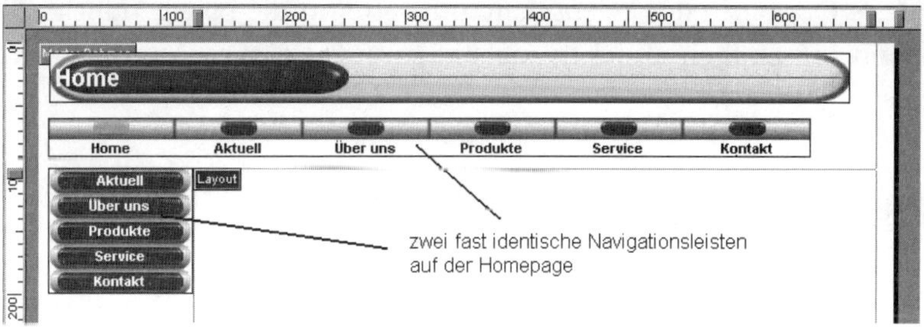

Abb. 3.39: Zu viele Navigationsleisten auf der Homepage

Um diesen Missstand zu beenden, müssen Sie einen neuen Master-Rahmen für die Homepage erstellen und anschließend die linke Navigationsleiste löschen. Wie das im Einzelnen geht, haben wir auf den vorigen Seiten bereits ausführlich beschrieben.

Hervorgehobene Schaltflächen verwenden

In allen Navigationsleisten der Website wurden bisher die aktuell ausgewählten Schaltflächen hervorgehoben. Der Besucher der Seiten weiß auf diese Weise immer ganz genau, wo er sich gerade befindet.

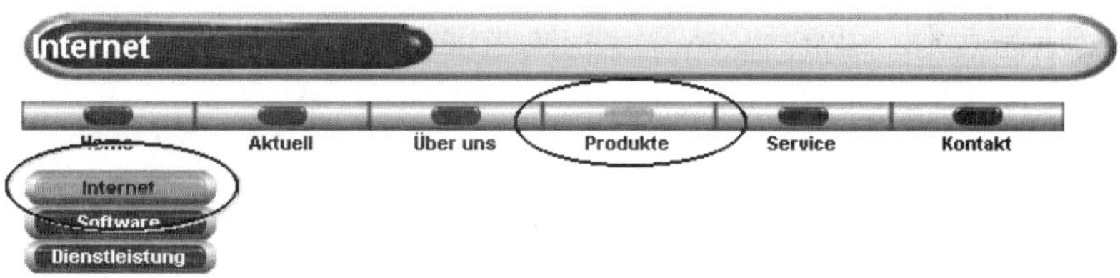

Abb. 3.40: Hervorgehobene Schaltflächen

Da Fusion die hervorgehobenen Schaltflächen anhand der ausgewählten Site-Darstellung automatisch als Grafiken erzeugt, müssen mehr unterschiedliche Grafiken über das Internet übertragen werden, wenn Sie hervorgehobene Schaltflächen verwenden. Manchmal kann es daher sinnvoll sein, auf hervorgehobene Schaltflächen zu verzichten. Sie können diese Option in der Eigenschaften-Palette für die Navigationsleiste aus- und einschalten. Klicken Sie hierzu auf die obere Navigationsleiste.

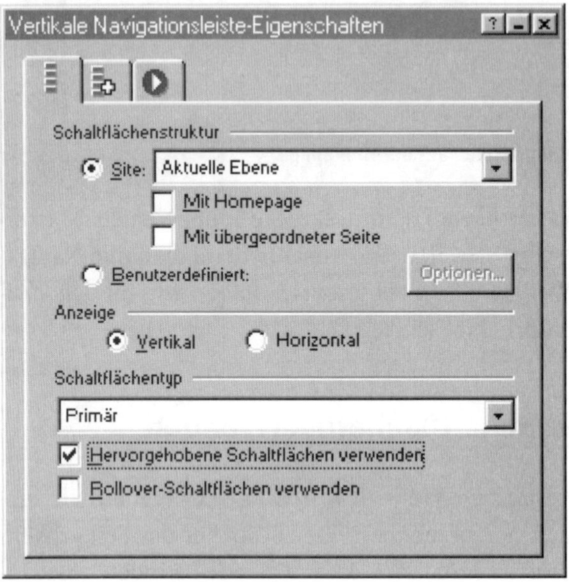

Abb. 3.41: Hervorgehobene Schaltflächen verwenden

So kommt Bewegung in Ihre Navigation

Mit der Option *Rollover-Schaltflächen* ändert sich das Aussehen der Navigationsknöpfe durch Berührung mit dem Mauszeiger, wenn der Besucher der Website in seinem Web-Browser JavaScript eingeschaltet hat.

Was sonst umfangreiche Bildbearbeitung und JavaScript-Programmierung erfordert, erledigen Sie in Fusion mit einem Mausklick.

Abb. 3.42: Rollover-Schaltflächen verwenden

> **HINWEIS** Rollover-Schaltflächen funktionieren nur, wenn JavaScript im Web-Browser eingeschaltet ist. In Web-Browsern ohne JavaScript-Unterstützung wird nur die normale Navigationsleiste angezeigt.

Benutzerdefinierte Schaltflächen

Seit der Version 5 ist es möglich, die Links hinter den Schaltflächen einer Navigationsleiste auch vollkommen frei zu definieren. Aktivieren Sie dazu die Option *Benutzerdefiniert* und klicken Sie dann auf die Schaltfläche *Optionen ...*

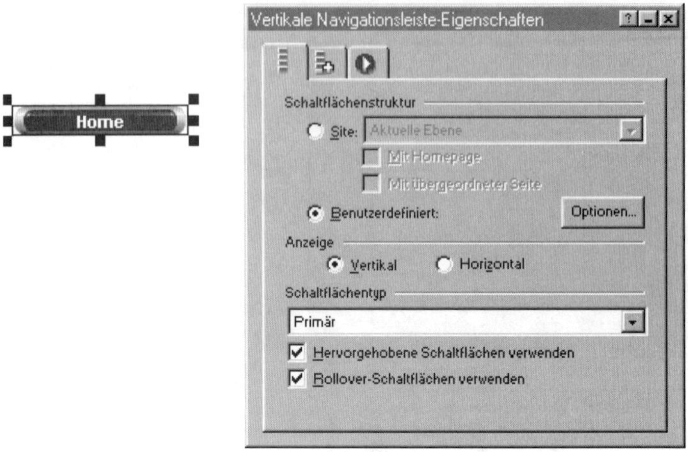

Abb. 3.43: Benutzerdefinierte Schaltflächen

> **HINWEIS**
>
> Im anschließenden Dialogfenster können Sie die Art der Verknüpfung und die Reihenfolge der Schaltflächen frei festlegen.

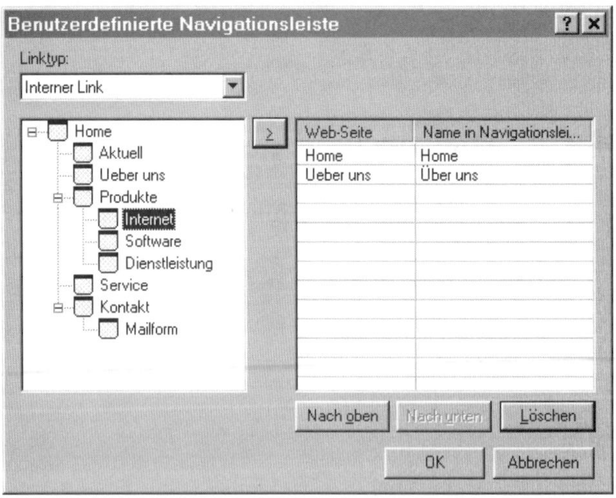

Abb. 3.44: Benutzerdefinierte Navigationsleiste

Als Linktyp können Sie dabei zwischen den Seiten Ihrer Website, externen Links (auch JavaScript) und Dateien zum Download wählen.

Weitere Navigationsleisten-Eigenschaften

Mit der zweiten Registerkarte der Navigationsleisten-Eigenschaften können Sie abweichend vom Stil der Website einen anderen Schaltflächenstil auswählen, den Abstand der Schaltflächen verändern und eine Hintergrundfarbe festlegen.

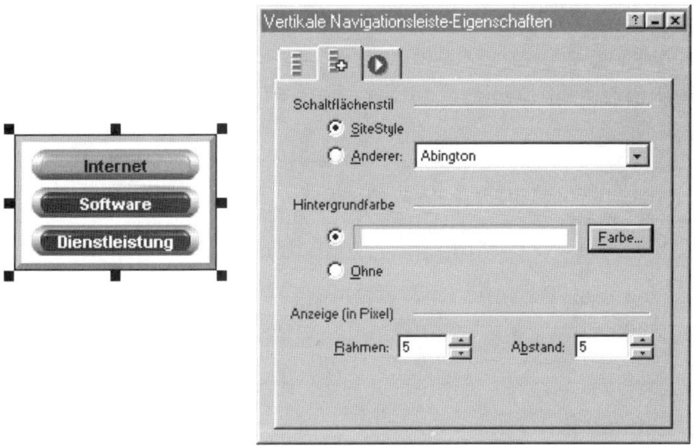

Abb. 3.45: Schaltflächenstil, Abstand und Hintergrund festlegen

> **HINWEIS**
>
> Eine effektive Navigation beginnt bei der richtigen Strukturierung Ihrer Website. Beherzigen Sie also die Ratschläge aus den vorigen Kapiteln und gestalten Sie Ihr Internetangebot weder zu tief noch zu breit.
>
> Legen Sie für Seitenbanner und Navigationsknöpfe eindeutige Namen fest, unter denen sich Ihre Besucher auch etwas vorstellen können. Denken Sie daran, dass Ihre Besucher meistens weder die Namen der Artikel noch die Produktgruppen Ihres Sortiments kennen und versuchen Sie immer, Ihr Angebot aus dem Blickwinkel des Kunden zu betrachten.

3.5 Zusammenfassung, Fragen und Übungen

Zusammenfassung

- Fusion teilt den Bereich einer Seite in den Master-Rahmen und das Layout auf.
- Der Master-Rahmen funktioniert wie eine Mustervorlage: Elemente, die Sie hier positionieren, sind auf allen Seiten vorhanden, die diesen Master-Rahmen verwenden. Deshalb werden Navigationsleisten und Seitenbanner in der Regel auf dem Master-Rahmen positioniert.
- Das Layout enthält die eigentlichen Inhalte der einzelnen Internetseite, also Text, Bilder, Tabellen etc.
- Für jede Internetseite können verschiedene Layouts definiert und unter separaten Namen gespeichert werden. Dadurch lassen sich verschiedene Varianten einer Seite bequem verwalten.
- Die Ränder des Master-Rahmens und die Abmessungen des Layouts können mit Anfassern auf den Seitenlinealen oder in der Eigenschaften-Palette verändert werden.
- Um die automatischen Funktionen von Fusion optimal für eine effektive Produktion nutzen zu können, muss die Navigation bereits bei der Strukturierung der Website berücksichtigt werden.
- Navigationsleisten können die Seiten der ersten Ebene, übergeordnete Seiten, untergeordnete Seiten oder die Seiten der aktuellen Ebene anzeigen.

Zusammenfassung

- Durch den Einsatz verschiedener Master-Rahmen in Verbindung mit unterschiedlichen Navigationsleisten kann sehr einfach und schnell eine benutzerfreundliche Navigation aufgebaut werden.
- Die Hervorhebung der aktuellen Menüauswahl und JavaScript-animierte Schaltflächen lassen sich mit einem Mausklick realisieren.

Fragen und Übungen

1. In welcher relativen Position zur Seite *Mailformular1* befindet sich die Seite *Über uns*?
2. Erstellen Sie einen neuen Master-Rahmen für die Homepage mit dem Namen *Homepage* und löschen Sie dort die linke Navigationsleiste.
3. Welches Kriterium müssen Seiten erfüllen, damit sie in einer Navigationsleiste mit der Anzeigeoption *Aktuelle Ebene* angezeigt werden?
4. Wie können Sie innerhalb der Seiten-Ansicht die aktuelle Seite wechseln, ohne dazu die Site-Ansicht aufzurufen?

Grundlegende Techniken

4 Grundlegende Techniken

In diesem Kapitel lernen Sie grundlegende Programmfunktionen kennen, die Ihnen in den folgenden Kapiteln immer wieder begegnen werden. Dazu gehört die pixelgenaue Positionierung von Elementen und das Erstellen von Links ebenso wie die Arbeit mit Textformaten und Farbtabellen. Außerdem stellen wir Ihnen die wichtigsten Grundregeln für eine gute Gestaltung Ihrer Internetseiten vor.

4.1 Objekte positionieren

Wenn Sie neue Elemente wie z.B. Textfenster oder Bilder auf einer Seite platzieren, befinden sich diese Objekte meistens nicht an ihrer endgültigen Position, sondern müssen erst dorthin verschoben oder auf andere Weise positioniert werden. Fusion stellt Ihnen dazu das Auswahl-Werkzeug zur Verfügung, das Sie bereits an anderer Stelle dieses Einsteigerseminars kennen gelernt haben.

Abb. 4.1: Auswahl-Werkzeug

Mit dem Auswahl-Werkzeug können Sie Objekte auswählen, gruppieren, verschieben und die Größe von Objekten ändern.

Einzelnes Objekt auswählen

Klicken Sie mit dem Auswahl-Werkzeug auf ein Objekt, um es auszuwählen. Beim ausgewählten Objekt werden die Umrisslinien des Objektes und Anfasser zur Größenänderung angezeigt.

Abb. 4.2: Ausgewähltes Objekt

Gruppe von Objekten auswählen

Sie können eine Gruppe von Objekten auswählen, indem Sie mit dem Auswahl-Werkzeug einen Rahmen um die Objekte ziehen, die Sie auswählen möchten. Dabei werden auch solche Objekte ausgewählt, die sich nur teilweise innerhalb des Rahmens befinden.

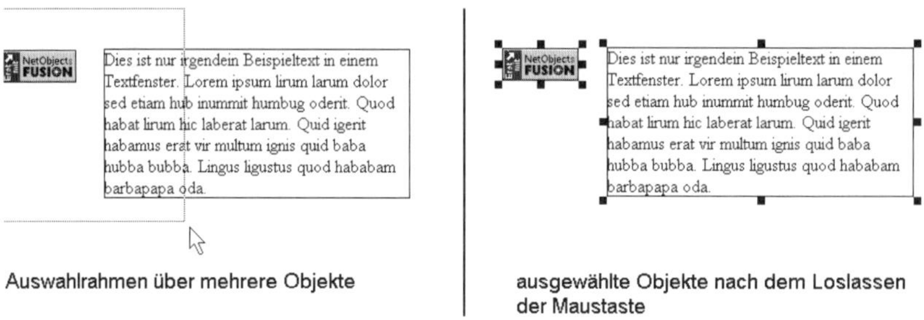

Abb. 4.3: Mehrere Objekte auswählen

Eine alternative Methode besteht darin, die Objekte einzeln nacheinander mit dem Auswahl-Werkzeug anzuklicken und dabei die ⇧-Taste gedrückt zu halten. Auf diese Weise haben Sie eine genauere Kontrolle darüber, welche Objekte ausgewählt werden.

Ausgewählte Objekte kopieren

Betätigen Sie die Tastenkombination [Strg] + [C], um die ausgewählten Objekte zu kopieren. Alternativ können Sie auch den Menübefehl *Bearbeiten – Kopieren* wählen, oder die rechte Maustaste drücken und im Kontextmenü den Befehl *Kopieren* auswählen.

Ausgewählte Objekte ausschneiden

Mit der Tastenkombination [Strg] + [X] werden die ausgewählten Objekte ausgeschnitten. Sie können dazu auch den Menübefehl *Bearbeiten – Ausschneiden* verwenden, oder die rechte Maustaste drücken und im Kontextmenü den Befehl *Ausschneiden* auswählen.

Kopierte oder ausgeschnittene Objekte einfügen

Wenn Sie ein oder mehrere Objekte kopiert oder ausgeschnitten haben, steht Ihnen der Menübefehl *Bearbeiten – Einfügen* zur Verfügung. Sie können auch die Tastenkombination [Strg] + [V] benutzen, um Objekte einzufügen, oder die rechte Maustaste drücken und im Kontextmenü den Befehl *Einfügen* auswählen.

HINWEIS

Fusion hat manchmal etwas eigenwillige Vorstellungen darüber, an welcher Stelle der Seite die Objekte eingefügt werden. Klicken Sie deshalb mit der Maus einmal an die Position, an der die Objekte eingefügt werden sollen, bevor Sie den Befehl zum Einfügen geben.

Ausgewählte Objekte löschen

Sie löschen die ausgewählten Objekte mit der [Entf]-Taste, dem Menübefehl *Bearbeiten – Löschen*, oder Sie drücken die rechte Maustaste und wählen den Befehl *Löschen* aus.

HINWEIS

Sie können einen versehentlichen Löschvorgang mit dem Menübefehl *Bearbeiten – Rückgängig* oder der Tastenkombination Strg + Z wieder rückgängig machen. Die Anzahl der Arbeitsschritte, die Sie widerrufen können, ist allerdings begrenzt und hängt von der Rechnerleistung ab.

Ausgewählte Objekte verschieben

Klicken Sie auf eines der ausgewählten Objekte und ziehen Sie es mit gedrückter Maustaste an die gewünschte neue Position. Während der Mausaktion werden die Umrisslinien der bewegten Objekte als gestrichelte Linien an der neuen Position angezeigt.

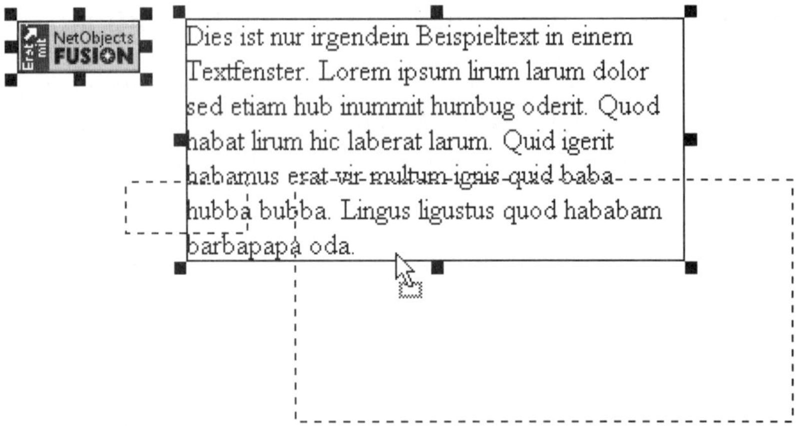

Abb. 4.4: Objekte verschieben

Form eines Objektes ändern

Sie ändern die Form eines ausgewählten Objektes, indem Sie mit dem Auswahl-Werkzeug auf einen der Anfasser auf der Umrisslinie klicken und die Maus mit gedrückter Maustaste in die Richtung der gewünschten Formänderung ziehen. Der Mauszeiger erscheint dabei als Doppelpfeil.

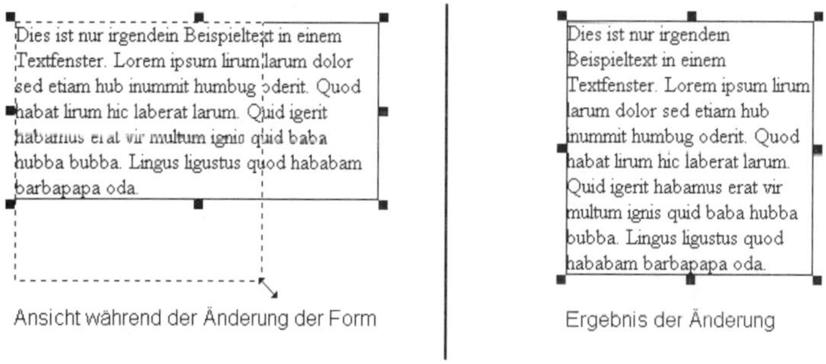

Abb. 4.5: Form eines Objektes ändern

Größenänderung von Bildern

Wenn Sie die Größe eines Bildes ändern wollen, müssen Sie ein paar Besonderheiten beachten.

Standardmäßig ist für die Größenanzeige von Bildern der Wert *Normal* eingestellt. Mit dieser Einstellung können Sie die angezeigte Bildgröße jedoch nicht beeinflussen (siehe Abb. 4.6).

Erst wenn Sie in der Eigenschaften-Palette im Feld *Anzeige* die Option *Dehnen* angeklickt haben, können Sie die Bildgröße mit den Anfassern verändern. Drücken Sie dabei die Strg-Taste, um die Proportionen des Bildes beizubehalten.

HINWEIS

Durch die Option *Dehnen* ändern Sie nicht die Bilddatei, sondern nur die Anzeigegröße des Bildes im Web-Browser.

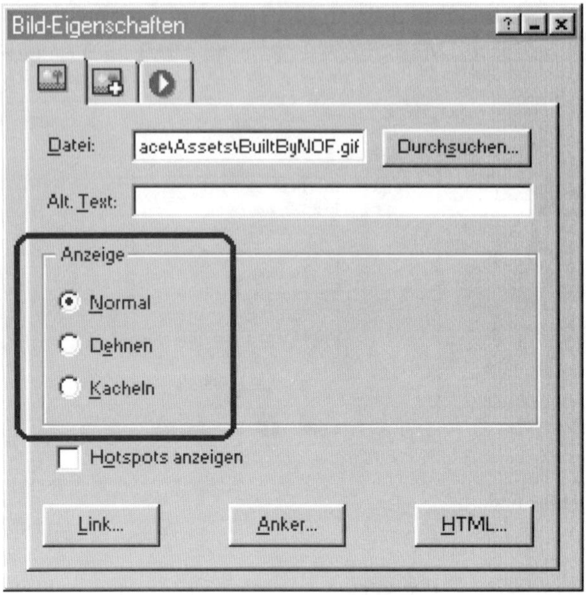

Abb. 4.6: Einstellung zum Ändern der Bildgröße

Kachelmuster

Wenn Sie im Feld *Anzeige* die Option *Kacheln* aktivieren und dann mit den Anfassern das Bild größer ziehen, erzeugen Sie innerhalb des Bildbereiches ein Kachelmuster durch Wiederholung des Bildes in der ursprünglichen Größe.

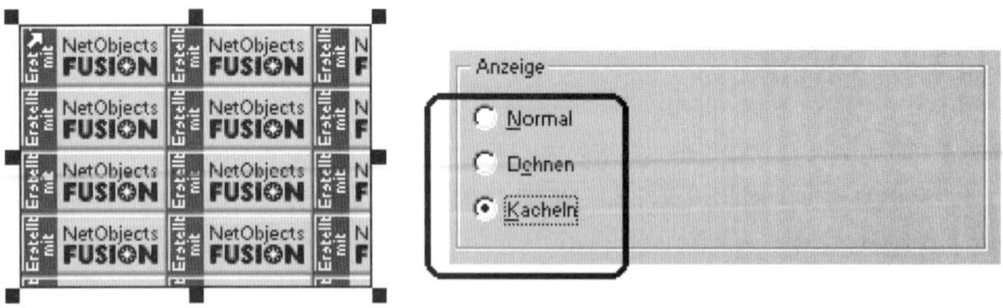

Abb. 4.7: Anzeige-Option *Kacheln*

Hilfsmittel zur exakten Positionierung

Fusion stellt Ihnen ein Gitternetz und Hilfslinien als Hilfsmittel für die exakte Positionierung von Elementen zur Verfügung.

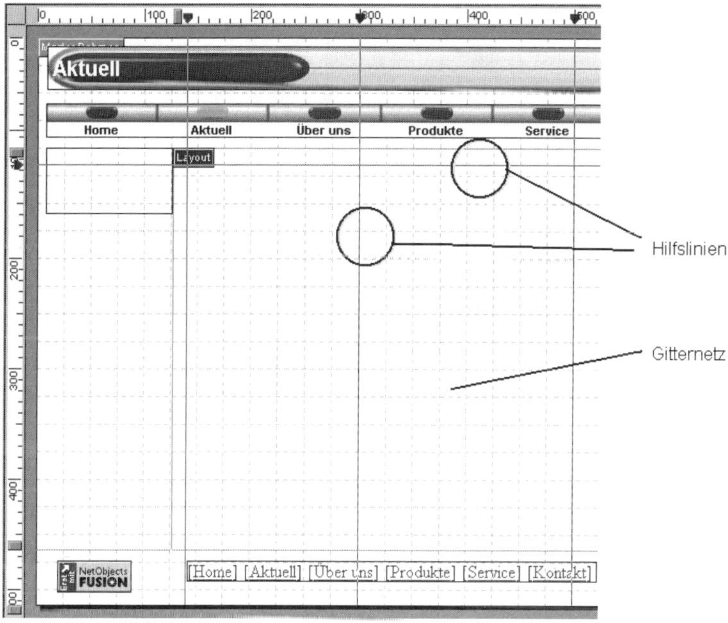

Abb. 4.8: Gitternetz und Hilfslinien

Die entsprechenden Einstellungen nehmen Sie in der Palette *Seiten-Eigenschaften* vor, die Sie mit der Taste F12 oder durch den Befehl *Ansicht / Seitenansicht-Optionen* einblenden lassen können (siehe Abb. 4.9).

Klicken Sie im Bereich *Arbeitsfläche* in das entsprechende Kästchen, um die Lineale, Hilfslinien und das Gitternetz im Arbeitsbereich anzeigen zu lassen oder die Anzeige auszuschalten.

Abb. 4.9: Seiten-Eigenschaften – Optionen für Seitenansicht

Gitternetz einstellen

Die Maschenweite des Gitternetzes können Sie mit den Feldern Raster: *Breite* und Raster: *Höhe* festlegen. Die Einstellungen werden erst geändert, wenn Sie den Cursor mit der ⇆-Taste aus dem Eingabefeld heraus bewegen oder mit der Maus außerhalb der Eigenschaften-Palette klicken.

Automatische Ausrichtung / Genauigkeit

Fusion erleichtert Ihnen das exakte Ausrichten von Objekten, indem sich Objekte so verhalten, als wären Sie magnetisch. Sie scheinen dadurch automatisch an Hilfslinien, dem Gitternetz oder Objektumrissen einzurasten. Die entsprechenden Einstellungen können Sie ebenfalls in der Palette *Seiten-Eigenschaften – Ansicht* vornehmen, die Sie mit F12 einblenden.

HINWEIS

Oft ist es nicht sinnvoll, alle automatischen Ausrichtungshilfen gleichzeitig einzuschalten. Wenn Sie Grafiken ohne Zwischenraum aneinander positionieren möchten, sollten Sie z.B. nur die Option *An Objektumrissen einrasten* einschalten.

Hilfslinien

Mit den Seitenlinealen können Sie nicht nur die Größe des Layouts und die Breite der Ränder einstellen, sondern auch Hilfslinien positionieren.

HINWEIS

Falls die Seitenlineale nicht angezeigt werden, können Sie die Lineale mit dem Menübefehl *Ansicht – Lineale und Hilfslinien* oder der Tastenkombination [Strg] + [U] anzeigen lassen.

Mit dem waagerechten Seitenlineal können Sie senkrechte Hilfslinien positionieren, für waagerechte Hilfslinien müssen Sie das senkrechte Lineal benutzen.

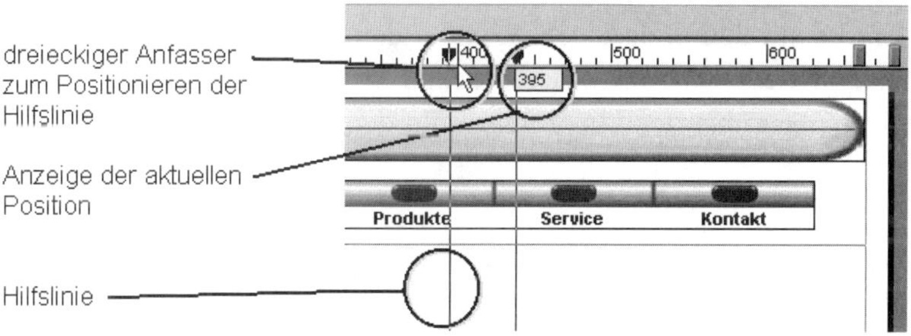

Abb. 4.10: Positionieren von Hilfslinien mit den Seitenlinealen

Klicken Sie in das entsprechende Seitenlineal, um eine Hilfslinie zu erstellen. An der Mausposition erscheint ein dreieckiger Anfasser, den Sie mit gedrückter linker Maustaste auf dem Lineal verschieben können. Die exakte Position der Hilfslinie wird dabei als Zahlenwert in einem kleinen gelben Textrahmen am Lineal angezeigt.

HINWEIS

Sie können beliebig viele Hilfslinien positionieren. Neue Hilfslinien erhalten automatisch die Kennzeichnungsfarbe des Bildbereiches, der beim Erstellen der Hilfslinie ausgewählt ist (rot für Master-Rahmen, blau für Layoutbereich).

Klicken Sie in den Master-Rahmen, bevor Sie eine Hilfslinie erstellen. Die Hilfslinie ist dann automatisch auf allen Seiten vorhanden, die diesen Master-Rahmen verwenden.

Hilfslinien verschieben

Klicken Sie auf den dreieckigen Anfasser der Hilfslinie, die Sie verschieben wollen, und ziehen Sie ihn bei gedrückter linker Maustaste an die gewünschte neue Position. Die aktuelle Position wird Ihnen dabei in einem kleinen Textrahmen am Lineal angezeigt.

Hilfslinien löschen

Klicken Sie auf den dreieckigen Anfasser der Hilfslinie, die Sie löschen wollen und ziehen Sie ihn bei gedrückter linker Maustaste nach links oder nach oben über den Ursprungspunkt der Lineale hinaus.

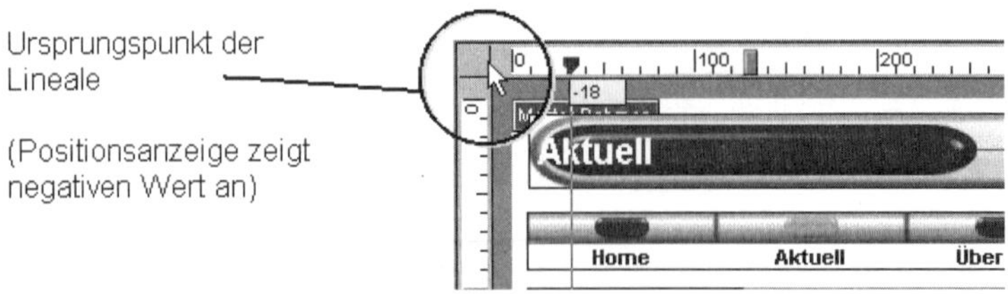

Abb. 4.11: Hilfslinien löschen

Maßeinheit der Lineale einstellen

Sie können die Maßeinheit für Lineale, Seitengröße und das Gitternetz an Ihre Bedürfnisse anpassen. Wählen Sie dazu den Menübefehl *Werkzeuge – Optionen* aus und klicken Sie auf die Registerkarte *Programm*.

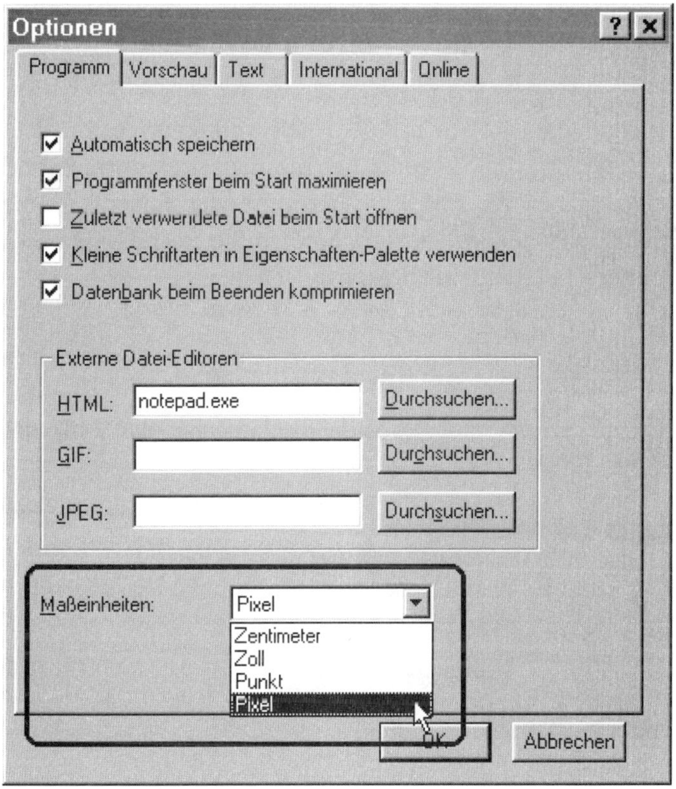

Abb. 4.12: Maßeinheit für Lineale einstellen

Im unteren Teil der Registerkarte finden Sie die Auswahlliste *Maßeinheiten*, mit der Sie die Maßeinheit für die Lineale, das Gitternetz und alle Maßangaben festlegen. In der Regel sollten Sie hier *Pixel* auswählen. Bestätigen Sie Ihre Auswahl mit *OK*.

HINWEIS

Die Seitengröße für neue Seiten können Sie festlegen, indem Sie den Menübefehl *Werkzeuge · Site-Einstellungen* ausführen und im anschließenden Dialog die entsprechenden Werte für *Seitengröße: Breite* und *Seitengröße: Höhe* auf der Registerkarte *Allgemein* einstellen.

4.2 Links

Hyperlinks machen einen großen Teil der Anziehungskraft des Internet aus: Per Mausklick springen Sie von einer Internetseite zur nächsten, laden Dateien auf die lokale Festplatte herunter oder versenden eine E-Mail-Nachricht. In NetObjects Fusion können Sie solche Links sehr einfach und schnell erstellen und effektiv verwalten.

Textlink erstellen

Um einen Textlink zu erstellen, müssen Sie zunächst die Teile des Textes markieren, die als Link dienen sollen.

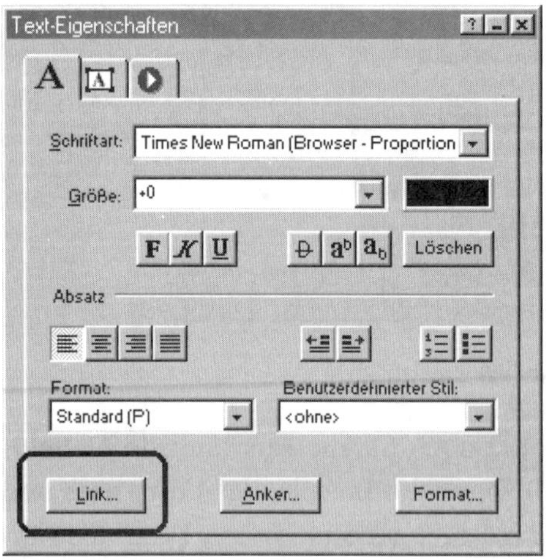

Abb. 4.13: Texteigenschaften: Textlink definieren

Klicken Sie dann in der Palette *Texteigenschaften* auf die Schaltfläche *Link*, die sich auf der Registerkarte *Format* befindet.

Bildlink erstellen

Auch Bilder können für Links genutzt werden.

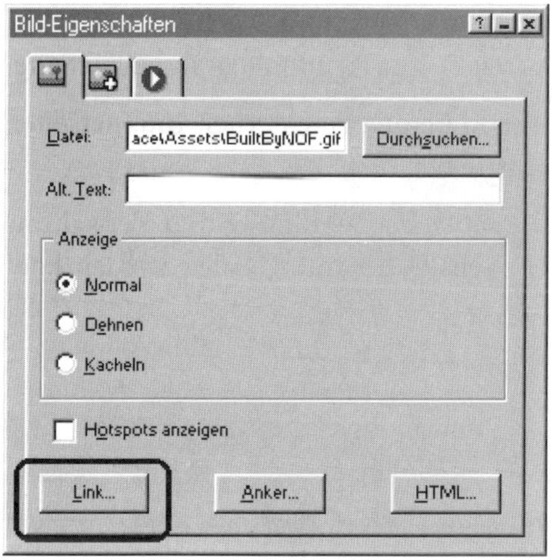

Abb. 4.14: Bildeigenschaften: Bildlink definieren

Wählen Sie das Bild dazu mit dem Auswahl-Werkzeug aus und klicken Sie in der Eigenschaften-Palette auf die Schaltfläche *Link*, die sich auf der Registerkarte *Allgemein* befindet.

HINWEIS

Sie können auch Teile eines Bildes für Links nutzen (Image-Map). Das Verfahren wird im nächsten Kapitel am Beispiel einer anklickbaren Grafik auf der Homepage ausführlich beschrieben.

Link-Dialog

Fusion stellt im Dialogfenster Link sehr umfassende Funktionen für die Verknüpfung zu anderen Seiten oder Dateien zur Verfügung.

Dabei gibt es jeweils eigene Registerkarten für die verschiedenen Linktypen:

- Interne Links erstellen einen Link zu einer Seite der aktuellen Website.
- Smart Links erlauben Links relativ zur Position der aktuellen Seite.
- Externe Links stellen eine Verknüpfung zu externen Internetseiten außerhalb der aktuellen Website her.
- Datei-Links ermöglichen die einfache Zuordnung und Verwaltung von Dateien, die von Ihrer Website heruntergeladen werden können.

Interner Link

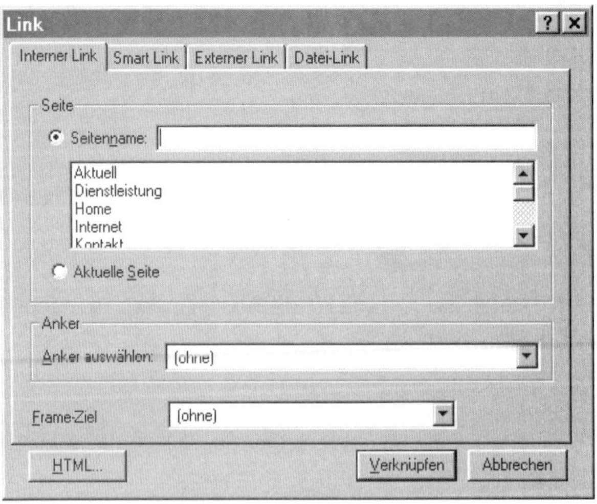

Abb. 4.15: Registerkarte Interner Link

Interne Links stellen eine Verknüpfung zu einer Seite innerhalb der aktuellen Website her.

Wählen Sie dazu eine Seite aus der Auswahlliste *Seitenname* aus und klicken Sie auf *Verknüpfen*, um den Link herzustellen.

> **HINWEIS**
> Interne Links werden von Fusion automatisch verwaltet: Wenn Sie die verknüpfte Seite auf den Status *Nicht veröffentlichen* setzen, werden die zugehörigen Links automatisch deaktiviert. Die Links werden jedoch nicht gelöscht, sondern bleiben erhalten und werden wieder aktiviert, wenn Sie die Seite zu einem späteren Zeitpunkt veröffentlichen.

Falls vorhanden können Sie zusätzlich noch den Anker und den Zielrahmen mit Hilfe von Auswahllisten festlegen.

Anker

Anker sind Markierungen auf einer Seite, die Sie als Ziel eines Links benutzen können, ähnlich wie das Lesezeichen in einem Buch. Sie können Anker beispielsweise einsetzen, um gezielt zu den einzelnen Unterabschnitten eines langen Textes zu navigieren. In der Regel ist es jedoch benutzerfreundlicher, lange Texte zu kürzen oder auf mehrere Seiten zu verteilen.

Sie können Anker in Textstellen oder Bildern positionieren.

Anker definieren

Wenn Sie einen Anker innerhalb eines Textes definieren wollen, platzieren Sie den Cursor an die Position, an der Sie den Anker erstellen wollen. Bei Bildern müssen Sie das entsprechende Bild auswählen. Klicken Sie dann auf die Schaltfläche *Anker* in der Eigenschaften-Palette.

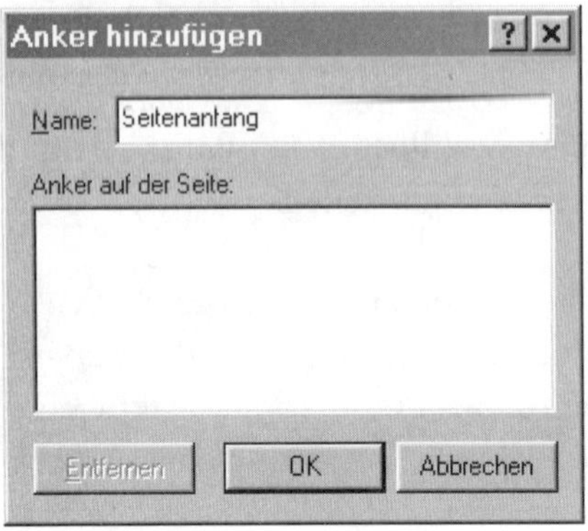

Abb. 4.16: Anker bearbeiten

Geben Sie im Feld *Name* einen eindeutigen Namen ein, der bisher auf der Seite noch nicht verwendet wurde. Dabei können Sie weder Umlaute noch Leerzeichen eingeben, Groß-/Kleinschreibung wird jedoch unterschieden. Bereits vorhandene Anker werden in der Liste *Anker auf der Seite* angezeigt.

Klicken Sie auf *OK*, um den Anker hinzuzufügen.

Wenn Sie die Anzeige von Objektsymbolen mit dem Menübefehl *Ansicht – Objektsymbole* eingeschaltet haben, wird die Position eines Ankers durch ein weißes, auf dem Kopf stehendes *T* in einem roten Kreis angezeigt.

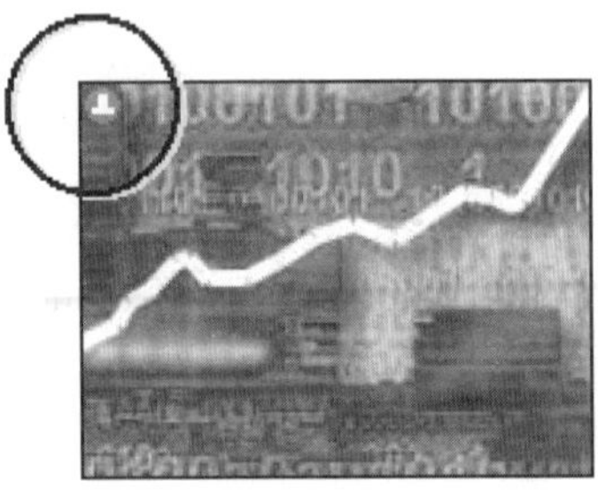

Abb. 4.17: Objektsymbol für einen Anker

Anker ändern oder löschen

Wählen Sie das Bild mit dem Anker aus oder positionieren Sie den Cursor innerhalb eines Textes exakt an der Position, an der sich der Anker befindet und klicken Sie in der Eigenschaften-Palette auf die Schaltfläche *Anker*.

Im anschließenden Dialog *Anker ändern* können Sie den Namen des Ankers ändern oder den Anker durch *Entfernen* löschen.

> **HINWEIS** Innerhalb eines Textes können Sie auch direkt an der Position des Ankers doppelklicken, um das Dialogfenster *Anker ändern* anzuzeigen.

Smart Link

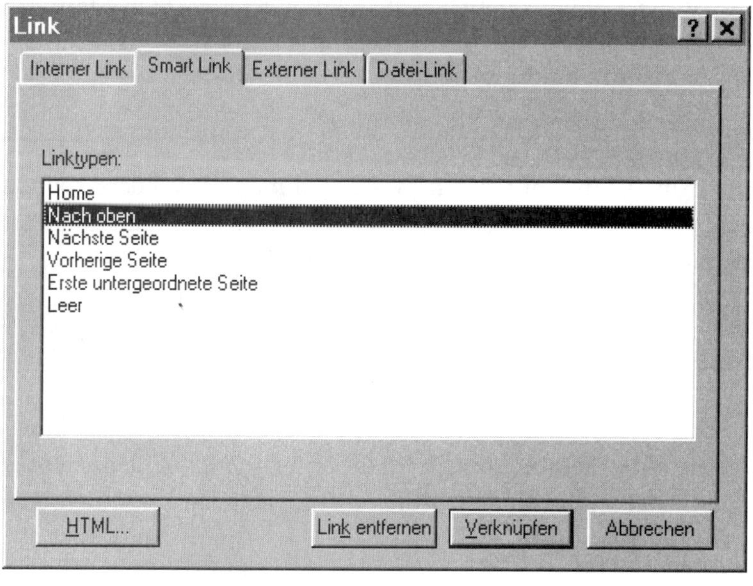

Abb. 4.18: Registerkarte *Smart Link*

Bei einem *Smart Link* stellen Sie den Link nicht zu einer festgelegten Seite her, sondern zu der relativen Position einer Seite wie z.B. die *Nächste Seite* oder die *Vorherige Seite.* Das Verfahren funktioniert ähnlich wie die relativen Bezüge bei den Navigationsleisten und macht in der Regel nur dann Sinn, wenn Sie den Link auf einem Master-Rahmen platzieren.

Bei normalen Seiten sind folgende Smart Links möglich:

- **Anfang**: stellt einen Link zur Homepage her
- **Auf**: stellt einen Link zur übergeordneten Seite her
- **Nächste Seite**: verknüpft mit der Seite rechts von der aktuellen Seite
- **Vorherige Seite**: verknüpft mit der Seite links von der aktuellen Seite
- **Erste untergeordnete Seite**: stellt einen Link zu der ersten untergeordneten Seite her (bei den untergeordneten Seiten befindet sich diese ganz links im Strukturplan)
- **Leer**: erzeugt einen leeren Link (z.B. für Skriptprogramme)

Wenn Sie Smart Links auf einem Master-Rahmen verwenden, können Sie auch mit selbst gestalteten Links fast die gleiche Funktionalität erreichen wie mit automatischen Navigationsleisten.

Externer Link

Externe Links verweisen auf Seiten oder Dateien außerhalb der aktuellen Website. Als Ziel des Links wird die Internetadresse der externen Seite oder Datei angegeben. Die Adresse setzt sich dabei aus mehreren Teilen zusammen.

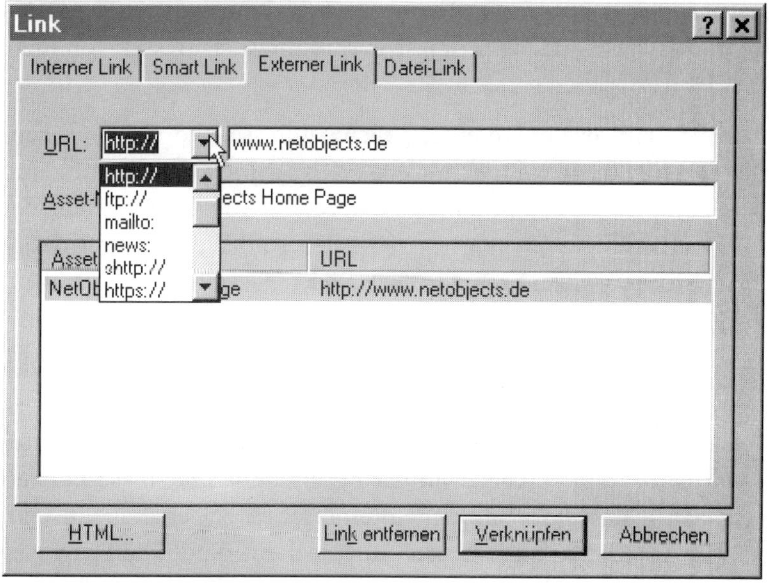

Abb. 4.19: Registerkarte *Externer Link*

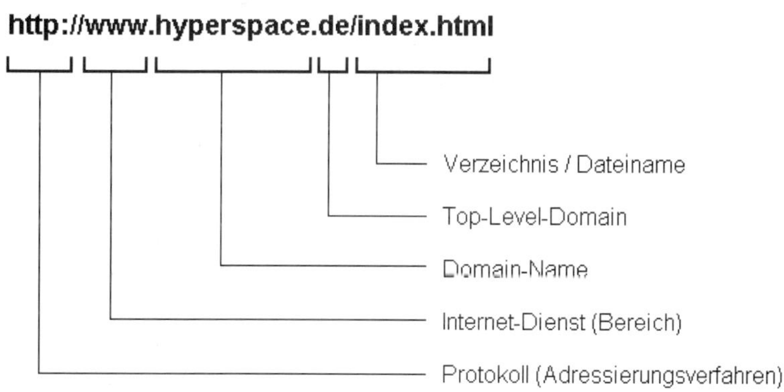

Abb. 4.20: Aufbau einer Internet-Adresse

Die Internet-Adresse beginnt mit dem Prefix für das Übertragungsprotokoll (z.B. http für »Hypertext Transfer Protocol«), gefolgt von einem Doppelpunkt und zwei Schrägstrichen.

Im Gegensatz zu den Schrägstrichen bei Verzeichnispfaden in der DOS- und Windows-Welt sind die Schrägstriche in Internetadressen von links unten nach rechts oben geneigt.

Nach dem Prefix beginnt die eigentliche Adresse, die sich aus dem Internetdienst (z.B. www für WorldWideWeb), dem Domainnamen und der Top-Level-Domain zusammensetzt, gefolgt von dem Namen der Datei, die als Ziel des Links genutzt werden soll. Weitere Informationen zur Struktur von Internetadressen finden Sie im Anhang und im Glossar.

Sie definieren einen externen Link, indem Sie in der Auswahlliste der *URL* (engl.: **U**niform **R**esource **L**ocators, Standard für die Schreibweise von Adressen im Internet) zunächst das Protokoll festlegen. Standardmäßig ist hier *http://* vorbelegt, in der Regel können Sie diese Einstellung für den Aufruf von externen Internetseiten beibehalten. In dem Eingabefeld daneben können Sie die Adresse der verknüpften Datei eintragen. Im Feld *Asset-Name* haben Sie die Möglichkeit, dem Link einen Namen zu geben. Der Name wird später in der Liste im unteren Bereich der Registerkarte und als Link-Asset bei der Ressourcenverwaltung angezeigt. Bereits definierte Links können Sie später aus der Liste auswählen, auf diese Weise brauchen Sie die Adresse nicht erneut einzutragen.

E-Mail-Link definieren

In der Registerkarte *Externer Link* können Sie auch einen Link zu einer E-Mail-Adresse definieren. Wenn der Besucher Ihrer Internetseite auf einen solchen Link klickt, wird das lokale E-Mail-Programm gestartet und die angegebene Adresse automatisch ins Empfängerfeld eingesetzt. Damit geben Sie Ihren Besuchern eine einfache Möglichkeit an die Hand, Ihnen eine E-Mail zu senden.

Wählen Sie dazu das Prefix *mailto:* im Feld *URL* aus der Auswahlliste aus und tragen Sie im Eingabefeld die gewünschte E-Mail-Adresse im Format *name@domainname.de* ein.

HINWEIS

Auch bei externen Links müssen Sie das Urheberrecht und das Wettbewerbsrecht beachten. Sie dürfen beispielsweise nicht einfach eine Grafik oder ein Programm von einer anderen Internetpräsenz in Ihre Seite einbinden. Ein Link auf die Internetseiten eines Mitbewerbers zusammen mit einem Kommentar wie »Hier sehen Sie einige der schlechtesten Seiten im Internet« stellt einen Verstoß gegen das Wettbewerbsrecht dar. Der aktuellen Rechtssprechung zufolge können Sie außerdem unter gewissen Umständen für den Inhalt der Seiten haftbar gemacht werden, auf die Sie mit einer externen Link verweisen. Das gilt insbesondere dann, wenn die Inhalte der verknüpften Seiten gegen geltendes Recht verstoßen (z.B. durch völkerverhetzende oder beleidigende Äußerungen oder Wettbewerbsverstöße). Sie sollten daher unbedingt eine Formulierung wie die folgende auf Ihre Internetseite mit den externen Links aufnehmen: »Die hier aufgeführten Links auf andere Internetseiten (Hyperlinks) stellen Informationsangebote fremder Anbieter dar, auf deren Inhalte wir keinen Einfluss haben. Insofern übernehmen wir keinerlei Haftung für den Inhalt oder den Wahrheitsgehalt dieser Internetseiten.« Darüber hinaus sollten Sie die verknüpften Seiten fremder Anbieter regelmäßig überprüfen. Adressen mit weiteren Informationen zu diesem Thema finden Sie im Anhang, im Zweifelsfall wenden Sie sich bitte an einen Fachanwalt für Wettbewerbsrecht oder Internetrecht oder eine professionelle Internetagentur.

Datei-Link

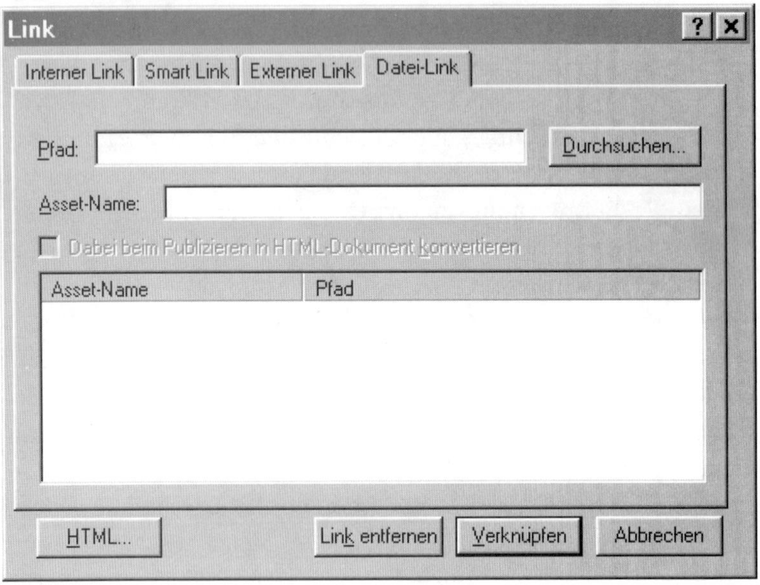

Abb. 4.21: Registerkarte Datei-Link

Wenn Sie den Besuchern Ihrer Internetseiten die Möglichkeit geben wollen, Dateien herunterzuladen, sollten Sie das mit dem *Datei-Link* von Fusion realisieren. Durch Klick auf die Schaltfläche *Durchsuchen* können Sie den lokalen Pfad zur Datei festlegen. Auch für Dateien können Sie im Feld *Asset-Name* einen Namen für die Ressource vergeben. Datei-Links werden ebenso wie externe Links in Fusion verwaltet, die verknüpften Dateien werden beim Publizieren der Website ebenfalls automatisch mit auf den Internetserver kopiert. Weitere Informationen zu diesem Thema finden Sie im Kapitel 9, das sich mit dem Publizieren Ihrer Website beschäftigt.

4.3 Textformate

Durch die Verwendung von Textformaten können Sie in Fusion das Erscheinungsbild Ihrer Texte sehr einfach und schnell vereinheitlichen. Textformate in Fusion funktionieren genau so wie in einem DTP-Programm oder wie Mustervorlagen in einer Textverarbeitung. Wenn Sie die Eigenschaften von Texten auf Ihren Internetseiten mit Hilfe der Textformate festlegen, können Sie alle Textmerkmale wie Schriftart, Schriftgröße, Absatzformat etc. zentral verwalten und brauchen z.B. bei einer späteren Änderung der Schriftart nicht alle Texte einzeln zu bearbeiten. Textformate erleichtern auch die Formatierung bei der manuellen Erfassung von Texten, indem Sie das folgende Absatzformat automatisch festlegen.

HINWEIS

Die meisten (aber nicht alle) Textformate funktionieren in Fusion sowohl mit wie auch ohne Cascading Style Sheets. Bei der HTML-Ausgabe mit CSS wird von Fusion ein entsprechendes Style Sheet automatisch mit erstellt und publiziert. Die Verwendung von CSS können Sie im Menü *Werkzeuge - Site-Einstellungen* auf der Registerkarte *Allgemein* mit der Option *Browser-Kompatibilität* einstellen.

Textformate bearbeiten

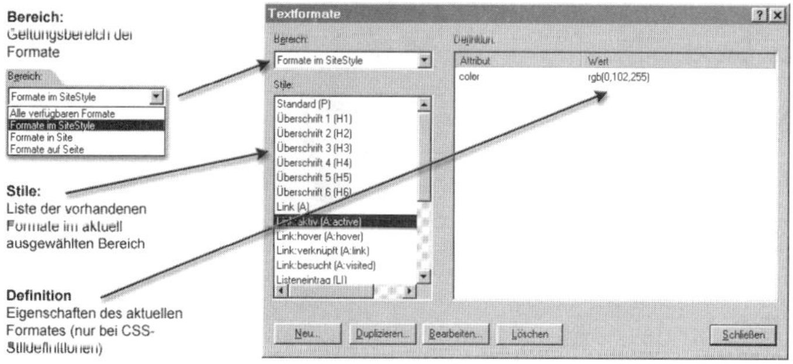

Abb. 4.22: Dialogfenster *Textformate*

Wählen Sie in der Seitenansicht den Menübefehl *Text – Textformate bearbeiten*, um die Eigenschaften von Textformaten zu verändern.

Bereich

Textformate können in der Stilvorlage enthalten sein, für die gesamte Website oder nur für einzelne Seiten gelten. Sie können für jedes Format mit Hilfe der Auswahlliste *Bereich* den Geltungsbereich festlegen.

Formate im SiteStyle

Mit dieser Option können Sie die Textformate der Stilvorlage ändern und neue hinzufügen. Die Textformate stehen innerhalb der gesamten Website zur Verfügung.

> **HINWEIS**
> Um *Formate im SiteStyle* zu bearbeiten, müssen Sie in der Design-Ansicht möglicherweise zuerst den Schreibschutz der Stilvorlage aufheben.

Formate in Site

Diese Option zeigt Ihnen alle Textformate an, die innerhalb der Website verwendet werden. Sie sollten diese Option wählen, wenn Sie ein benutzerdefiniertes Format auf mehreren Seiten, aber nicht generell verwenden möchten.

Formate auf Seite

Wenn Sie mit dieser Option ein neues Format anlegen, können Sie es nur auf der aktuellen Seite einsetzen.

Stile

Die Liste *Stile* zeigt alle Formate innerhalb des ausgewählten Bereiches an. Wenn Sie als Bereich die Option *Alle verfügbaren Formate* gewählt haben, werden die Textformate ähnlich wie im Windows Explorer dargestellt:

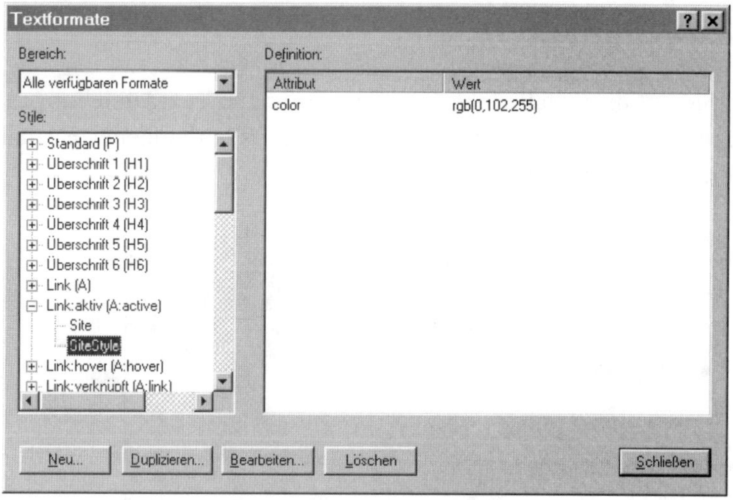

Abb. 4.23: Explorer-Darstellung aller verfügbaren Formate

In diesem Fall müssen Sie auf das Plus-Zeichen *[+]* vor dem Namen eines Stils klicken, um zu sehen, für welche Bereiche dieses Format Gültigkeit hat.

Definition

Fusion unterscheidet zwischen Standard-HTML-Stilen und benutzerdefinierten Stilen. Benutzerdefinierte Stile werden von Ihnen selbst definiert, Standard-HTML-Stile sind im normalen Sprachumfang von HTML enthalten.

Im Definitionsfenster werden nur die Eigenschaften von benutzerdefinierten Stilen angezeigt.

Benutzerdefinierte Stile werden in der Regel als Ableitung von Standard-HTML-Stilen erstellt. Dabei können alle Eigenschaften vom ursprünglichen Format übernommen und anschließend abgeändert werden.

Neues Textformat

Klicken Sie auf die Schaltfläche *Neu*, um eine neue Textdarstellung zu definieren. Alternativ können Sie auch ein bereits vorhandenes Format duplizieren und dann verändern.

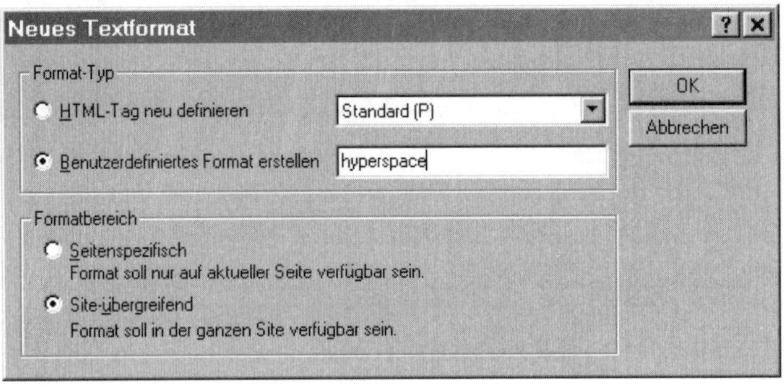

Abb. 4.24: Neues Textformat

Format-Typ

Wenn Sie die Option *HTML-Tag neu definieren* wählen, können Sie eines der HTML-Standardformate für die aktuelle Seite abweichend von den Site-Einstellungen definieren. Bei *Formatbereich* müssen Sie in diesem Fall *Seitenspezifisch* auswählen.

Alternativ können Sie auch ein neues *Benutzerdefiniertes Format* erstellen, in diesem Fall stehen Ihnen bei *Formatbereich* beide Optionen zur Auswahl.

Bestätigen Sie mit *OK*, um das nächste Dialogfenster anzuzeigen.

Fusion stellt Ihnen dort auf insgesamt 6 Registerkarten zahlreiche Einstellungsmöglichkeiten für die Eigenschaften eines Textformates zur Verfügung:

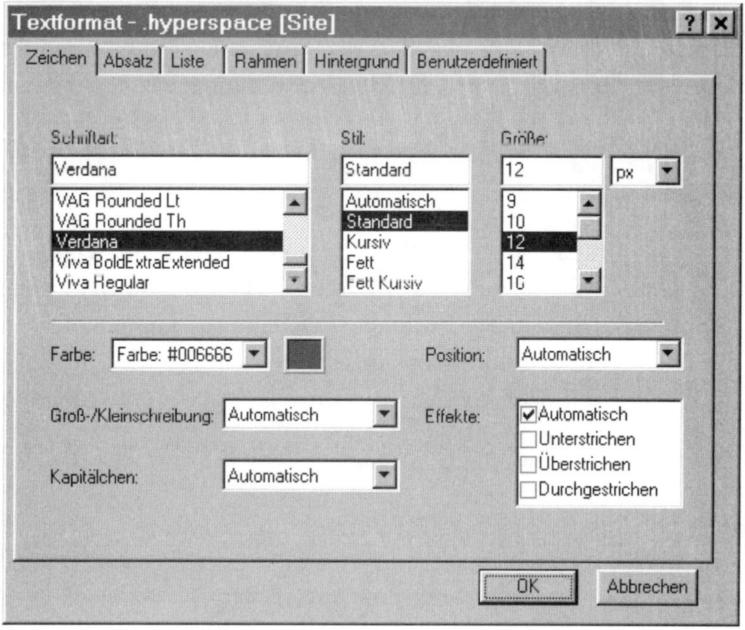

Abb. 4.25: Zeichen-Eigenschaften

Diese Einstellmöglichkeiten stehen Ihnen auch zur Verfügung, wenn Sie ein vorhandenes Textformat bearbeiten.

Zeichen

Mit den Optionen der Registerkarte *Zeichen* legen Sie Schriftart, Schriftschnitt, Farbe und andere Schrifteigenschaften fest. Wenn Sie die Option *Automatisch* auswählen, werden die entsprechenden Eigenschaften des aktuellen Designs übernommen.

Schriftart

In der Schriftart-Liste werden alle Schriften aufgeführt, die auf Ihrem Computer installiert sind. Da jedoch nicht unbedingt jeder Besucher Ihrer Website über die gleichen Schriften verfügt, sollten Sie lieber auf den Einsatz von Schreibschriften oder seltenen Designer-Fonts verzichten und sich auf Arial / Helvetica, Times / Times New Roman und die Schriftarten der gängigen Microsoft Office-Anwendungen (z.B. Verdana) beschränken.

Größe

Im Feld *Größe* können Sie die Schriftgröße und die Maßeinheit einstellen. Dabei können Sie zwischen den relativen HTML-Größenangaben und absoluten Größenangaben wählen. Bei relativen Größenangaben dient die aktuell im Web-Browser eingestellte Schriftgröße als Basisgröße *0*, alle anderen Schriftgrößen werden relativ dazu entweder vergrößert (+1 bis +4) oder verkleinert (-1 bis -2).

Absatz

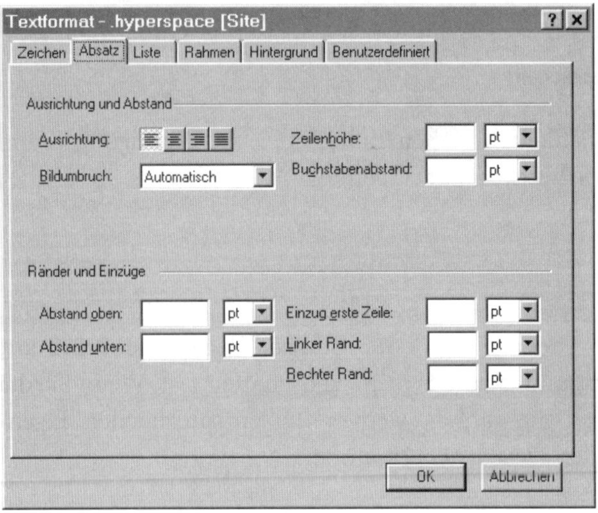

Abb. 4.26: Absatz-Eigenschaften

Mit dieser Registerkarte legen Sie Ausrichtung, Einzüge und Abstände von Absätzen fest. Wenn Sie die Option *Automatisch* auswählen, werden die entsprechenden Eigenschaften des aktuellen Designs übernommen. Auch hier können Sie bei Größenangaben die Maßeinheiten aus einer Liste auswählen.

Liste

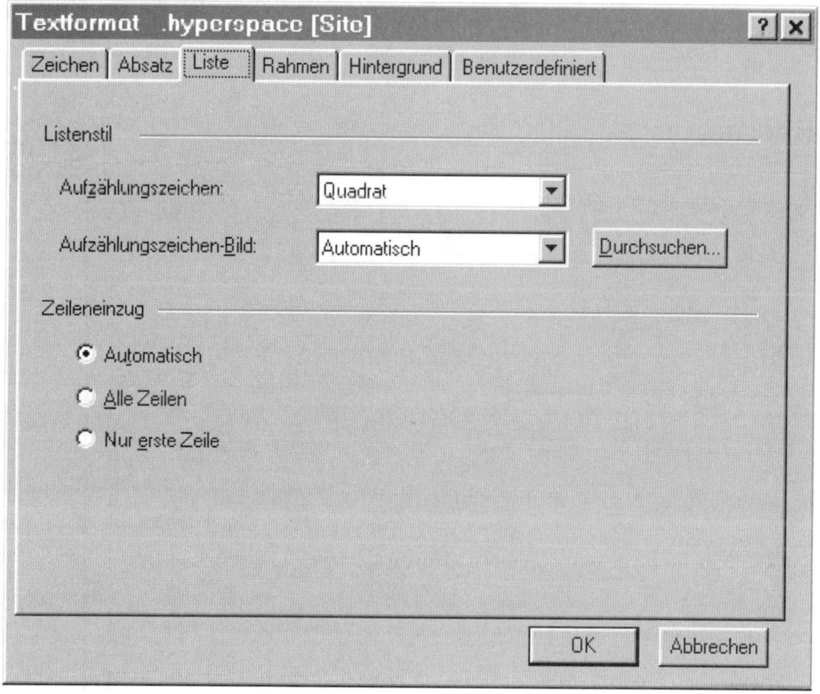

Abb. 4.27: Liste

Die Registerkarte *Liste* stellt Ihnen mehrere Optionen für die Gestaltung von Listen zur Verfügung. Wenn Sie die Option *Automatisch* auswählen, werden die entsprechenden Eigenschaften des aktuellen Designs übernommen. Auch hier können Sie bei Größenangaben die Maßeinheiten aus einer Liste auswählen.

HINWEIS

Die Einstellungen, die Sie hier vornehmen, wirken sich auf Absätze nur dann aus, wenn Sie zusätzlich als Liste gekennzeichnet sind. Diese Kennzeichnung können Sie später für jeden einzelnen Textabsatz in der Eigenschaften-Palette vornehmen.

Besonders bemerkenswert ist auch die Möglichkeit, eigene Grafiken als Listenaufzählungszeichen zu definieren.

Rahmen

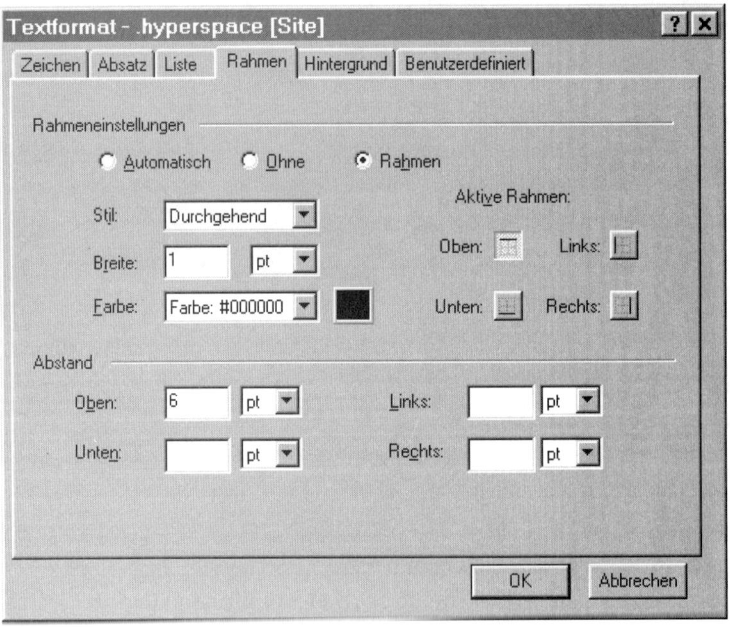

Abb. 4.28: Rahmen

Mit der Registerkarte *Rahmen* können Sie Absätze mit Umrandungen versehen oder mit Linien einfassen sowie Linienstärke, Linienfarbe und Abstände definieren. Wenn Sie die Option *Automatisch* auswählen, werden die entsprechenden Eigenschaften des aktuellen Designs übernommen. Bei Größenangaben können Sie die Maßeinheiten aus einer Liste auswählen.

Hintergrund

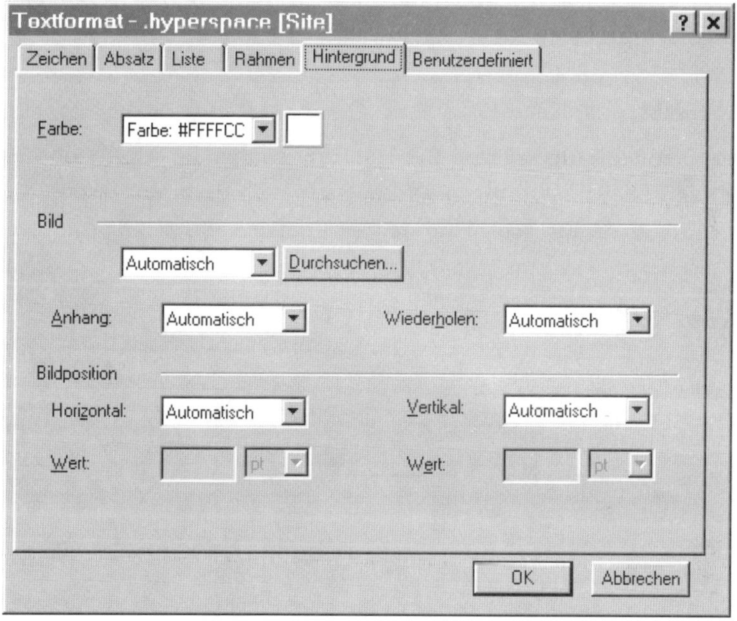

Abb. 4.29: Hintergrund

Hintergrundfarbe oder Hintergrundmuster können Sie mit der Registerkarte *Hintergrund* festlegen. Wenn Sie ein Hintergrundbild verwenden, können Sie außerdem die Position des Bildes bestimmen. Einige dieser Optionen bedürfen einer näheren Erklärung:

Anhang

Mit dieser Option legen Sie fest, ob das Hintergrundbild mit dem Text bewegt wird, wenn Sie Frames benutzen. Wählen Sie *Fest*, um das Bild zu fixieren, der Text kann in diesem Fall unabhängig vom Bild verschoben werden, oder *Abrollen*, um das Bild gemeinsam mit dem Text zu verschieben.

Wiederholen

Hier können Sie das Hintergrundbild als Kachelmuster wiederholen lassen. Dabei können Sie getrennt festlegen, ob das Bild senkrecht, waagerecht oder in beide Richtungen wiederholt werden soll.

Bildposition

Mit diesen Einstellungen legen Sie fest, an welcher Position sich das Bild befindet. Die Einstellungen wirken sich auch dann aus, wenn Sie bei *Wiederholen* ein Kachelmuster definiert haben.

Benutzerdefiniert

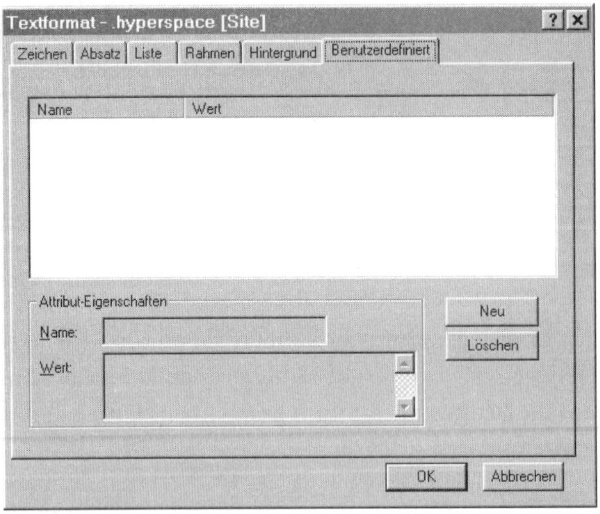

Abb. 4.30: Benutzerdefiniert

Wer sich mit Cascading Style Sheets auskennt, hat mit der Registerkarte *Benutzerdefiniert* die Möglichkeit, *selbst* weitere Eigenschaften des Textformates wie z.B. das Verhalten des Mauszeigers zu definieren.

Textformat ändern

Öffnen Sie durch den Menübefehl *Text - Textformate bearbeiten* das Dialogfenster *Textformate*. Wählen Sie ein Format aus der Liste *Stile* aus und klicken Sie auf *Bearbeiten*, um Änderungen an den Einstellungen vorzunehmen. Dabei stehen Ihnen die gleichen Optionen wie beim Anlegen neuer Textformate zur Verfügung (s.o.). Klicken Sie anschließend auf *Schließen*, um das Dialogfenster *Textformate* wieder zu schließen.

Textformat löschen

Öffnen Sie durch den Menübefehl *Text - Textformate bearbeiten* das Dialogfenster *Textformate*. Wählen Sie ein Format aus der Liste *Stile* aus und klicken Sie auf *Löschen*. Bestätigen Sie den Löschvorgang mit *Ja* und klicken Sie dann auf *Schließen*, um das Dialogfenster *Textformate* wieder zu schließen.

HINWEIS

Sie konnen kein Textformat loschen, wenn es in mehreren Bereichen verwendet wird. In einem solchen Fall müssen Sie das Format aus jedem Einsatzbereich einzeln löschen.

4.4 Umgang mit Farben

Fusion gibt Ihnen mit dem Farbwähler eine komfortable Möglichkeit, die Farben Ihrer Website zu verwalten und auf Hintergründe, Texte und Tabellen anzuwenden. Das entsprechende Dialogfenster wird eingeblendet, wenn Sie in einer Eigenschaften-Palette auf ein Farbkästchen klicken.

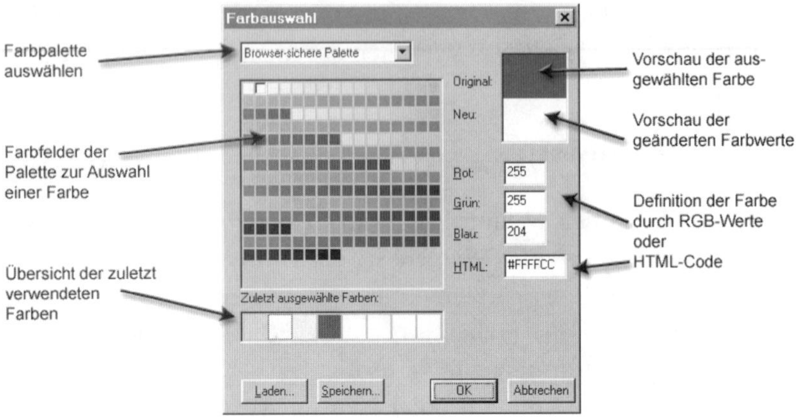

Abb. 4.31: Farbauswahl-Dialog

Farbpalette auswählen

In der Auswahlliste oben links im Dialogfeld können Sie die aktuelle Farbpalette auswählen, die Farben der ausgewählten Palette werden als Farbtafel im Feld unter der Auswahlliste angezeigt. Als Auswahlmöglichkeiten stehen Ihnen die *Browser-sichere Palette*, die *Windows-Systeme-Palette* und eine *Angepasste Palette* zur Verfügung, deren Farben Sie selbst definieren können. Die Farben der *Browser-sicheren Palette* werden von den gängigen Web-Browsern nahezu identisch dargestellt. In der Regel werden Sie deshalb die *Browser-sichere Palette* oder eine selbst definierte Farbtabelle verwenden. Von der Verwendung von Windows-Systemfarben für die Darstellung im Internet raten wir ab.

HINWEIS

Machen Sie es sich zur Gewohnheit, eine angepasste Farbpalette mit selbst definierten Farben zu verwenden. Sie gewährleisten so mit minimalem Verwaltungs- und Dokumentationsaufwand eine durchgängige Farbgestaltung innerhalb Ihrer Website.

HINWEIS

Sie benötigen eine Grafikkarte, die »Truecolor«-Farben darstellen kann, um möglichst feine Farbabstufungen am Bildschirm unterscheiden zu können.
Eine Farbpalette bleibt so lange aktiv, bis Sie eine andere Palette laden oder auswählen.

Farbe auswählen

Klicken Sie auf eines der Farbfelder in der Farbtafel oder auf ein Farbfeld mit den zuletzt verwendeten Farben, um eine Farbe aus der Palette auszuwählen.

Im Vorschaufenster oben rechts wird die bisher aktive Farbe und die gerade ausgewählte Farbe dargestellt. Die entsprechenden RGB-Werte und den HTML-Code der ausgewählten Farbe können Sie in den Feldern unterhalb des Vorschaufensters ablesen und editieren. Mit *OK* wird die ausgewählte Farbe übernommen und dem markierten Objekt zugewiesen.

Farbpalette laden

Sie können eine Farbpalette im Photoshop-Format als angepasste Farbpalette in Fusion laden. Klicken Sie dazu auf die Schaltfläche *Laden...* und wählen Sie im anschließenden Dialog eine Farbpalette im Photoshop-Format aus.

Bestätigen Sie Ihre Auswahl mit *Öffnen*. Die Farben der geladenen Farbpalette werden daraufhin in den Farbfeldern des Farbwählers angezeigt.

HINWEIS

Eine Farbpalette bleibt so lange aktiv, bis Sie eine andere Palette laden oder auswählen.

HINWEIS

Farbpaletten, die Sie in Photoshop erstellen, müssen Sie als Farbpalette mit der Erweiterung *.act* speichern, damit Sie die Palette in Fusion öffnen können.
Um sie leichter wieder zu finden, sollten Sie Farbpaletten genauso wie Bilder und alle anderen Ressourcen im Verzeichnis *Assets* Ihrer Website speichern oder als Dateiressource in der Ressourcenansicht einbinden.

Angepasste Farbpalette erstellen

Wählen Sie in der Auswahlliste die Option *Angepasste Palette* aus. Wenn Sie noch keine angepasste Palette erstellt haben, wird eine neue Farbpalette mit weißen Farbkästchen erstellt.

HINWEIS

Sie sollten diese Farbpalette als *blanko.act* speichern, um über eine leere Vorlage für weitere Paletten zu verfügen.

Klicken Sie in das erste Farbfeld oben links in der Farbtafel und geben Sie in den entsprechenden Feldern die RGB-Werte oder den HTML-Code der gewünschten Farbe ein. Neben Ihren Wunschfarben sollte die Palette auch weiß (R=255, G=255, B=255), hellgrau (R=204, G=204, B=204) und schwarz (R=0, G=0, B=0) enthalten.

HINWEIS

Wir benutzen auch in selbst erstellten Farbpaletten die Farben der *Browser-sicheren Palette*. In der Regel reichen ein bis zwei Schriftfarben und einige dazu passende Hintergrundfarben für die Hervorhebung von Tabellen oder Textfenstern aus.

Wenn Sie alle nötigen Farben definiert haben, speichern Sie die angepasste Farbpalette unter einem allgemein verständlichen Namen im Assets-Verzeichnis Ihrer Website.

Farbe ändern

Klicken Sie auf ein Farbkästchen der ausgewählten Farbpalette, um eine Farbe auszuwählen. Ändern Sie dann in den entsprechenden Eingabefeldern die RGB-Werte der Farbe ab oder geben Sie im Feld *HTML* den HTML-Code der Farbe ein. Im Vorschaufenster oben rechts können Sie die Auswirkungen Ihrer Eingabe mit dem Originalfarbton vergleichen.

Wenn Sie eine Farbe definieren, die nicht in der »Browser-sicheren Palette« enthalten ist, zeigt Fusion dies durch ein Warnsymbol in der Gestalt eines Ausrufungszeichens in einem Dreieck an.

> **HINWEIS**
> Ändern Sie auf keinen Fall die Farben der *Browser-sicheren Palette*. Erstellen Sie vorsichtshalber eine Sicherungskopie, indem Sie diese Farbpalette auswählen und durch Klicken auf die Schaltfläche *Speichern..* als Datei im Adobe-Format mit der Endung **.act* speichern (s.u.: Farbpalette speichern). Sie können dann mit dieser Sicherungskopie die *Browser-sichere Palette* später jederzeit wiederherstellen.

Farbpalette speichern

Mit der Schaltfläche *Speichern..* können Sie die aktuelle Farbpalette als Photoshop-Palettendatei mit der Endung *.act* speichern.

4.5 Design-Grundlagen

Wichtigste Voraussetzung für die attraktive Gestaltung der Inhaltsseiten Ihrer Internetpräsenz ist ein einheitlicher und ausgewogener Gesamteindruck. Sie erreichen das auf sehr einfache Weise durch eine Aufteilung des Layoutbereiches in Spalten oder Raster. Fusion unterstützt Sie dabei durch Hilfslinien, Gitter und Lineale. Darüber hinaus stellt Ihnen das Programm mit *Textformaten* ein effektives Hilfsmittel zur Verfügung, um auf allen Seiten der Website eine einheitliche Textgestaltung zu erzielen. Ähnliches gilt auch für die Farbgestaltung von Texten, Hintergründen und Tabellen, bei denen Sie eigene Farbtabellen verwenden können.

Aufteilung in Spalten

Bei einer Aufteilung in Spalten teilen Sie den Layoutbereich ähnlich wie bei einer Tageszeitung in senkrechte Bereiche auf, die voneinander durch leere Zwischenräume getrennt sind.

Die Spalten dürfen dabei auch unterschiedlich breit sein:

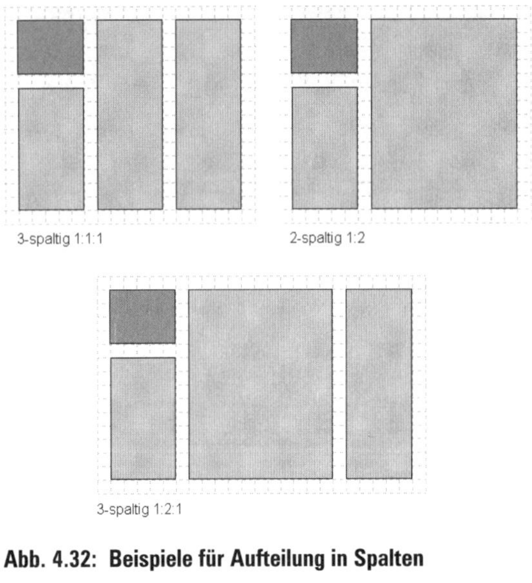

Abb. 4.32: Beispiele für Aufteilung in Spalten

HINWEIS

Wählen Sie als Spaltenbreite immer ein ganzzahliges Vielfaches der Maschenbreite des Gitternetzes und als Breite für den leeren Raum zwischen den Spalten die einfache Maschenbreite des Gitternetzes. Beispiel: Die Maschenbreite des Gitters beträgt 15 Pixel, die Spaltenbreite 120 Pixel (8x), der Abstand zwischen den Spalten 15 Pixel (1x).

Aufteilung in Raster

Die Aufteilung in Raster ist eine Weiterentwicklung der Aufteilung in Spalten. Hierbei werden Texte und Bilder nicht nur senkrecht, sondern auch waagerecht aneinander ausgerichtet und durch leere Zwischenräume getrennt:

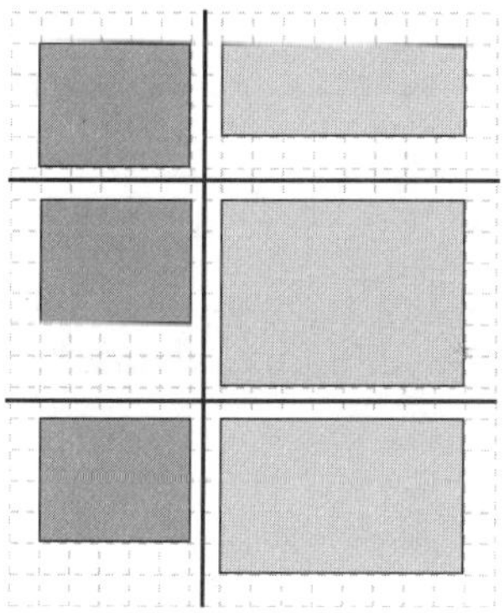

2-spaltiges Raster 1:2

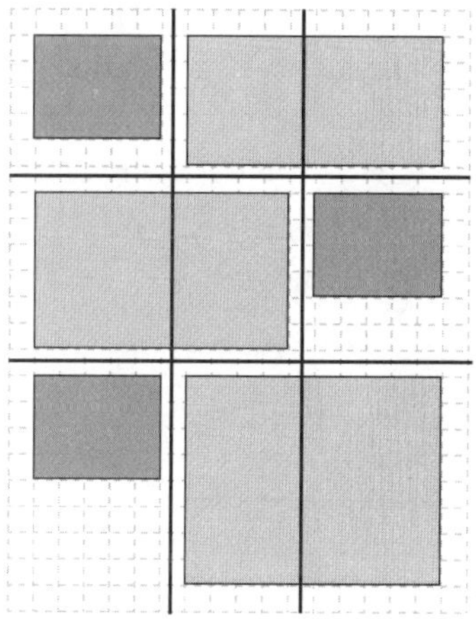

2-spaltiges Raster 1:2, abwechselnd

Abb. 4.33: Aufteilung in Raster

Wie Sie den Layoutbereich aufteilen, bleibt Ihnen natürlich selbst überlassen, wichtig ist nur, dass Sie zumindest innerhalb einer Seite ein einheitliches Gestaltungsmuster verwenden.

Abbildungsgrößen festlegen

Die Aufteilung der Seite bestimmt durch die Spaltenbreite oder Rastermaße auch die Größe der Abbildungen. Sie müssen daher zuerst die Aufteilung festlegen, bevor Sie die Bilder erstellen und auf die endgültige Größe verkleinern.

Optimale Seitengröße

Sehr wichtig für einen guten Gesamteindruck ist auch die Größe der Seite. Die Mehrzahl der deutschsprachigen Internetanwender setzt heute bereits eine Bildschirmauflösung von 800 x 600 Bildpunkten oder höher ein. Sie dürfen jedoch Ihre Internetseiten nicht einfach 800 Pixel breit machen, weil das Browserfenster mit seinen Menüleisten und Rollbalken bereits einen Teil des zur Verfügung stehenden Platzes in Anspruch nimmt. Wenn Sie möchten, dass man Ihre Seiten ohne waagerechtes Rollen betrachten kann, sollten Sie daher eine Seitenbreite von höchstens 770 Pixeln verwenden.

Die Länge einer Seite darf dagegen auch über den sichtbaren Bildschirmausschnitt herausragen, dessen Höhe etwa 350 Pixel beträgt.

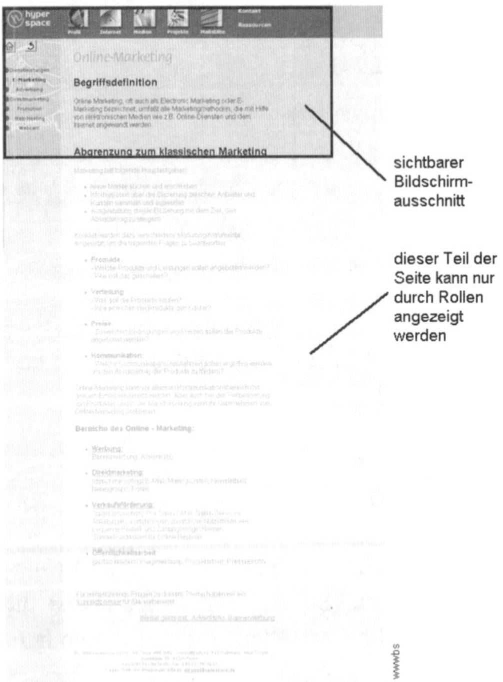

Abb. 4.34: Sichtbare und unsichtbare Teile der Seite

Achten Sie jedoch darauf, dass die wichtigsten Elemente der Seite wie Navigationsleisten, Seiten-Schriftzug und Überschrift zumindest beim ersten Aufruf der Seite vollständig angezeigt werden, damit Ihr Besucher die wesentlichen Informationen der Seite erfassen kann, ohne den Bildschirminhalt rollen zu müssen (siehe Abb. 4.34).

Die maximale Länge einer Seite sollte möglichst drei bis vier Bildschirmseiten nicht überschreiten, das entspricht einer Seitenlänge von 1400 Pixel bis 1800 Pixel.

Fassen Sie sich also kurz und teilen Sie umfangreiche Inhalte auf mehrere Seiten auf.

4.6 Zusammenfassung, Fragen und Übungen

Zusammenfassung

- Mit dem Auswahl-Werkzeug können Objekte ausgewählt und bewegt werden, auch die Form von Objekten lässt sich damit ändern.
- Sie müssen die Anzeigeoption *Dehnen* auswählen, bevor Sie die Größe oder Form eines Bildes ändern können.
- Fusion stellt Lineale, Hilfslinien und ein Gitternetz für die exakte Positionierung von Objekten zur Verfügung.
- Diese Hilfsmittel lassen sich am einfachsten mit den Optionen für die Seitenansicht konfigurieren. Die zugehörige Eigenschaften-Palette kann mit der Taste F12 eingeblendet werden.
- Durch den Einsatz von Textdarstellungen können Sie mit geringem Aufwand eine einheitliche Gestaltung aller Texte Ihrer Website erzielen.

Zusammenfassung

- Textformate können für die gesamte Website, für mehrere Seiten oder nur für eine einzelne Seite definiert werden. Dabei stellt Fusion alle wichtigen Formatierungsmöglichkeiten von Cascading Style Sheets zur Verfügung.
- Farben werden in Fusion in Form von Farbpaletten verwaltet. Für Ihre Website sollten Sie möglichst nur Farben der *Browsersicheren Palette* verwenden.
- Sie können Farbpaletten im Photoshop-Format in Fusion laden und bearbeiten.
- Durch die Verwendung von angepassten Farbpaletten erreichen Sie eine einheitliche Farbgestaltung Ihrer Website.
- Durch eine Aufteilung der Internetseiten in Spalten und Raster können Sie eine einheitliche und attraktive Gestaltung der Seiten erzielen.

Fragen und Übungen

1. Positionieren Sie eine neue waagerechte Hilfslinie in einer Entfernung von 120 Pixel vom oberen Rand der Seite.
2. Erstellen Sie ein neues Textformat für die aktuelle Seite mit dem Namen *Alte Preise* als Kopie des Textformates *Standard*, jedoch mit dem Texteffekt *durchgestrichen*.
3. Definieren Sie in der angepassten Farbpalette eine Farbe mit dem HTML-Code #215E21. Welcher Farbton ist das?
4. Wie groß ist etwa der sichtbare Bereich einer Seite im Web-Browser bei einer Bildschirmauflösung von 800 x 600 Pixel?

Die Homepage gestalten

5 Die Homepage gestalten

In diesem Kapitel zeigen wir Ihnen, wie Sie mit Fusion Ihre Homepage attraktiv und funktionell gestalten können. Sie lernen dabei grundlegende Techniken der Textverarbeitung kennen und erfahren, wie Sie Bilder platzieren und für die Navigation zu anderen Seiten benutzen können. Wir beginnen mit dem Begrüßungstext auf der Homepage.

5.1 Text für die Homepage eingeben

In dieser Übung lernen Sie die grundlegenden Funktionen der Textgestaltung mit Fusion kennen.

HINWEIS

Besonders nützlich kann in diesem Zusammenhang der Menübefehl *Bearbeiten – Rückgängig* sein, mit dem Sie die letzten Bearbeitungsschritte widerrufen können.

Um die folgenden Arbeitsschritte besser am Bildschirm nachvollziehen zu können, sollten Sie – falls erforderlich – zunächst das Gitternetz ausschalten, das zu diesem Zeitpunkt mehr ablenkt als nützt. Bitte wählen Sie dazu den Menübefehl *Ansicht / Raster* oder betätigen Sie die Tastenkombination [Strg] + [D].

Klicken Sie dann mit der Maus auf das Textwerkzeug in der Standardwerkzeugleiste am linken Fensterrand.

Abb. 5.1: Textwerkzeug

Wenn Sie bei ausgewähltem *Textwerkzeug* die Maus über den Bildschirm bewegen, werden Sie feststellen, dass der Mauszeiger im weißen Bereich der Seite als Kreuz, außerhalb der Seite jedoch als durchgestrichener Kreis in der Art eines Halteverbotsschildes erscheint. Dadurch wird angezeigt, dass Sie das *Textwerkzeug* nur innerhalb der Seite anwenden können.

Bewegen Sie die Maus in das Layout, drücken Sie die Maustaste und ziehen Sie ein Rechteck auf, ohne die Maustaste loszulassen. Der Mauszeiger verwandelt sich dabei in einen Doppelpfeil:

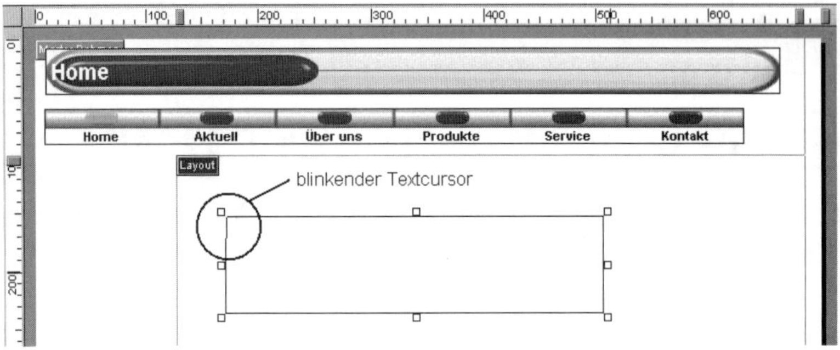

Abb. 5.2: Textfenster aufziehen

Zur besseren Orientierung wird während der Mausaktion die Umrisslinie des Rechtecks als gestrichelte Linie angezeigt.

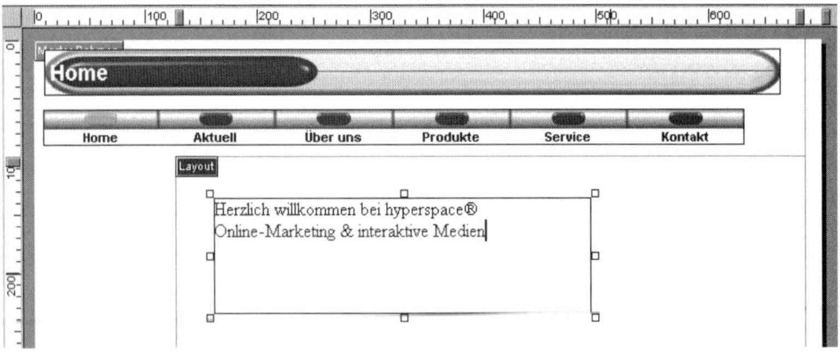

Abb. 5.3: Das fertige, leere Textfenster

Lassen Sie die Maustaste erst los, wenn das Rechteck die gewünschte Größe erreicht hat. Anstelle der gestrichelten Linie erscheint jetzt ein

Textfenster mit einer blinkenden Eingabemarke oben links in der Ecke und das Werkzeug wird automatisch auf das Auswahl-Werkzeug gewechselt (siehe Abb. 5.3).

Geben Sie jetzt mit Hilfe der Tastatur folgenden Text ein (das ®-Symbol erhalten Sie durch die Tastenfolge [A] + [1][7][4] oder mit dem Menübefehl *Text - Symbol einfügen*).

Herzlich willkommen bei hyperspace® Online-Marketing & interaktive Medien

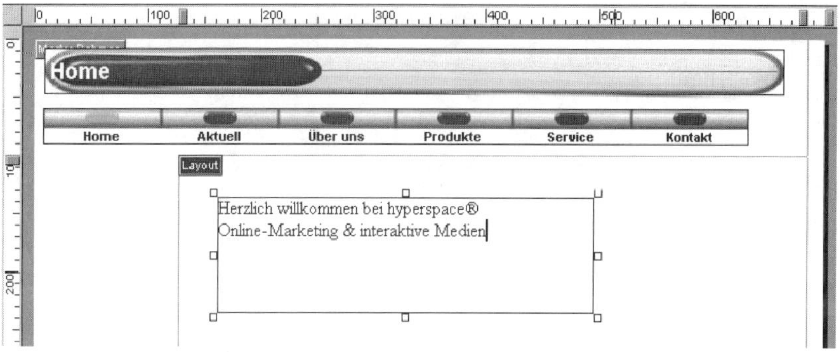

Abb. 5.4: Textfenster mit Text

Je nach Breite Ihres Textfensters kann der Zeilenumbruch von der Abbildung abweichen.

Standardmäßig wird der Text eines neuen Textfensters im Textformat Standard (P) dargestellt. Mit Hilfe der Eigenschaften-Palette können Sie jedoch andere Einstellungen für den Text vornehmen oder ein anderes Format wählen (siehe Abb. 5.5).

Auf der Registerkarte *Format* der Text-Eigenschaften-Palette können Sie Schriftart, Größe, Ausrichtung und einige weitere Einstellungen vornehmen. Wir wollen diese Registerkarte benutzen, um den Text für die Homepage etwas ansprechender zu gestalten.

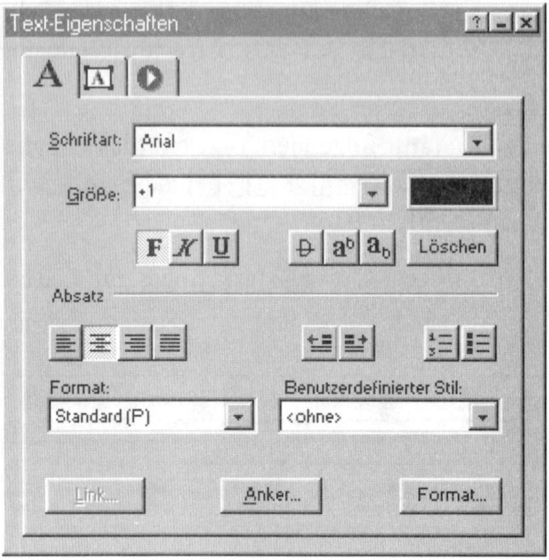

Abb. 5.5: Text-Eigenschaften: Registerkarte *Format*

Absätze formatieren

Im unteren Teil der Registerkarte finden Sie Einstellungsmöglichkeiten für die Absatzformatierung:

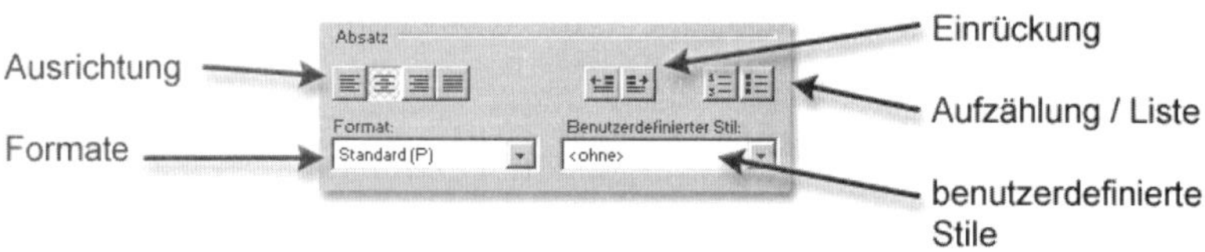

Abb. 5.6: Einstellungen für die Absatzformatierung

Wählen Sie in der Auswahlliste *Format* das Absatzformat *Überschrift1* aus.

Klicken Sie anschließend bei den Schaltflächen für die Textausrichtung auf die 2. Schaltfläche von links, um den Absatz zentriert auszurichten. Der Text auf der Homepage sollte anschließend etwa so aussehen:

Abb. 5.7: Das Ergebnis der Absatzformatierung

> **HINWEIS**
>
> Verwenden Sie für den Begrüßungstext Ihrer Homepage und die Hauptüberschriften einer Seite immer das Absatzformat *Überschrift 1.* Suchmaschinen legen unter anderem anhand der Texte im Format *Überschrift 1* die Schlagworte und die Wichtigkeit einer Seite fest.

Für einen gelungenen Gesamteindruck ist jetzt noch ein wenig Feinschliff nötig. Die Schriftart passt möglicherweise noch nicht zum Stil der Schaltflächen, wir sollten sie in *Arial* ändern. Außerdem muss das ®-Symbol hochgestellt werden, das Textfenster ist noch zu schmal und nicht optimal platziert.

Text markieren

Um die Schriftart zu ändern, müssen Sie zunächst den Text markieren, den Sie ändern wollen. Klicken Sie dazu mit der Maus innerhalb des Textfensters vor den ersten Buchstaben des Textes, den Sie markieren wollen und ziehen Sie die Maus mit gedrückter Maustaste bis über das Ende des zu markierenden Textes hinaus. Lassen Sie dann die Maustaste los.

Abb. 5.8: Markierter Text

> **HINWEIS**
> Sie können auch die Tastenkombination [Strg] + [A] benutzen oder dreimal nacheinander in das Textfenster klicken, um den gesamten Text zu markieren.

Schriftart festlegen

Jetzt können Sie in der Eigenschaften-Palette eine andere Schriftart für den markierten Text festlegen:

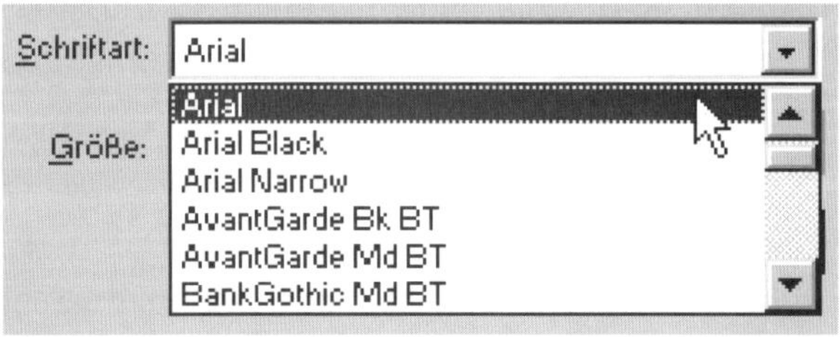

Abb. 5.9: Schriftart festlegen

Wählen Sie dazu in der Auswahlliste *Schriftart* die Schriftart *Arial* aus.

HINWEIS

Sie haben im Internet ohne den Einsatz aufwendiger Technologien keinen Einfluss darauf, welche Schriftarten auf dem PC des Betrachters Ihrer Internetseiten installiert sind. Wenn Sie Schriftarten verwenden, über die der Besucher Ihrer Internetpräsenz nicht verfügt, werden die nicht existierenden Schriftarten durch andere Schriften ersetzt. Ihre Internetseite kann dadurch ein sehr merkwürdiges Aussehen bekommen. Wenn Sie also sicher gehen wollen, dass die Seite überall gleich dargestellt wird, sollten Sie sich auf die Schriftarten *Arial* (*Helvetica, Geneva*), *Times* (*Times New Roman*) und *Courier* beschränken.

Schriftgröße festlegen

Der Text erscheint auch in *Arial* zu groß für die Seite, Sie sollten also auch noch die Schriftgröße ändern.

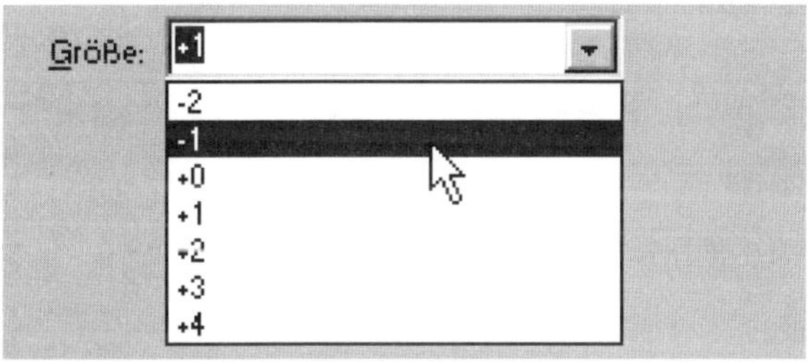

Abb. 5.10: Größe festlegen

Benutzen Sie dazu die Auswahlliste für *Größe* in der Eigenschaften-Palette und wählen Sie dort `+1` aus.

Klicken Sie einmal mit der Maus außerhalb des Textfensters und beurteilen Sie das Ergebnis. Jetzt sieht die Begrüßungsbotschaft auf der Homepage doch schon besser aus.

Abb. 5.11: Das Ergebnis der geänderten Texteinstellungen

Zeichen hochstellen

Um das Warenzeichen-Symbol hochzustellen, müssen Sie es zunächst markieren. Positionieren Sie dazu den Cursor durch Doppelklicken vor das ®-Symbol im Textfenster. Drücken Sie dann die [⇧]-Taste, gefolgt von der [↑]-Taste, um nur das ®-Symbol zu markieren.

Abb. 5.12: Das markierte Warenzeichensymbol

Klicken Sie anschließend in der Auswahlpalette auf das Symbol für *Hochstellen*, um das Warenzeichensymbol hochzustellen.

Abb. 5.13: Werkzeug zum Hochstellen von Text

Das ®-Symbol wird dadurch hochgestellt. Bitte klicken Sie außerhalb des Textfensters, um die Markierung wieder aufzuheben und das Ergebnis zu beurteilen.

Abb. 5.14: Das hochgestellte Symbol

> **HINWEIS**
>
> Wenn Sie Standard-HTML-Formate verwenden, wird durch das Hochstellen der Abstand zwischen den Zeilen größer. Das ist normal und leider nur zu vermeiden, wenn Sie ein benutzerdefiniertes Format verwenden und dort die Zeilenhöhe entsprechend anpassen.

Absatzmarken, Zeilenumbrüche

Jetzt soll ein Zeilenumbruch vor dem Wort Online-Marketing eingefügt werden. Positionieren Sie dazu durch Doppelklicken vor das Wort Online-Marketing den Cursor in das Textfenster. Wenn Sie jetzt die [↵]-Taste drücken, wird an der Cursorposition eine Absatzmarke eingefügt.

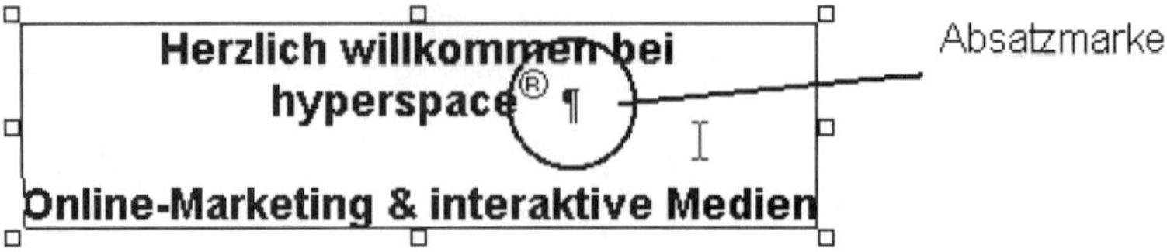

Abb. 5.15: Absatzmarke

Die Absatzmarke erzeugt automatisch auch einen großen Zeilenabstand. Sie können diesen großen Zeilenabstand jedoch vermeiden, indem Sie beim Einfügen des Zeilenumbruchs die ⇧-Taste gleichzeitig mit der ↵-Taste betätigen. Dadurch wird ein so genannter »weicher Zeilenumbruch« erzeugt:

Abb. 5.16: Weicher Zeilenumbruch

Beim weichen Zeilenumbruch bleibt der Zeilenabstand erhalten.

Einzelne Zeichen und Wörter formatieren

Im nächsten Schritt soll der Text in der zweiten Zeile etwas kleiner erscheinen. Markieren Sie dazu den Text der zweiten Zeile mit der Maus und ändern Sie die Schriftgröße in der Eigenschaften-Palette auf `12`.

Abb. 5.17: Schriftgröße ändern

Anschließend soll der markierte Text nicht mehr in fett, sondern in normaler Schriftbreite erscheinen. Schalten Sie dazu in der Eigenschaften-Palette die Schaltfläche *F* aus.

Abb. 5.18: Textformatierung *fett*

Klicken Sie einmal mit der Maus außerhalb des Textfensters, um das Ergebnis zu beurteilen.

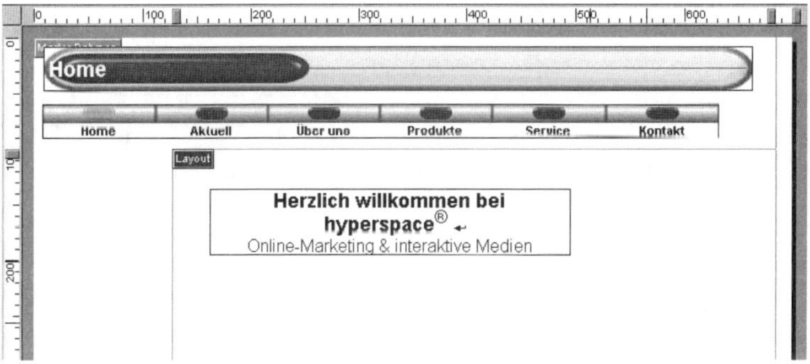

Abb. 5.19: Das Ergebnis der Textformatierung

Textfenster ändern

Der Begrüßungstext auf der Homepage ist jetzt fast fertig, die Lage und die Größe des Textfensters könnten allerdings noch verbessert werden.

Klicken Sie dazu mit der Maus einmal in das Textfenster, um den Rahmen zu markieren. Sie erkennen die Markierung an den ausgefüllten Anfassern auf der Begrenzungslinie des Textfensters (siehe Abb. 5.20).

Wenn Sie den Mauszeiger auf einen der Anfasser bewegen, verwandelt er sich in einen Doppelpfeil und signalisiert damit, dass Sie die Form des Rahmens mit Hilfe der Anfasser verändern können.

Klicken Sie mit der Maus auf den mittleren Anfasser am rechten Rand des Rahmens und ziehen Sie den Rahmen bei gedrückter Maustaste etwas breiter (siehe Abb. 5.21).

Abb. 5.20: Textfenster mit Anfassern

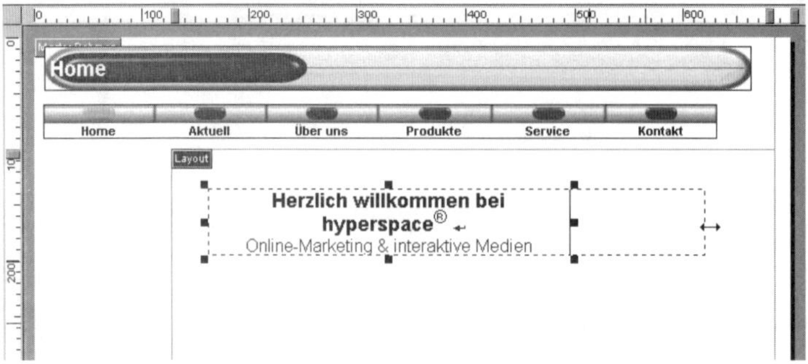

Abb. 5.21: Rahmenbreite ändern

Wenn Sie die Maustaste loslassen, wird die Breite des Rahmens angepasst und der Zeilenumbruch innerhalb des Textfensters geändert.

HINWEIS

Normalerweise passt Fusion die Höhe des Textfensters automatisch an die Menge des enthaltenen Textes an. Damit Sie die Höhe des Textfensters mit den Anfassern festlegen können, müssen Sie die Option *Höhe fixieren* auf der Registerkarte *Textfeld* in der Eigenschaften-Palette aktivieren. Damit legen Sie die Mindesthöhe des Textfensters fest. Wenn Sie mehr Text eingeben als in das Fenster passt, wird die Höhe wieder automatisch vergrößert.

Wenn Sie möchten, können Sie die Position des Textfensters anschließend noch verändern, indem Sie mit dem Auswahl-Werkzeug einmal in den Rahmen klicken und ihn dann mit gedrückter Maustaste an die gewünschte neue Position ziehen. Achten Sie dabei unbedingt darauf, mit dem Rahmen innerhalb des Layoutbereiches zu bleiben!

Beurteilen Sie anschließend das Ergebnis im Web-Browser. Drücken Sie dazu die [Strg]-Taste und klicken Sie auf das Symbol *Vorschau in Browser* in der Symbolleiste. Durch die [Strg]-Taste wird nur die aktuelle Seite in der Browservorschau angezeigt.

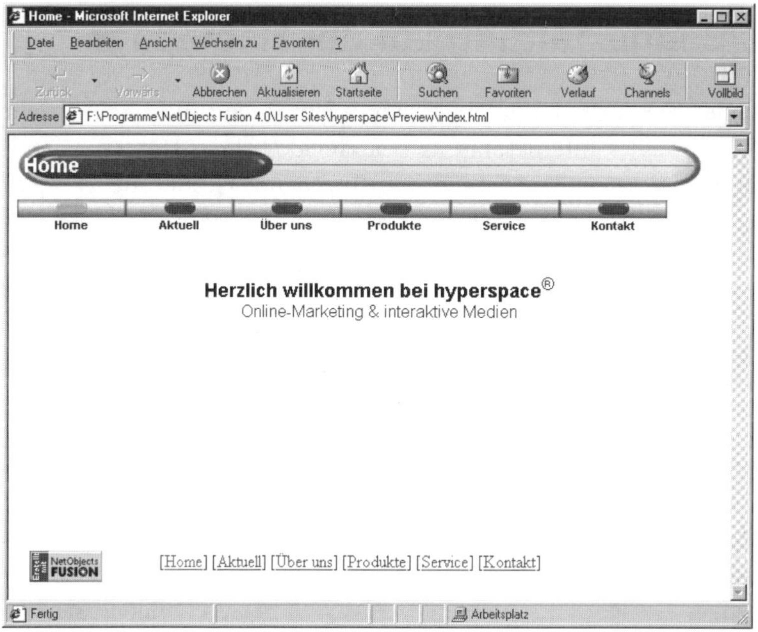

Abb. 5.22: Vorschau im Web-Browser

Wenn Sie nur die Vorschau einer einzelnen Seite im Browser anzeigen lassen, funktionieren die Verknüpfungen auf die anderen Seiten Ihrer Website nicht. Stattdessen sehen Sie eine entsprechende Hinweisseite, die Fusion automatisch erzeugt.

HINWEIS

Alternativ können Sie auch auf die Indexzunge *Seiten-Ansicht* klicken (die Indexzungen befinden sich zwischen der Symbolleiste und den Seitenlinealen), um eine Vorschau der aktuellen Seite zu sehen. Ein Ausdruck der Seite ist in diesem Fall allerdings nicht möglich.

Um die Inhalte einer Seite auszudrucken, müssen Sie die Seite im Browser anzeigen und die Druckfunktion des Web-Browsers benutzen.

5.2 Bildgestaltung auf der Homepage

Neben der Textinformation tragen vor allem Bilder und Grafiken zur Attraktivität einer Internetpräsenz bei. Gerade bei der Homepage sollten Sie besonders viel Wert auf eine ansprechende Gestaltung legen, da Ihr Besucher diese Seite als Erstes sieht, wenn er Sie im Internet aufsucht. Und den ersten Eindruck macht man bekanntlich nur einmal.

Bilder: Woher nehmen und nicht stehlen?

Bilder für Ihre Internetpräsenz können Sie selbst mit einem Bildverarbeitungsprogramm gestalten, mit einem Scanner oder einer Digitalkamera auf Ihren PC übernehmen oder als Bildersammlung auf CD-ROM erwerben. Große Anbieter wie Photodisk, Adobe und Corel bieten inzwischen auch die Möglichkeit, Bilder online zu bestellen oder herunterzuladen. Einige entsprechende WWW-Adressen finden Sie im Anhang. Manche Provider bieten ihren Kunden auch eigene Bildersammlungen zur kostenlosen Nutzung an: Fragen Sie dort doch einfach mal nach.

Achten Sie in jedem Fall darauf, dass Sie nur solche Bilder auf Ihren Internetseiten verwenden, für die Sie auch ein entsprechendes Nutzungsrecht besitzen! Verstöße gegen das Urheberrecht werden international strafrechtlich verfolgt und mit Geldstrafen und Gefängnis bis zu drei Jahren geahndet!

Das gilt übrigens auch für bereits vorhandene Fotografien, Prospektmaterial und Texte, die Sie nicht selbst erstellt haben: Vergewissern Sie sich unbedingt vor der Veröffentlichung im Internet bei Ihrer Setzerei, der Werbeagentur oder dem Fotografen, dass Sie die Bilder und Texte im Internet veröffentlichen dürfen. Sind Personen auf den Bildern abgebildet, benötigen Sie auch deren Einverständnis. Möglicherweise ist die Erlaubnis auch von einem zusätzlichen Nutzungshonorar abhängig. Adressen mit weiteren Informationen zu dieser Problematik finden Sie im Anhang, im Zweifelsfall wenden Sie sich bitte an einen Fachanwalt für Urheberrecht oder Internetrecht oder eine professionelle Internetagentur.

Bildqualität und Ladezeiten

Wenn Sie Bilder im Internet veröffentlichen wollen, müssen Sie in der Regel einen Kompromiss zwischen Bildqualität und schnellen Ladezeiten eingehen. Bilder müssen im Internet unbedingt so schnell wie möglich geladen werden und sollten deshalb eine Dateigröße von höchstens 15 Kilobyte besitzen. Ausnahmen sind lediglich erlaubt, wenn nicht die Optik des Bildes, sondern der Informationsgehalt entscheidet, also z.B. bei Landkarten, Organigrammen o.ä.

Faustregeln

- Wählen Sie bei linienbetonten Darstellungen und hart abgegrenzten Farbflächen das GIF-Format. Fotos und zarte Farbabstufungen lassen sich dagegen im JPG-Format meist besser speichern. Das neue PNG-Format sollten Sie dagegen nur einsetzen, wenn Sie sicher sind, daß die Besucher Ihrer Website über einen der neueren Browser verfügen (ab Netscape 4.5 und Microsoft Internet Explorer 4), da ältere Browser dieses Dateiformat nicht darstellen können.

Ist das der Fall, bietet das PNG-Format jedoch derzeit mit die beste Bildqualität.

- Eine Auflösung von 72 Pixel je Zoll reicht völlig aus.
- Scannen Sie Vorlagen mit einer Auflösung von 200 dpi oder besser und verkleinern Sie die Bilder anschließend auf die gewünschte Größe und Auflösung, um eine möglichst gute Bildqualität zu erzielen. Ändern Sie dabei Bildauflösung UND Bildgröße in einem Arbeitsgang.

Bilddatei platzieren

HINWEIS

Die Bilddateien, die wir in den folgenden Beispielen verwenden, sind nicht auf der Programm-CD von NetObjects Fusion enthalten. Bitte verwenden Sie daher für die Übungen eigene Bilder.

In der folgenden Übung zeigen wir Ihnen, wie Sie ein Bild auf der Homepage platzieren und anklickbare Bereiche für die Navigation zu anderen Seiten erstellen können. Ein solcher anklickbarer Bildbereich wird in Fusion als »Hotspot« bezeichnet.

Abb. 5.23: Bild-Werkzeug

Wechseln Sie zunächst in die Seitenansicht der Homepage und wählen Sie aus der Standard-Werkzeugleiste das *Bild*-Werkzeug aus. Klicken Sie dann in den Layout-Bereich der Seite unterhalb des Textfensters, um das Dialogfenster *Bilddatei öffnen* anzuzeigen.

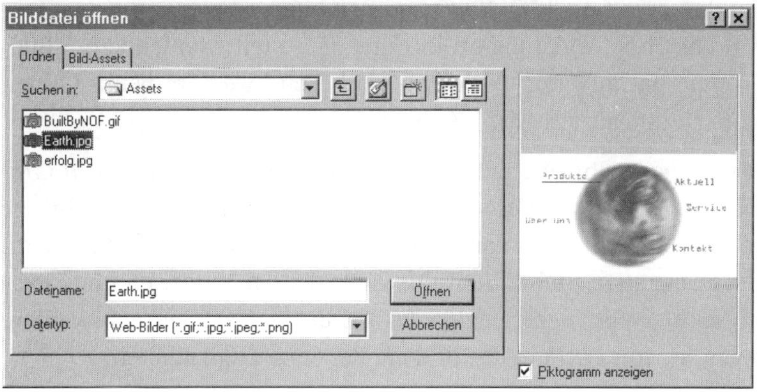

Abb. 5.24: Bilddatei öffnen

Wählen Sie hier eine Bilddatei aus und klicken Sie auf *Öffnen*, um die Auswahl zu bestätigen.

Mit dem Ankreuzfeld *Piktogramm anzeigen* können Sie ein Vorschaubild der ausgewählten Bilddatei anzeigen lassen, bevor Sie das Bild in Ihre Website übernehmen. Standardmäßig ist der Dateityp *Web-Bilder* vorbelegt, Sie können jedoch auch einen anderen Dateityp aus der Liste auswählen. Dabei werden die folgenden Bildformate unterstützt:

GIF, JPG, JPEG, PNG, BMP, PCX, PCT, PICT, FPX

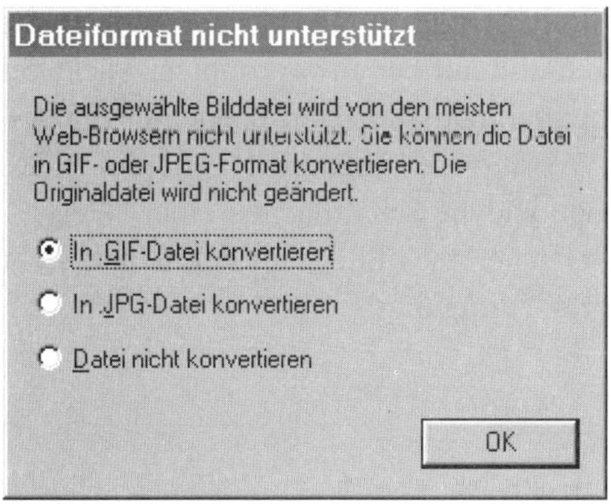

Abb. 5.25: Konvertierung von nicht unterstützten Dateiformaten

Dateien des Typs GIF, JPG, JPEG und PNG liegen bereits in einem Format vor, das ohne Änderung im Internet dargestellt werden kann. Bilddateien, die in anderen Formaten vorliegen, werden beim Öffnen automatisch konvertiert (siehe Abb. 5.25).

Wählen Sie bei nicht unterstützten Dateiformaten die Option *In GIF-Datei konvertieren*, wenn es sich bei dem Bild um eine Strichzeichnung oder eine Grafik mit klar voneinander abgegrenzten Farbflächen handelt. Bei Fotografien und Bildern mit vielen Farbabstufungen und Übergängen sollten Sie dagegen *In JPG-Datei konvertieren* auswählen. Bestätigen Sie mit *OK*, um das Bild auf der Seite zu platzieren.

HINWEIS

Sie können eine wesentlich geringere Dateigröße erzielen, wenn Sie Bilddateien nicht von Fusion konvertieren lassen, sondern sie in einem geeigneten Programm (z.B. Adobe Photoshop, Ulead PhotoImpact, Corel Photopaint) manuell konvertieren. Außerdem ist in Fusion keine Nutzungslizenz für das in GIF-Grafiken verwendete Kompressionsformat enthalten, deshalb dürfen Sie Grafiken, die Sie mit Fusion in das GIF-Format konvertieren, nur für Testzwecke benutzen.

Das Bild zur Navigation nutzen (Hotspots)

Nach der Positionierung des Bildes auf der Homepage können Sie maussensible Bereiche definieren und mit Seiten verknüpfen. Klickt der Besucher der Internetseite auf einen maussensiblen Bereich des Bildes, wird die verknüpfte Seite im Web-Browser angezeigt. Teile des Bildes erfüllen also die gleiche Funktion wie die Schaltflächen einer Navigationsleiste. Um maussensible Bereiche eines Bildes zu definieren, stellt Fusion das *Hotspot*-Werkzeug zur Verfügung:

Abb. 5.26: *Hotspot*-Werkzeug

> **HINWEIS**
>
> Bevor Sie das *Hotspot*-Werkzeug verwenden, sollten Sie mit dem Auswahl-Werkzeug auf das Bild klicken und in der Eigenschaften-Palette die Option *Hotspots anzeigen* aktivieren.

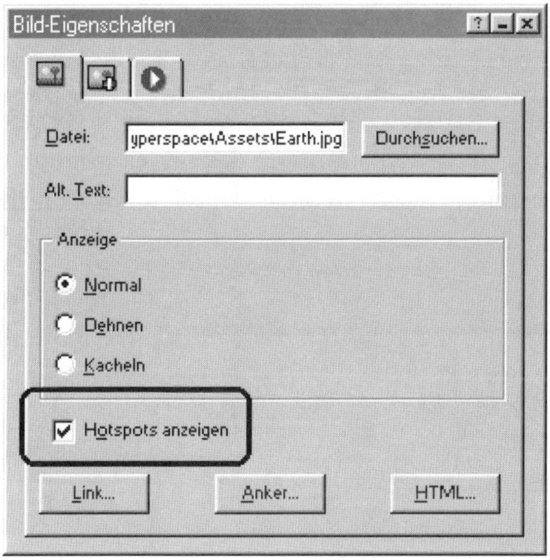

Abb. 5.27: Bild-Eigenschaften: Hotspots anzeigen

Das *Hotspot*-Werkzeug ist in mehreren Ausführungen vorhanden. Sie erkennen das an dem kleinen Pfeil-Symbol unten rechts auf der Werkzeugschaltfläche. Wenn Sie auf das Symbol klicken und die Maustaste gedrückt halten, werden die Werkzeugausführungen eingeblendet:

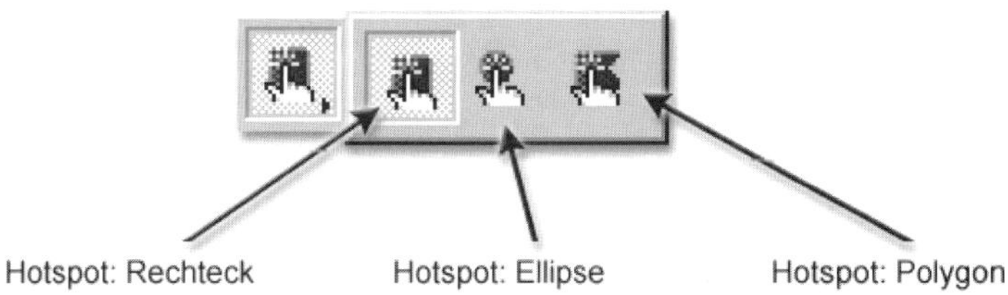

Abb. 5.28: Ausführungen des Hotspot-Werkzeuges

Um eine andere Werkzeugausführung auszuwählen, halten Sie die Maustaste gedrückt und bewegen den Mauszeiger auf das Symbol für die gewünschte Ausführung des Werkzeuges. Lassen Sie die Maustaste los, um diese Ausführung auszuwählen. Das Symbol in der Werkzeugleiste wird dadurch auf das Symbol der ausgewählten Werkzeugausführung geändert.

Für unser Beispiel wählen wir das Hotspot-Rechteck aus.

Wenn Sie das *Hotspot*-Werkzeug ausgewählt haben und den Mauszeiger über ein Bild bewegen, werden die Umrisslinien des Bildes mit einer dicken schraffierten Linie markiert, der Mauszeiger verwandelt sich in ein Fadenkreuz.

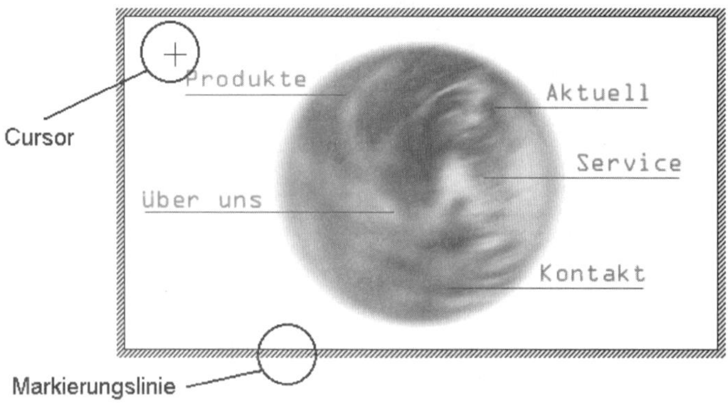

Abb. 5.29: Bildmarkierung und Cursor beim Hotspot-Werkzeug

Außerhalb von Bildern erscheint der Mauszeiger als durchgestrichener Kreis in der Art eines Halteverbotsschildes und zeigt an, dass Sie das *Hotspot*-Werkzeug nur bei Bildern anwenden können.

Maussensibler Bildbereich als Rechteck oder Ellipse

Um einen maussensiblen Bildbereich als Rechteck oder Ellipse zu erstellen, wählen Sie zunächst die entsprechende Ausführung des *Hot-*

spot-Werkzeuges aus. Klicken Sie dann mit dem *Hotspot*-Werkzeug auf das Bild und ziehen Sie mit gedrückter Maustaste einen Rahmen auf. Während der Mausaktion wird die Umrisslinie des Bereiches als gestrichelte Linie angezeigt, der Cursor erscheint als Doppelpfeil.

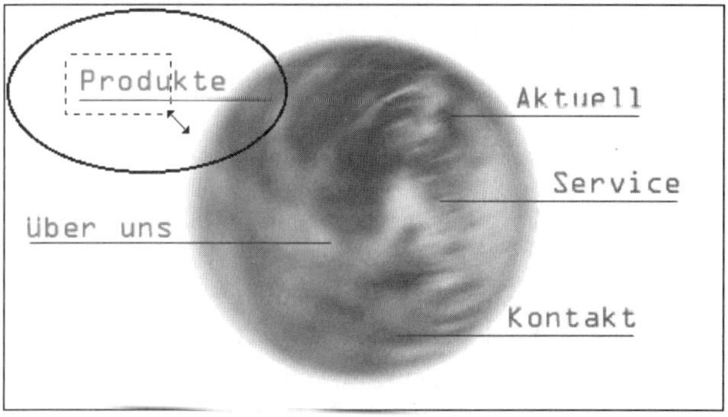

Abb. 5.30: Hotspot-Rechteck definieren

Maussensibler Bereich in beliebiger Form

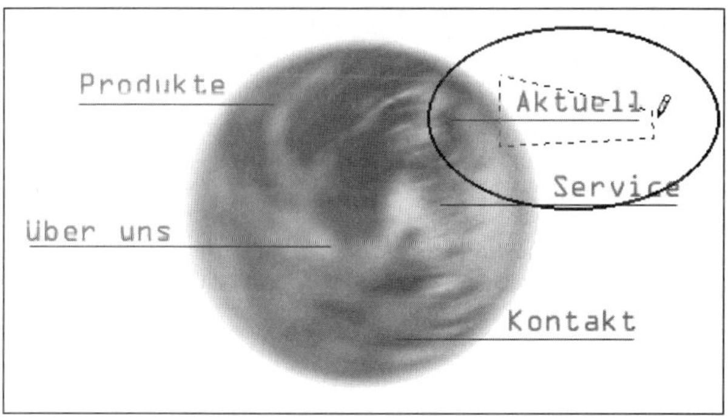

Abb. 5.31: Hotspot-Polygon definieren

Wenn Sie einen maussensiblen Bereich weder als Rechteck noch als Ellipse erstellen wollen, müssen Sie die Ausführung *Polygon* des *Hot-*

spot-Werkzeuges auswählen. Klicken Sie dann in das Bild, um den ersten Eckpunkt des Bereiches festzulegen. Bewegen Sie die Maus und klicken Sie erneut, um den nächsten Eckpunkt zu platzieren. Zeichnen Sie auf diese Weise eine Linie um den Teil des Bildes, den Sie als maussensiblen Bereich definieren wollen. Durch Doppelklick wird der letzte Eckpunkt platziert und die Form geschlossen. Während der Mausaktion wird die Umrisslinie des Bereiches als gestrichelte Linie angezeigt, der Cursor erscheint dabei als Zeichenstift (siehe Abb. 5.31).

Verknüpfungen definieren

Wenn Sie mit dem *Hotspot*-Werkzeug den gewünschten Bildbereich definiert haben und die Maustaste loslassen, markiert Fusion den Bildbereich mit einer durchgezogenen Linie und öffnet das *Link*-Dialogfenster. Hier können Sie festlegen, welche Verknüpfung (Hyperlink) aktiviert wird, wenn der Besucher der Seite später mit der Maus in den maussensiblen Bereich des Bildes klickt.

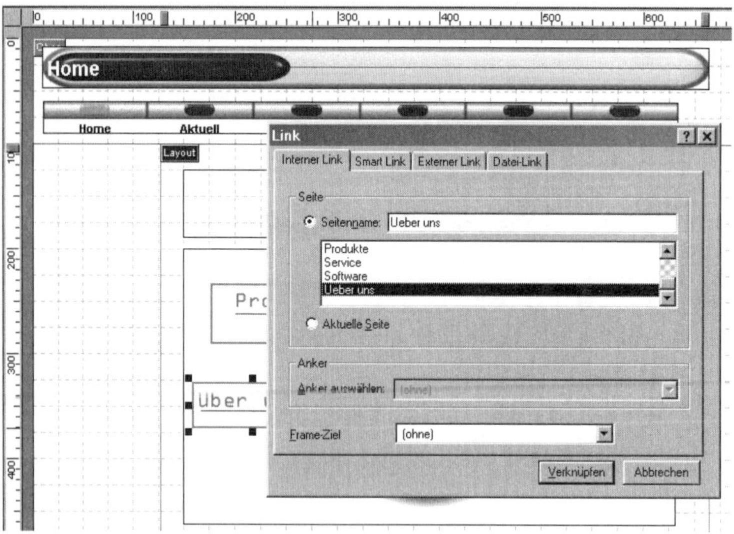

Abb. 5.32: Link-Dialog für den maussensiblen Bildbereich

Für die Verknüpfung des Hotspots mit einer Seite unserer Website benötigen wir die Registerkarte *Interner Link*.

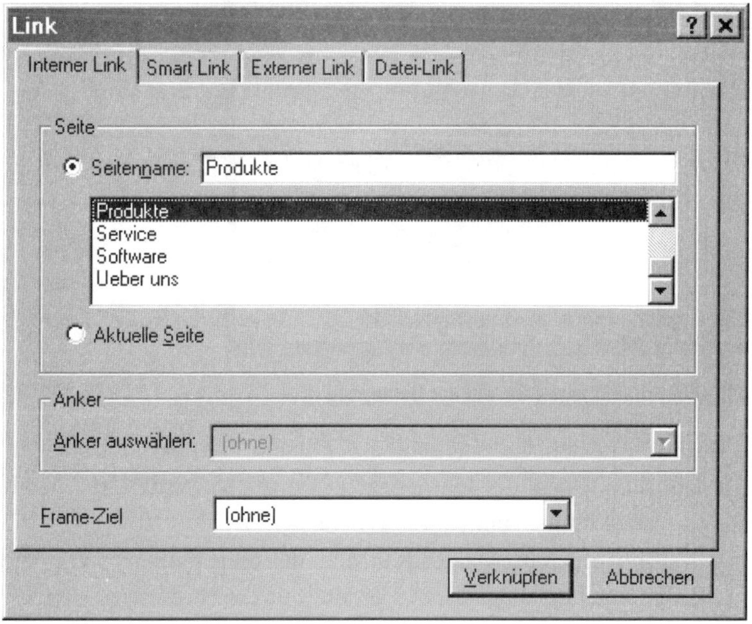

Abb. 5.33: Registerkarte *Interne Verbindung*

Interne Verbindungen stellen eine Verknüpfung zu einer Seite innerhalb der aktuellen Website her. Wählen Sie dazu eine Seite aus der Auswahlliste *Seitenname* aus und klicken Sie auf *Verknüpfen*, um den Link herzustellen.

In unserer Beispiel-Website wählen wir an dieser Stelle für den Hotspot über dem Bild »Produkte« auch die Seite *Produkte* aus und verbinden sie durch Klicken auf *Verknüpfen* mit dem Hotspot.

Wir haben dieses Verfahren noch einige Male angewendet, um weitere Hotspots zu definieren und mit den Seiten der ersten Ebene zu verknüpfen.

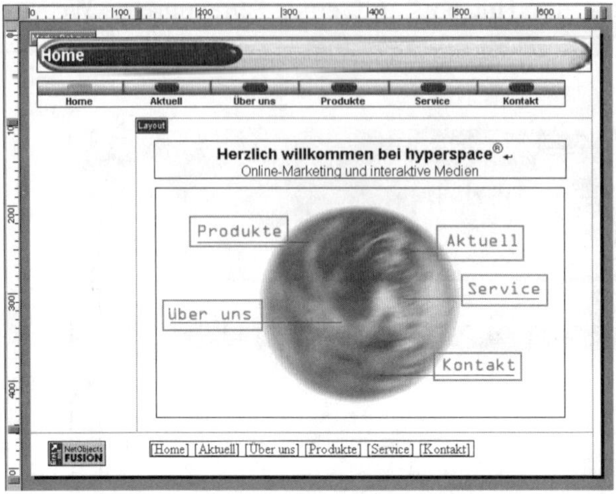

Abb. 5.34: Die fertige Image-Map auf der Homepage

Durch das Bild mit den maussensiblen Bereichen können jetzt alle Seiten der ersten Ebene von der Homepage aus erreicht werden, die Navigationsleiste wird daher nicht weiter benötigt. Da wir zuvor für die Homepage einen eigenen Master-Rahmen definiert haben, kann die Navigationsleiste gefahrlos gelöscht werden. Für die Homepage ist auch der Seitenschriftzug in der Regel überflüssig, auch diesen können wir hier entfernen. Anschließend passen wir noch den Master-Rahmen an und platzieren den Layout-Bereich weiter in die Mitte, indem wir die Breite des linken Randes und die Höhe des oberen Randes verringern und sie genauso schmal machen wie den rechten Rand.

Durch das Ändern der Randbreite wird das Fusion-Logo im unteren Randbereich des Master-Rahmens allerdings über die Navigationsleiste geschoben. Fusion zeigt diese Überlagerung durch ein weißes Ausrufungszeichen im roten Kreis in der linken oberen Ecke des Fusion-Logos an.

Sie müssen in einem solchen Fall die überlagerten Elemente mit dem Auswahl-Werkzeug anklicken und weiter auseinander schieben, um die Überlagerung zu beheben. In unserem Beispiel haben wir außerdem das Fusion-Logo zentriert unter der Navigationsleiste angeordnet.

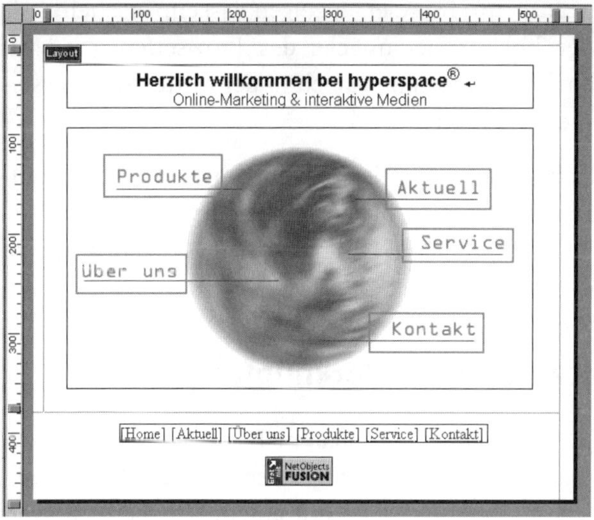

Abb. 5.35: Die fertige Homepage

Seite im Browserfenster zentrieren

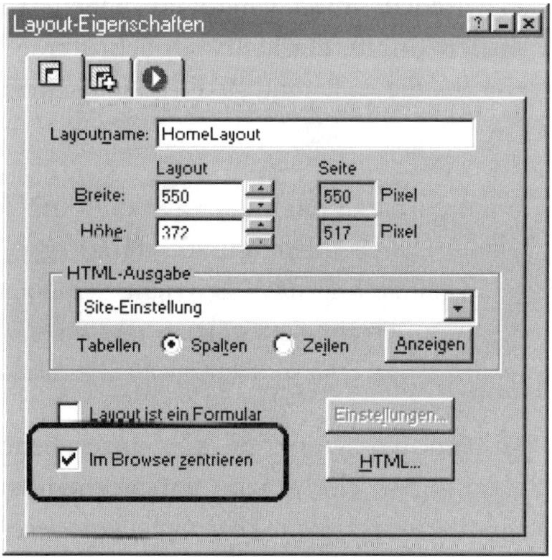

Abb. 5.36: Layout im Browserfenster zentrieren

Wenn Sie die Homepage im Browser anzeigen lassen, erscheint sie standardmäßig in der linken oberen Ecke des Browserfensters. Mit einem Mausklick können Sie die Seite jedoch in der Mitte des Browserfensters anzeigen lassen (siehe Abb. 5.36).

Klicken Sie dazu zuerst in den Layoutbereich der Seite, um die Layout-Eigenschaften anzeigen zu lassen. Auf der ersten Registerkarte *Allgemein* brauchen Sie jetzt nur noch die Option *Im Browser zentrieren* zu aktivieren.

Firmenanschrift mit E-Mail-Verknüpfung

Die Homepage ist jetzt fast perfekt. Zum guten Ton gehört jedoch noch die Nennung der genauen Firmenanschrift einschließlich der E-Mail-Adresse. Es bietet sich an, diese Angaben mit einem Urheberrechtsvermerk und dem Datum der letzten Änderung zu verbinden.

Der naheliegende Ort für Ihre Anschrift ist der untere Rand der Seite. Für unsere Beispiel-Homepage platzieren wir dazu einen neuen Textrahmen zwischen der Navigationsleiste und dem Fusion-Logo, nachdem wir den Abstand dazwischen etwas vergrößert haben. In den Textrahmen tragen wir zentriert und in der kleinsten Schriftgröße (8 / -2) den Urheberrechtsvermerk, die vollständige Firmenanschrift und die E-Mail-Adresse ein.

> **HINWEIS**
> Das Copyright-Symbol erhalten Sie durch die Tastenkombination [Alt] + [0][1][6][9], den schwebenden Punkt durch [Alt] + [0][1][8][3]. Einige Sonderzeichen wie das Copyright-Symbol können Sie auch durch den Menübefehl Text - *Symbol einfügen* in Ihren Text einfügen.

Fusion erkennt von selbst anhand des Formates die eingegebene E-Mail-Adresse und erstellt automatisch einen entsprechenden *mailto:*-Link im Text, wenn nach der Adresse ein Leerzeichen eingegeben wird.

Abb. 5.37: Firmenanschrift mit E-Mail-Adresse am Fuß der Seite

Wenn der Besucher Ihrer Seite später auf den E-Mail-Link klickt, wird das lokale E-Mail-Programm gestartet und die angegebene Adresse automatisch in das Empfängerfeld übernommen.

Sie können den E-Mail-Link bearbeiten, indem Sie den Textcursor innerhalb des verknüpften Textes platzieren (verknüpfter Text erscheint unterstrichen sowie in der Regel auch in einer anderen Farbe) und in der Eigenschaften-Palette auf die Schaltfläche *Link* klicken.

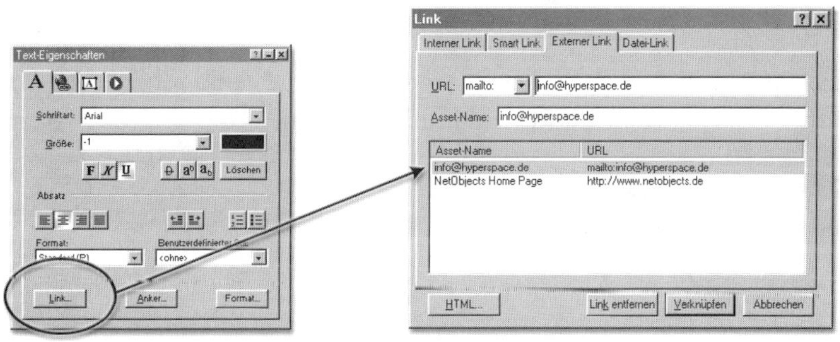

Abb. 5.38: E-Mail-Verknüpfung bearbeiten

Automatisches Änderungsdatum

Das Internet lebt von der Aktualität der angebotenen Informationen. Das Datum der letzten Änderung dieser Seite sollte daher auf der Homepage nicht fehlen. Fusion stellt dazu ein nützliches Hilfsmittel zur Verfügung, mit dem Sie das Änderungsdatum automatisch aktualisieren lassen können.

Positionieren Sie den Cursor hinter die Firmenanschrift und erzeugen Sie dort mit [↵] + [↵] einen weichen Zeilenumbruch. In der neuen Zeile geben Sie den Text `Zuletzt geändert am` ein. Bitte geben Sie unbedingt ein Leerzeichen hinter dem Wort *am* ein, und lassen Sie den Cursor an dieser Position stehen. Klicken Sie dann in der Eigenschaften-Palette auf der Registerkarte *Textfeld* die Schaltfläche *HTML*, um das Dialogfenster *HTML-Code einfügen* anzuzeigen.

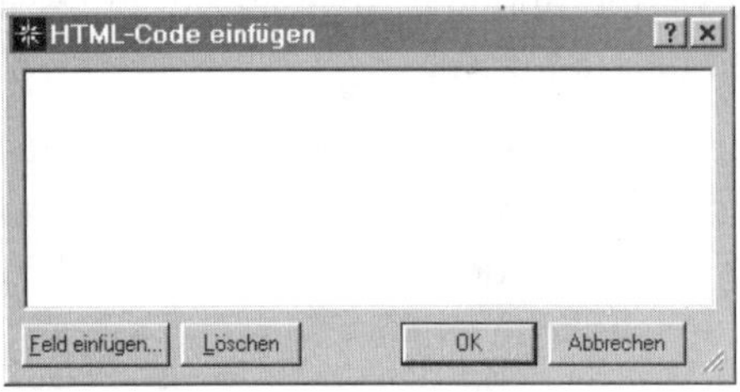

Abb. 5.39: HTML-Code einfügen

Klicken Sie auf die Schaltfläche *Feld einfügen...*, Fusion zeigt Ihnen daraufhin das Dialogfenster mit Feldfunktionen an:

Abb. 5.40: Dialog *Feld einfügen*

Wählen Sie bei *Typ* den Eintrag *Datum und Zeit* und bei *Feld* den Eintrag *Site geändert* aus. Eine Vorschau des aktuellen Zeitformates wird im Feld *Wert* angezeigt. Sie können das Format mit der Schaltfläche *Datums- und Zeitformat...* ändern:

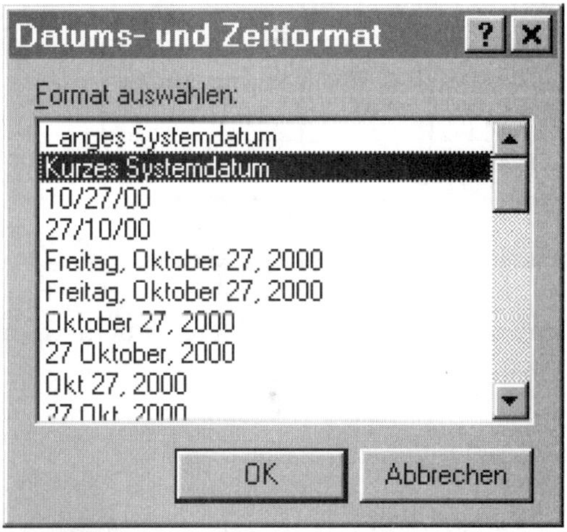

Abb. 5.41: Dialog *Datums- und Zeitformat für Felder*

Bestätigen Sie Ihre Angaben jeweils mit *OK*. Die gewählten Einstellungen werden daraufhin in das Fenster *HTML-Code einfügen* übernommen.

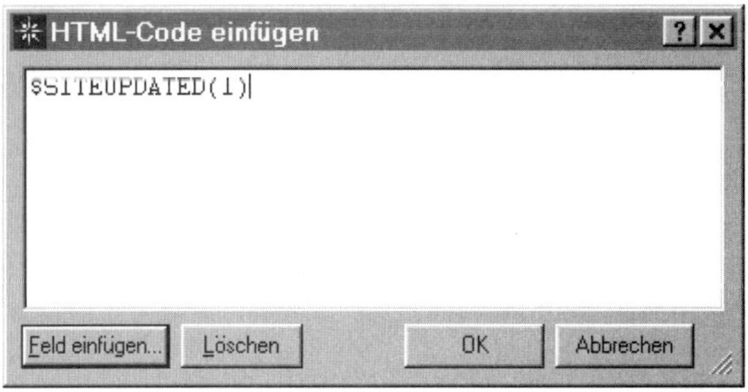

Abb. 5.42: Feldfunktion im HTML-Code-Fenster

Klicken Sie hier auf *OK*, um den Dialog zu schließen und die Änderungen zu übernehmen.

Im Textfenster wird daraufhin an der Stelle der Feldfunktion ein weißes *T* in einem blauen Kreis angezeigt.

Abb. 5.43: Das T-Symbol weist auf zusätzliche Befehle und Funktionen hin

Erst bei der Vorschau im Browser oder beim Publizieren im Internet wird die Feldfunktion in sichtbaren Text umgesetzt.

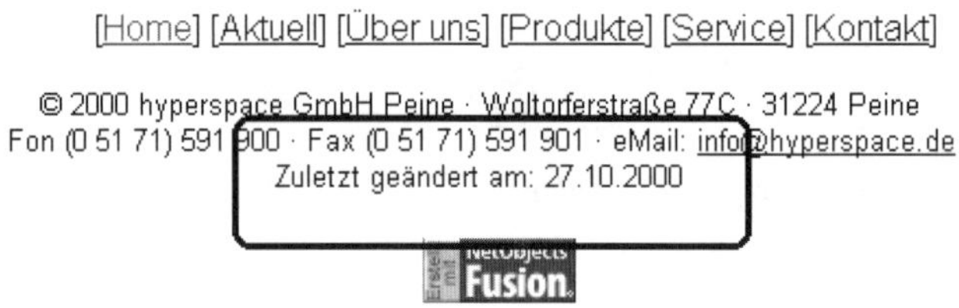

Abb. 5.44: Anzeige der Feldfunktion im Web-Browser

5.3 Zusammenfassung, Fragen und Übungen

Zusammenfassung

- Die Homepage ist das »Schaufenster« Ihrer Website und sollte besonders sorgfältig gestaltet werden.
- Auf der Homepage sollte Ihre vollständige Firmenanschrift einschließlich E-Mail-Adresse angegeben werden.
- Durch *Link – Externer Link* können Sie eine E-Mail-Adresse mit der Funktion *mailto*: verknüpfen und so den Besuchern Ihrer Website die Möglichkeit geben, Ihnen eine E-Mail zu senden.
- Mit dem *Hotspot*-Werkzeug können Sie rechteckige, ovale und Freiform-Bereiche auf einer Grafik definieren und mit Seiten der aktuellen Website, externen Internetseiten oder Dateien verknüpfen.
- Fusion ermöglicht durch Feldfunktionen das automatische Generieren des Änderungsdatums einer Seite.

Fragen und Übungen

1. Erstellen Sie auf dem Master-Rahmen *ErsteEbene* am unteren Rand der Seite ein Textfenster mit Ihrer Firmenanschrift in der Schriftart Arial mit der kleinsten Schriftgröße und zentrierter Absatzausrichtung.
2. Erstellen Sie in diesem Textfenster eine *mailto*:-Verbindung zu Ihrer E-Mail Adresse.
3. Platzieren Sie in diesem Textfenster eine Feldfunktion, mit der das Publikationsdatum der Website automatisch auf der Seite erzeugt wird.

I
A
G
L
9
8
7
6

Inhaltsseiten gestalten

5
4
3
2
1

»

6 Inhaltsseiten gestalten

In diesem Kapitel zeigen wir Ihnen, wie Sie mit Fusion attraktive Inhaltsseiten gestalten. Sie lernen dabei erweiterte Techniken der Textgestaltung kennen und erfahren, wie Sie Bilder innerhalb von Text platzieren und ausrichten. Wir machen Sie mit den Zeichenwerkzeugen bekannt und zeigen Ihnen, wie einfach es ist, in Fusion Tabellen zu erstellen und externe Texte oder HTML-Seiten in Fusion zu übernehmen.

6.1 Textgestaltung

Im vorigen Kapitel haben Sie bei der Gestaltung der Homepage bereits einige grundlegende Funktionen der Formatierung von Texten kennen gelernt. Auf den folgenden Seiten werden wir dieses Wissen vertiefen und Ihnen die weiteren Möglichkeiten der Textgestaltung mit Fusion vorstellen.

Abb. 6.1: Textwerkzeug

Wenn Sie das Textwerkzeug verwenden, stellt Ihnen die Eigenschaften-Palette Registerkarten für die allgemeinen Eigenschaften des Textfeldes und für die Formatierung von Zeichen und Absätzen zur Verfügung.

Textfeld-Eigenschaften

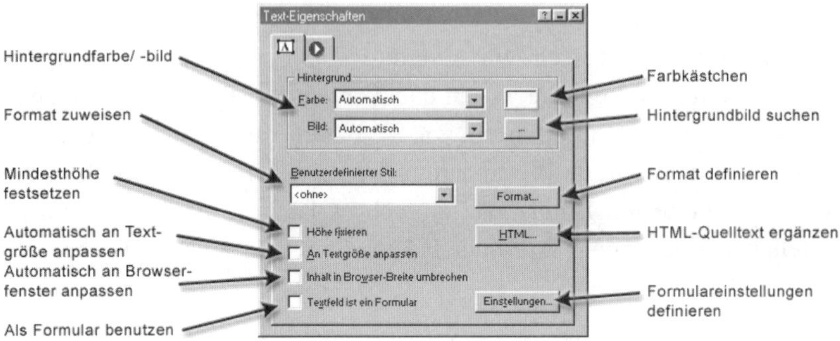

Abb. 6.2: Textfeld-Eigenschaften

Die Textfeld-Eigenschaften werden eingeblendet, sobald Sie ein Textfeld auswählen.

HINWEIS

Wenn Sie für ein Textfeld Einstellungen für Hintergrundfarbe und -bild vornehmen oder einen benutzerdefinierten Stil zuweisen, dann haben diese Einstellungen für alle Absätze in diesem Textfeld Gültigkeit, bei denen keine absatzbezogenen Textformate verwendet werden. Wenn Sie ein Textformat auf einen einzelnen Absatz anwenden und in diesem Textformat abweichende Einstellungen für Abstand, Hintergrundfarbe oder Rahmen vorgenommen haben, so wird der Absatz mit seinen eigenen Einstellungen abweichend von den Einstellungen des Textfeldes angezeigt.

Hintergrundfarbe

Mit der Auswahlliste *Farbe* legen Sie die grundsätzliche Einstellung der Hintergrundfarbe für das Textfeld fest:

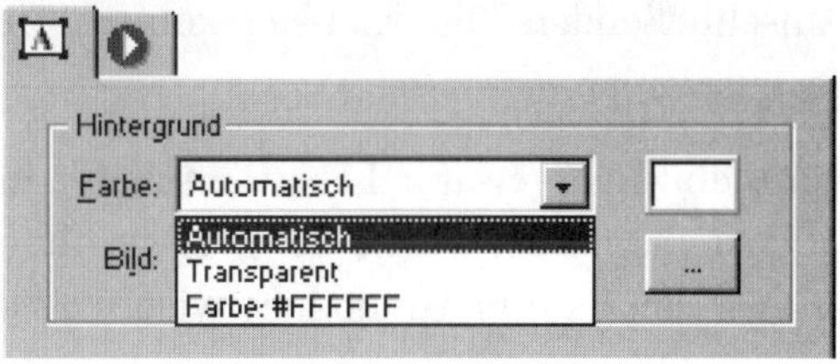

Abb. 6.3: Auswahl-Liste *Hintergrund: Farbe*

Automatisch

Diese Option übernimmt die Einstellungen des Schriftformates oder der Design-Vorlage.

Transparent

Das Textfeld hat keine eigene Hintergrundfarbe, im Textfeld ist die Farbe des Seitenhintergrundes zu sehen.

Farbe: #...

Das Textfeld wird mit einer Hintergrundfarbe gefüllt, dabei wird in der Liste der entsprechende HTML-Farbcode angezeigt.

Durch Klicken auf das Farbkästchen neben der Liste *Hintergrund: Farbe* können Sie das Dialogfenster *Farbauswahl* öffnen und eine Hintergrundfarbe für das Textfeld festlegen. Ausführliche Informationen zur Farbauswahl und der Arbeit mit Farbtabellen finden Sie im Abschnitt *Grundlegende Techniken* an anderer Stelle in diesem Einsteigerseminar. Durch Auswahl einer Farbe wird die Grundeinstellung für *Hintergrund: Farbe* automatisch auf die Option *Farbe* gesetzt.

Hintergrundbild

Statt einer Hintergrundfarbe können Sie auch ein Bild als Hintergrund für das Textfeld verwenden. Wählen Sie dazu in der Liste *Hintergrund: Bild* den Eintrag *Durchsuchen...* oder klicken Sie auf die Schaltfläche ...

rechts neben der Liste. Im anschließenden Dialogfenster können Sie dann die gewünschte Bilddatei auswählen.

Wenn Sie bereits ein Hintergrundbild ausgewählt haben, erscheint in der Liste statt der Option *Durchsuchen...* der Name der ausgewählten Bilddatei. Sie können die Anzeige des Hintergrundbildes wieder ausschalten, indem Sie in der Liste die Option *Ohne* auswählen.

HINWEIS

Bei Verwendung als Hintergrund wird ein Bild in Form eines Kachelmusters wiederholt, wenn die Ausdehnung des Textfeldes größer ist als die Größe des Bildes. Verwenden Sie deshalb entweder Bilder mit eintönigen Farbflächen oder endlos wiederholbaren Mustern als Hintergrundbilder, da andernfalls die Kanten des Bildes im Kachelmuster sichtbar werden, was als äußerst unprofessionell gilt.

Höhe fixieren

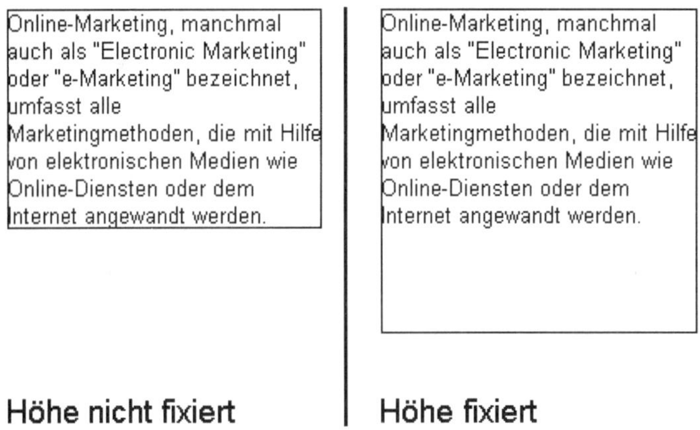

Abb. 6.4: Höhe fixieren

Normalerweise ergibt sich die Höhe eines Textfeldes automatisch aus dem Platzbedarf des darin enthaltenen Textes. Manchmal kann es jedoch sinnvoll sein, eine feste Mindesthöhe für das Textfeld festzulegen. Klicken Sie dazu in das Ankreuzfeld *Höhe fixieren* in der Eigenschaften-Palette und ziehen Sie mit den Anfassern das Textfeld in die gewünschte Form.

HINWEIS

Wenn Sie die Schrift später vergrößern oder zusätzlichen Text in das Textfeld eingeben und sich der Platzbedarf des Textes dadurch erhöht, wird die Höhe des Textfeldes ebenfalls automatisch vergrößert. Das gilt auch dann, wenn das Textfeld dadurch größer wird als die zuvor festgelegte Mindesthöhe.

Layoutgröße an Text anpassen

Mit der Option A*n Textgröße anpassen* können Sie die Höhe des Layouts automatisch an den Platzbedarf des Textfeldes anpassen lassen, die Breite des Layoutbereiches bleibt dabei erhalten.

HINWEIS

Diese Einstellung macht nur dann Sinn, wenn Sie nur ein einziges Textfeld im Layoutbereich positioniert haben.

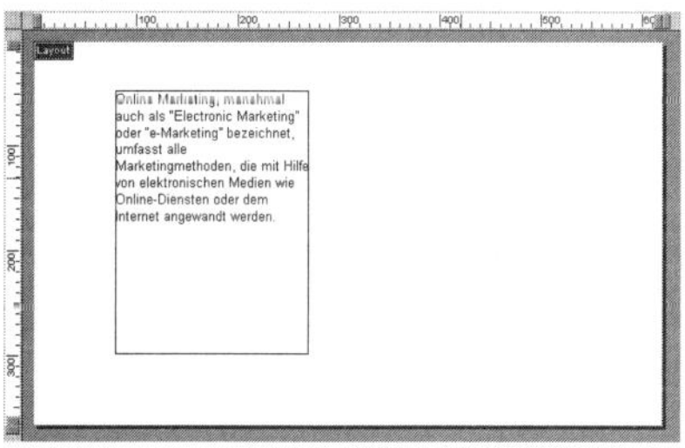

Normale Einstellung

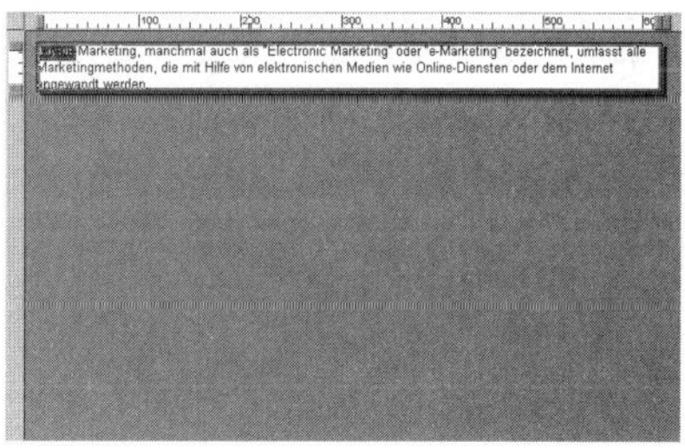

Layout an Textgröße anpassen

Abb. 6.5: Layoutgröße an Text anpassen

HINWEIS

Wenn Sie die Layoutgröße an Text anpassen, wird der gesamte Layoutbereich vom Textfeld eingenommen. Sie können dadurch nicht mehr auf die Fläche des Layouts klicken, um die Layouteigenschaften in der Eigenschaften-Palette anzuzeigen. Um die Layouteigenschaften zu bearbeiten, müssen Sie den Mauszeiger in den Layoutbereich bewegen und die rechte Maustaste drücken, um das Kontextmenü anzuzeigen. Wählen Sie dort den Menübefehl *Layout-Eigenschaften* aus. Alternativ können Sie auch die Taste F12 drücken.

Inhalt in Browserbreite anpassen

Diese Option steht nur dann zur Verfügung, wenn die vorige Option *An Textgröße anpassen* ebenfalls aktiviert ist und kann nur dann sinnvoll eingesetzt werden, wenn Sie keinen Master-Rahmen verwenden. Die Breite des Textrahmens wird dadurch automatisch an die Breite des Browserfensters angepasst.

Textfeld ist ein Formular

Mit dieser Option definieren Sie das Textfeld als Formular. Diese Einstellung ist notwendig, wenn Sie Formularfelder innerhalb des Textfeldes positionieren wollen. Mit der Schaltfläche *Einstellungen* können Sie den Namen und die Aktion des Formulars festlegen und versteckte Felder definieren. Weitere Einzelheiten zur Arbeit mit Formularen finden Sie an anderer Stelle dieses Einsteigerseminars.

HTML

Durch Klicken auf die Schaltfläche *HTML* öffnen Sie das Dialogfenster *Objekt-HTML*. Hier können Sie zusätzliche HTML-Befehle für das Textfeld eingeben. Es ist jedoch nicht möglich, den HTML-Quelltext zu ändern, den Fusion automatisch für das Textfeld erzeugt.

Textformat-Eigenschaften

Die Textformat-Eigenschaften werden erst angezeigt, wenn Sie den Cursor in einem Textfeld positionieren. Doppelklicken Sie dazu in ein vorhandenes Textfeld oder ziehen Sie mit dem Textwerkzeug ein neues Textfeld auf.

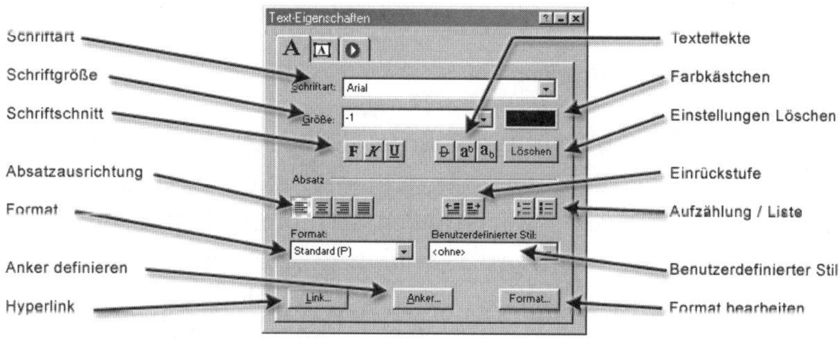

Abb. 6.6: Textformat-Eigenschaften

Schriftschnitt

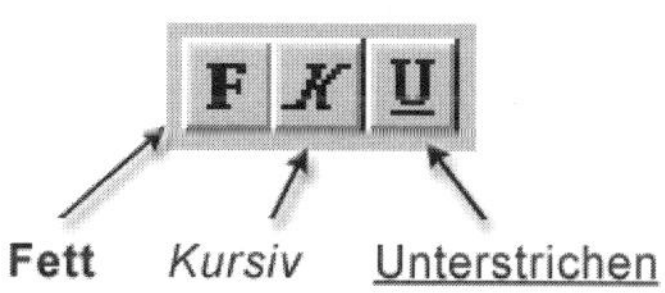

Abb. 6.7: Schaltflächen für Schriftschnitt

Mit den Schaltflächen für Schriftschnitt können Sie markierten Text fett, kursiv oder unterstrichen formatieren.

> **HINWEIS**
> Verzichten Sie auf Unterstreichungen im Text, da im Internet Verknüpfungen zu anderen Seiten unterstrichen dargestellt werden und die Besucher Ihrer Internetseiten frustriert versuchen werden, die unterstrichenen Wörter anzuklicken.

Schriftart

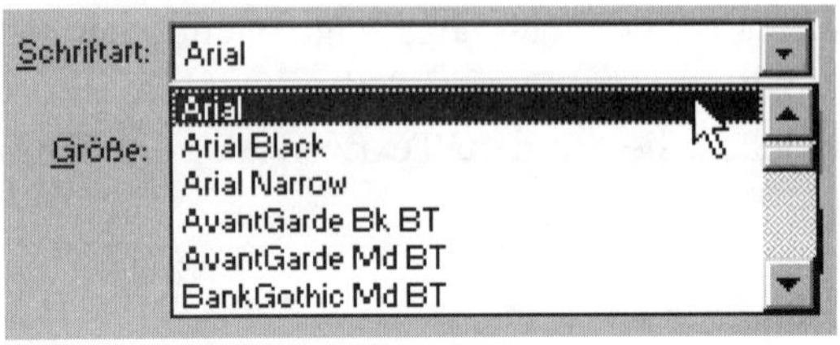

Abb. 6.8: Auswahlliste für *Schriftart*

In der Auswahlliste für *Schriftart* können Sie die Schriftart des markierten Textes festlegen. Es werden Ihnen alle Schriften angezeigt, die auf Ihrem PC installiert sind. Aus Gründen der Kompatibilität sollten Sie sich jedoch auf die Schriftarten *Arial* bzw. *Helvetica*, *Times New Roman* und *Courier* beschränken. Bei der Verwendung anderer Schriftarten haben Sie keine Gewähr, dass die von Ihnen gestaltete Seite so im Browser Ihres Besuchers angezeigt wird, wie Sie es geplant haben.

Größe

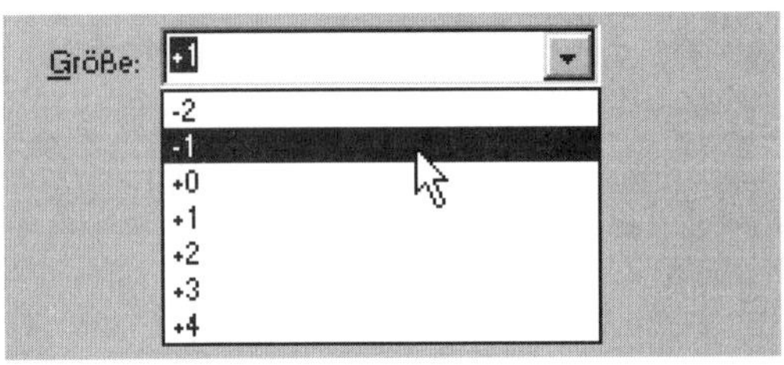

Abb. 6.9: Auswahlliste für *Größe*

Mit der Auswahlliste für *Größe* legen Sie die Größe des markierten Textes fest.

HINWEIS

Fusion verwaltet die Angaben für die Schriftgröße als relative Werte von HTML-Schriftgrößen. Die relativen Größenangaben reichen von –2 bis +4 und können von verschiedenen Web-Browsern unterschiedlich dargestellt werden. Eine exakte Kontrolle über die Schriftgröße bekommen Sie nur durch den Einsatz von Textformaten, dort können Sie auch Zeilenhöhen und Abstände einstellen.

Texteffekte

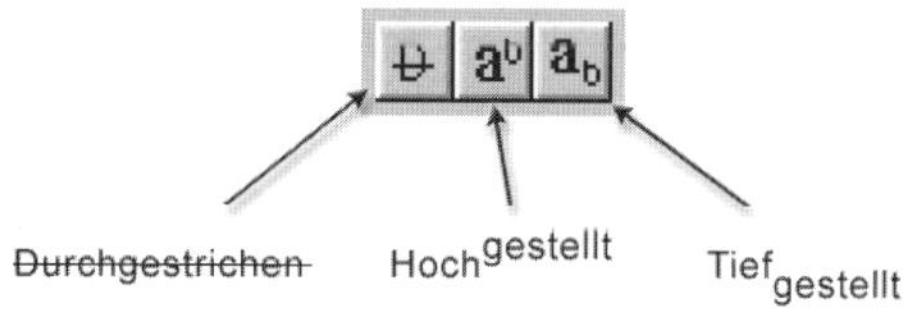

Abb. 6.10: Schaltflächen für Texteffekte

Mit den Schaltflächen für die Texteffekte *Durchgestrichen, Hochstellen, Tiefstellen* können Sie Text durchstreichen und die Höhe der Grundlinie für die markierten Buchstaben ändern. Wenn Sie HTML-Textformate verwenden, wird durch Hochstellen und Tiefstellen die Schriftgröße automatisch verkleinert, außerdem ändert sich die Höhe der Zeile.

HINWEIS

Setzen Sie durchgestrichene Wörter nur sparsam ein (z.B. bei der Gegenüberstellung von alten und neuen Preisen dürfen die alten Preise durchgestrichen werden).

Farbe

Standardmäßig erhält Text die Farbe, die in der Site-Darstellung für *Standard (P)* festgelegt wurde. Sie können jedoch dem markierten Text eine andere Farbe zuweisen, indem Sie in der Eigenschaften-Palette auf das Farbkästchen neben der Auswahlliste für *Größe* klicken. Im anschließenden Dialogfenster *Farbauswahl* können Sie dann eine neue Farbe auswählen. Ausführliche Informationen zur Farbauswahl und der Arbeit mit Farbtabellen finden Sie im Kapitel *Grundlegende Techniken* an anderer Stelle in diesem Einsteigerseminar.

Absatz anordnen

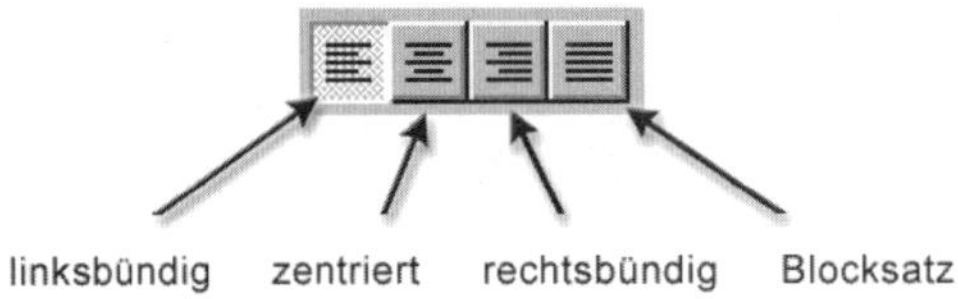

Abb. 6.11: Absatzausrichtung

Fusion stellt Ihnen in der Eigenschaften-Palette vier Schaltflächen zur Verfügung, mit denen Sie den Text innerhalb eines Absatzes linksbündig, zentriert, rechtsbündig oder im Blocksatz anordnen können.

HINWEIS

Sie brauchen dazu nicht den gesamten Absatz zu markieren, es reicht aus, wenn Sie durch Doppelklick den Cursor im Absatz positionieren.

Blocksatz wird von alten Browsern nicht unterstützt.

Einrücken

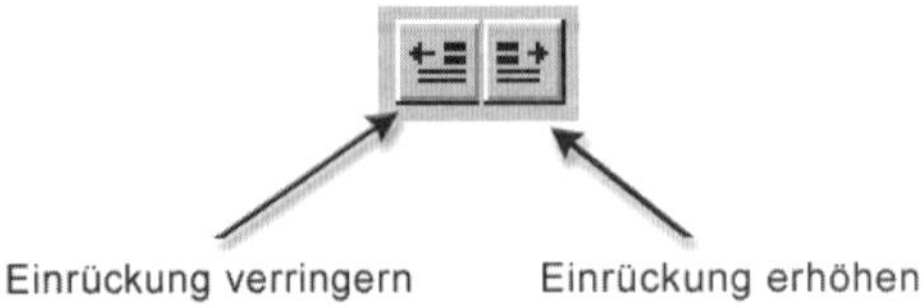

Abb. 6.12: Schaltflächen zum Einrücken

Mit den Schaltflächen zum *Einrücken* können Sie die Einzugsebene des Absatzes ändern, in dem sich der Cursor befindet.

Durch Einrückungen können Sie Aufzählungen und Listen übersichtlicher gestalten und Textpassagen wie z.B. Zitate hervorheben.

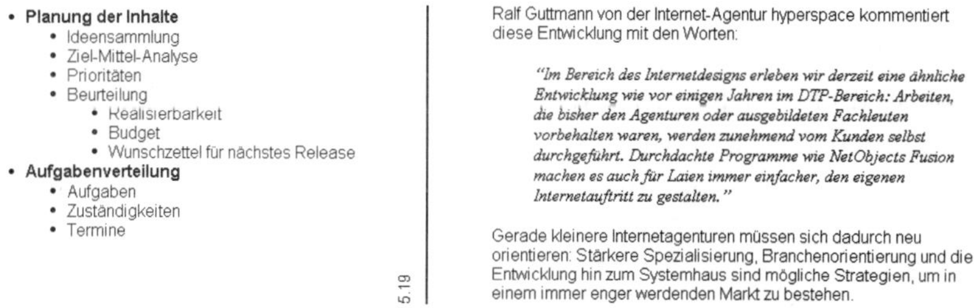

Abb. 6.13: Beispiele für den Einsatz von Einrückungen

Format

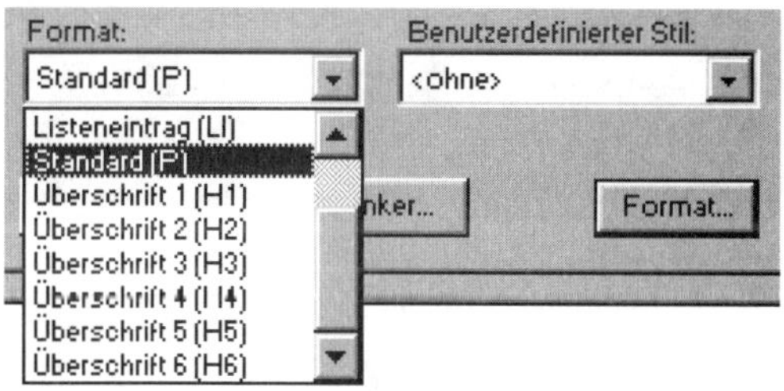

Abb. 6.14: Format und Stil festlegen

In der Auswahlliste *Format* können Sie dem Absatz, in dem sich der Cursor befindet, eines der Standard-HTML-Textformate zuweisen. Anstelle eines Standard.-HTML-Textformates können Sie auch ein benutzerdefiniertes Format aus der Liste *Benutzerdefinierter Stil* zuweisen. Die Formateinstellungen können Sie durch Klick auf die Schaltfläche *Format* individuell anpassen, die Einstellungen gelten nur für den aktuellen Absatz.

Ausführliche Informationen darüber, wie Sie Textformate erstellen und bearbeiten können, finden Sie im Kapitel *Grundlegende Techniken* an anderer Stelle dieses Einsteigerseminars.

Listen formatieren

Markieren Sie alle Absätze, die in Form einer Liste dargestellt werden sollen und klicken Sie auf eine der Schaltflächen für *Liste* oder *Aufzählung* auf der Registerkarte *Text-Eigenschaften*. Die markierten Absätze erhalten dadurch automatisch das HTML-Standardformat *Listeneintrag (LI)*.

Markieren Sie dann falls gewünscht innerhalb der Liste weitere Absätze, um die Einzugsebene oder das Aufzählungszeichen zu ändern. Verwenden Sie ggf. mehrere Einzugsebenen, um die Liste übersichtlicher zu gestalten. Absätze der gleichen Einzugsebene sollten dabei auch das gleiche Aufzählungszeichen erhalten.

HINWEIS

Ändern Sie zuerst die Einzugsebene, bevor Sie die Art der Listenpunktmarkierung festlegen.

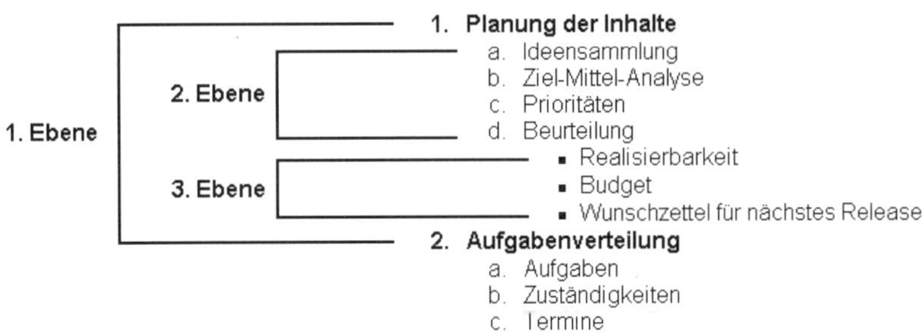

Abb. 6.15: Einzugsebenen und Aufzählungszeichen

Für die Formatierung von Listen und Aufzählungen stellt Fusion die Registerkarte *Liste* zur Verfügung.

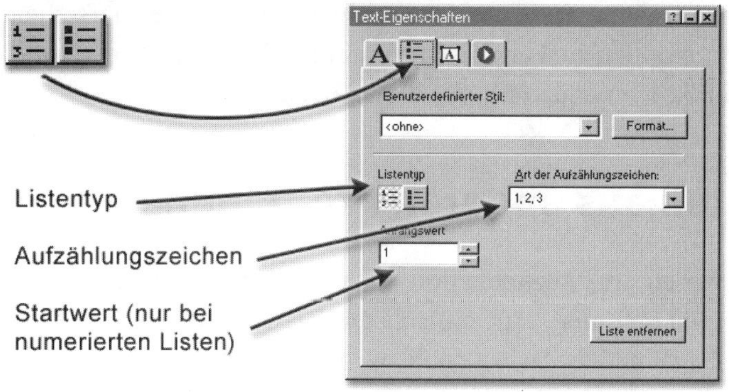

Abb. 6.16: Listen formatieren

HINWEIS

Dort können Sie den *Typ der Liste* (Aufzählung oder Liste), die *Art der Aufzählungszeichen* und den *Anfangswert* der Nummerierung festlegen. Der Anfangswert wirkt sich jedoch nur aus, wenn Sie als Listentyp *nummerierte Aufzählung* angeklickt haben. Fusion führt die Nummerierung dabei automatisch anhand der Einzugsebene durch.

Die Darstellung der Listenpunktmarkierungen ist teilweise browserabhängig.

Anker

Mit der Schaltfläche *Anker* können Sie Anker im Text platzieren, benennen und löschen. Weitere Informationen zu Ankern finden Sie im Kapitel *Grundlegende Techniken* an anderer Stelle dieses Einsteigerseminars.

Link

Wenn Sie Text markiert haben, können Sie mit der Schaltfläche *Link* eine Hyperlink-Verknüpfung zu einer anderen Seite in der aktuellen

Website, einer anderen Seite im Internet oder einer Datei herstellen. Weitere Informationen zu Verknüpfungen finden Sie im Kapitel *Grundlegende Techniken* an anderer Stelle dieses Einsteigerseminars.

6.2 Daten aus anderen Programmen

Fusion bietet mehrere Möglichkeiten an, um Texte aus anderen Programmen zu übernehmen. Am einfachsten ist wohl das Kopieren des Textes über die Windows-Zwischenablage. Dateien im RTF-Format, im TXT-Format und HTML-Dateien können jedoch auch direkt über den Windows-Explorer im Layoutbereich einer Seite positioniert werden. Für den Import von HTML-Dateien stellt Fusion sogar ein eigenes Werkzeug bereit. Wir stellen Ihnen im Folgenden alle Methoden ausführlich vor.

Kopieren über die Zwischenablage

Öffnen Sie zuerst das Textdokument mit dem Programm, in dem Sie das Dokument erstellt haben (z.B. MS Word, Lotus WordPro, Pagemaker o.ä.). Kopieren Sie dort den Text, den Sie in Fusion positionieren wollen, in die Windows-Zwischenablage. Da die meisten Windows-Programme in dieser Beziehung sehr ähnlich arbeiten, müssen Sie dazu in den meisten Fällen den Text markieren und dann den Menübefehl *Bearbeiten – Kopieren* wählen oder die Tastenkombination [Strg] + [C] betätigen.

Wechseln Sie dann über die entsprechenden Schaltflächen in der Windows-Taskleiste in das Fusion-Programmfenster. Ziehen Sie an der gewünschten Stelle ein Textfeld auf und betätigen Sie die Tastenkombination [Strg] + [V], um den Text aus der Windows-Zwischenablage einzufügen.

Dateien mit dem Explorer positionieren

Über den Windows-Explorer können Sie RTF-Dokumente, Textdateien und HTML-Dateien in Fusion positionieren. Auf diese Weise können Sie Ihre vorhandenen Dokumente aus Textverarbeitung oder Tabellenkalkulation sehr komfortabel nach Fusion übertragen. Voraussetzung dafür ist, dass die von Ihnen verwendeten Programme RTF- oder HTML-Dateien erzeugen können.

Öffnen Sie den Windows-Explorer und wechseln Sie in das Verzeichnis, das die Datei enthält, die Sie in Fusion positionieren wollen.

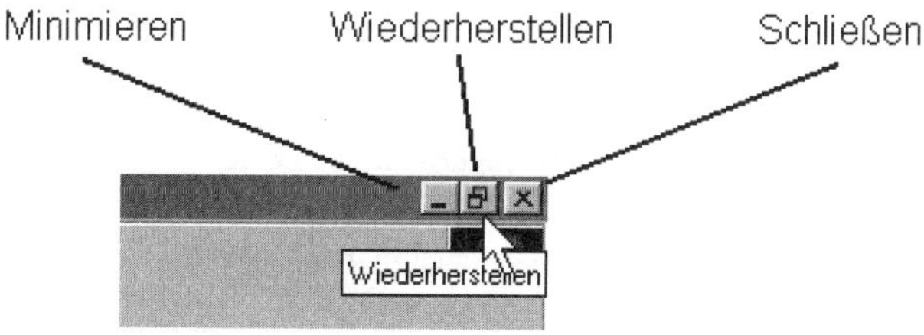

Abb. 6.17: Fenster wiederherstellen

Verkleinern Sie das Explorerfenster mit der Schaltfläche *Fenster wiederherstellen* in der Titelleiste des Programmfensters auf Fenstergröße und positionieren Sie das Fenster so auf dem Bildschirm, dass Sie sowohl den Layoutbereich der Seite in Fusion wie auch die gewünschte Datei im Explorerfenster gleichzeitig auf dem Windows-Arbeitsbereich sehen können (siehe Abb. 6.18).

Klicken Sie mit der Maus auf das Dateisymbol der Textdatei im Explorerfenster und ziehen Sie es mit gedrückter Maustaste an die gewünschte Position in den Layoutbereich der Seite im Fusion-Programmfenster. Wenn Sie die Maustaste loslassen, wird die Datei positioniert.

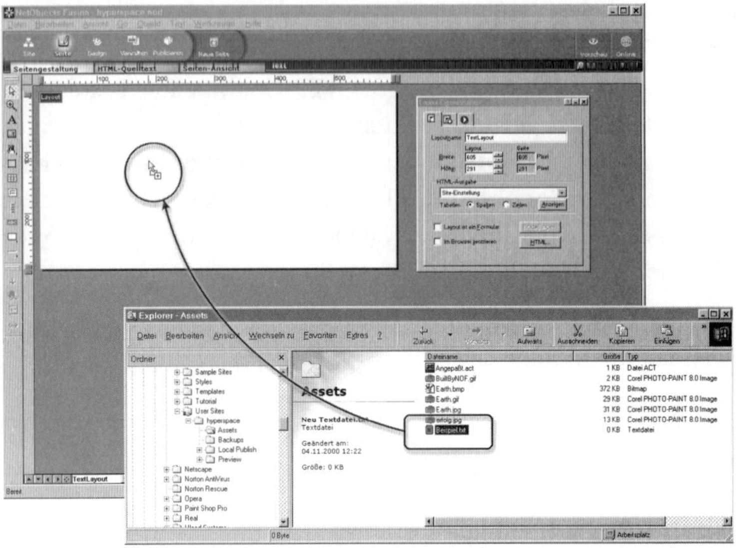

Abb. 6.18: Textdatei aus dem Explorerfenster in den Layoutbereich ziehen

HINWEIS

Beim Positionieren von RTF-Dokumenten bleiben die ursprünglichen Formatierungen des Dokumentes erhalten, Textdokumente werden dagegen in der Textdarstellung *Standard (P)* formatiert.

Externe HTML-Seiten platzieren

Sie können externe HTML-Dokumente genauso wie Textdateien über Ziehen aus dem Windows-Explorer und Ablegen im Layoutbereich einer Seite in Fusion positionieren.

Ergänzend zur Methode über den Windows-Explorer stellt Fusion bei den erweiterten Tools ein eigenes Werkzeug zur Verfügung, um externe HTML-Seiten zu platzieren:

Abb. 6.19: Werkzeug *Externer HTML-Code*

Wählen Sie dazu das Werkzeug *Externer HTML-Code* aus und ziehen Sie im Layoutbereich der Seite einen nicht zu kleinen Rahmen auf. Wenn Sie die Maustaste loslassen, wird das Dialogfenster *Auf externe HTML-Seite verweisen* angezeigt:

Abb. 6.20: Auf externe HTML-Seite verweisen

Klicken Sie hier auf die Schaltfläche *Durchsuchen*, um die externe Datei auszuwählen.

Im Feld *Optionen* können Sie festlegen, wie Fusion mit dem HEAD-Bereich des externen Dokumentes verfahren soll.

Standardmäßig werden die Bilder und andere eingebettete Objekte der externen Datei in die Ressourcenverwaltung von Fusion übernommen. Beim Publizieren der Internetseiten kopiert Fusion dann auch diese Objekte mit auf den Internetserver, die Dateien bleiben aber auch am ursprünglichen Speicherort erhalten.

Wenn Sie die Option *Ressourcen nicht verwalten oder verschieben* ankreuzen, werden die Ressourcen der externen HTML-Datei nicht von

Fusion verwaltet. In diesem Fall müssen Sie beim Publizieren manuell auf den Internetserver kopiert werden.

Klicken Sie auf *OK*, um die Datei zu platzieren. Im Layoutbereich der Seite wird daraufhin ein Platzhalter angezeigt.

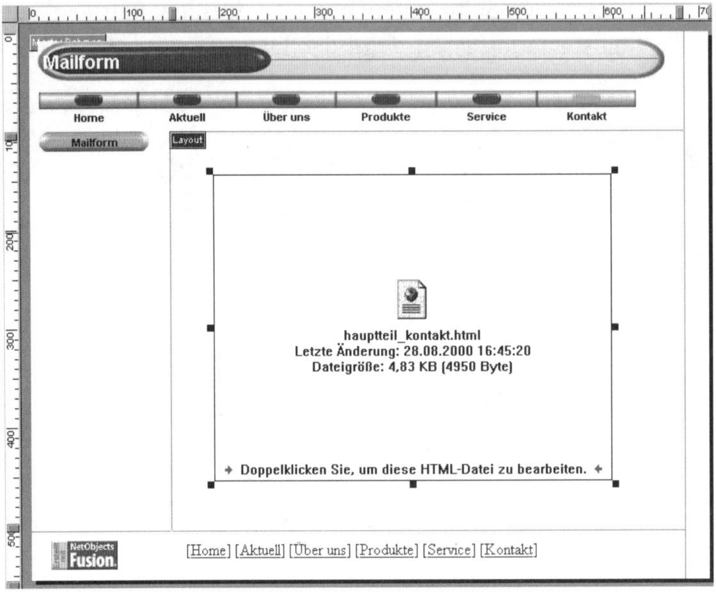

Abb. 6.21: Platzhalter für externe HTML-Seite

Wenn Sie auf den Platzhalter doppelklicken, wird das Editorprogramm für externe HTML-Seiten gestartet.

> **HINWEIS**
> Sie können mit dem Menübefehl *Werkzeuge - Optionen* das Dialogfenster für *Optionen* öffnen und dort auf der Registerkarte *Programm* im Feld *Externe Datei-Editoren: HTML* bestimmen, welches Editorprogramm Sie verwenden wollen.

Eigenschaften des externen HTML-Codes

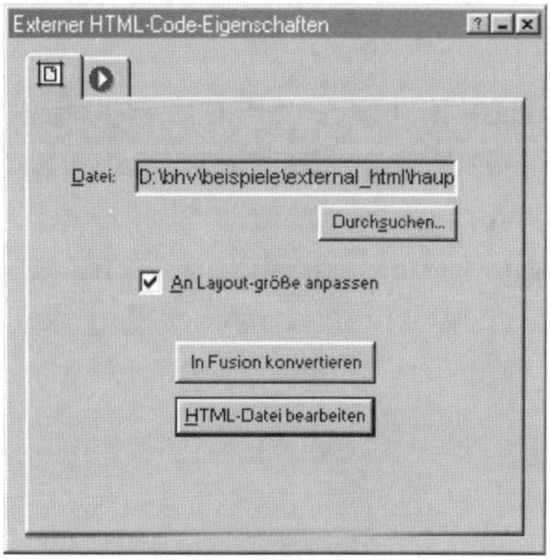

Abb. 6.22: Eigenschaften des externen HTML-Codes

An Layoutgröße anpassen

Wenn Sie diese Option aktivieren, wird die Fläche der externen HTML-Datei an die Größe des Layouts angepaßt. Falls in der externen Datei Tabellenbreiten mit relativen Spaltenbreiten verwendet werden, können Sie dadurch die Darstellungsbreite der eingebetteten Seite beeinflussen.

In Fusion konvertieren

Durch Klicken auf diese Schaltfläche wird die eingebettete Datei in das Fusion-eigene Format konvertiert, die Inhalte der Seite wie Texte, Bilder etc. können anschließend in Fusion bearbeitet werden.

HTML-Datei bearbeiten

Wenn Sie die externe Datei durch Ziehen und Ablegen platziert haben, können Sie durch Klicken auf die Schaltfläche *HTML-Datei bearbeiten* den HTML-Quelltext in Fusion direkt bearbeiten.

Falls Sie die externe Datei mit dem Tool *Externer HTML-Code* auf der Seite platziert haben, können Sie die Datei nur mit den externen Editor bearbeiten, den Sie beim Menüpunkt *Optionen* eingerichtet haben.

HINWEIS

Wenn Sie externe HTML-Dateien in Fusion platzieren, wird dadurch möglicherweise der Dateiname der Seite auf den Namen der importierten Seite geändert. Sie können den Dateinamen jedoch wieder nach Ihren eigenen Erfordernissen in der Ansicht *Publizieren* anpassen. Lediglich in der Vorschau der Seite im Browser wird auch dann noch der Dateiname der Import-Datei angezeigt.

6.3 Bilder im Text platzieren

Fusion ermöglicht die Platzierung von Bildern innerhalb eines Textfeldes. Sie können dadurch beispielsweise Text um Bilder herumfließen lassen und Bilder automatisch innerhalb eines Textes verschieben, wenn sich der Umfang des Textes ändert.

Bild im Text platzieren

Platzieren Sie zunächst den Cursor durch Doppelklick in ein Textfeld an die Stelle, an der Sie das Bild einfügen wollen. Wählen Sie dann den Menübefehl *Text – Objekt einfügen – Bild*.

HINWEIS

Mit den anderen Optionen des Menüs können Sie auch Elemente wie Tabellen, Videofilme und Sounds in einem Textfeld platzieren.

Fusion zeigt daraufhin im Textfeld einen Platzhalter-Rahmen für ein Bildobjekt an und öffnet das Dialogfenster *Bilddatei öffnen*.

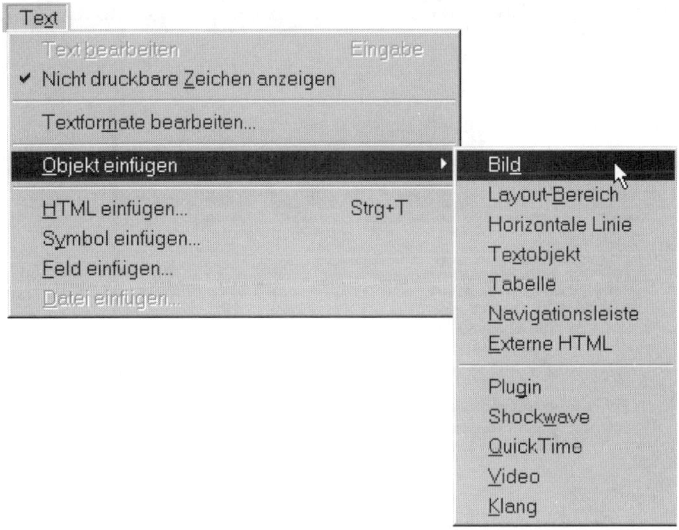

Abb. 6.23: Menüoptionen zum Einfügen von Objekten in Text

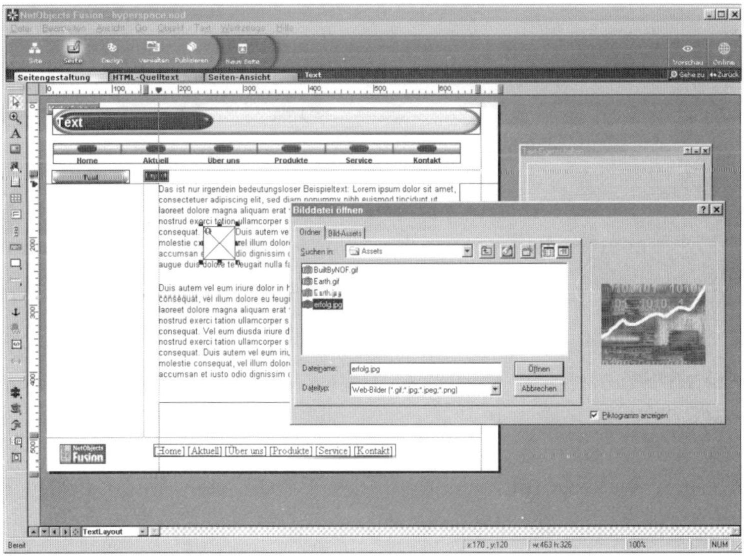

Abb. 6.24: Bilddatei öffnen

Wählen Sie die gewünschte Bilddatei aus und klicken Sie auf *Öffnen*, um sie in das Textfeld einzufügen.

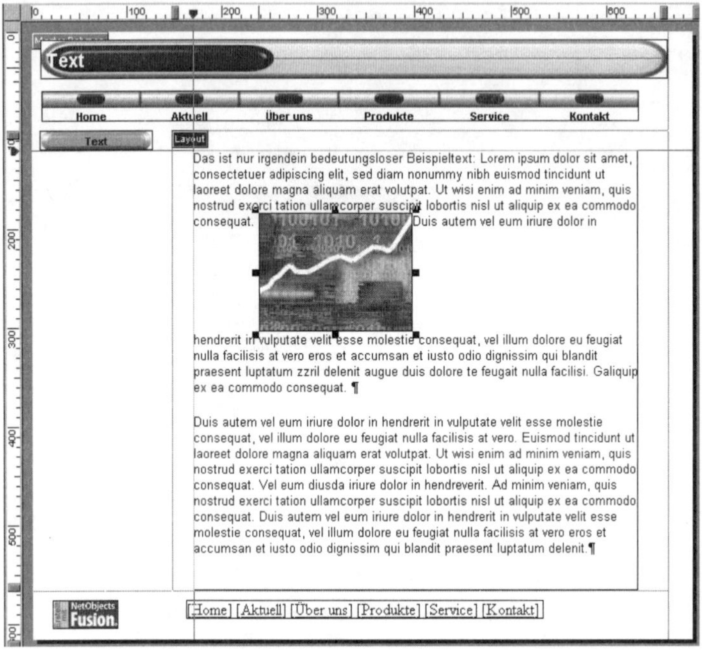

Abb. 6.25: Die eingefügte Bilddatei im Textfeld

Der Objektumriss des Bildes wird beim Einfügen automatisch markiert, in der Eigenschaften-Palette werden die zugehörigen Eigenschaften angezeigt.

Bild ausrichten

Besonders wichtig ist hier die Registerkarte *Ausrichten*, mit der Sie festlegen können, wie das Bild innerhalb des Textes positioniert und wie der Textumbruch vorgenommen wird.

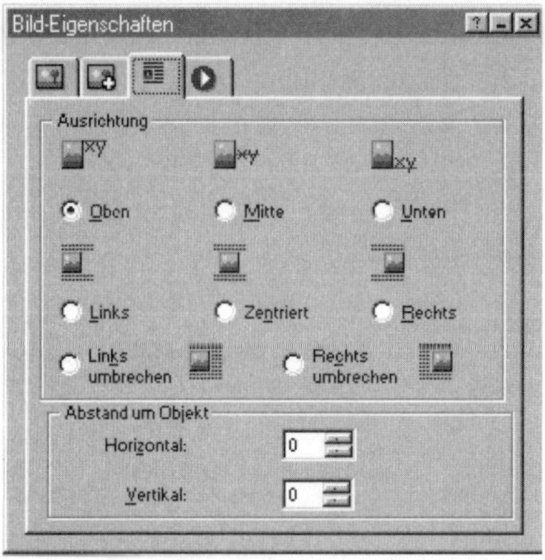

Abb. 6.26: Registerkarte *Ausrichten* der Bild-Eigenschaften-Palette

Oben

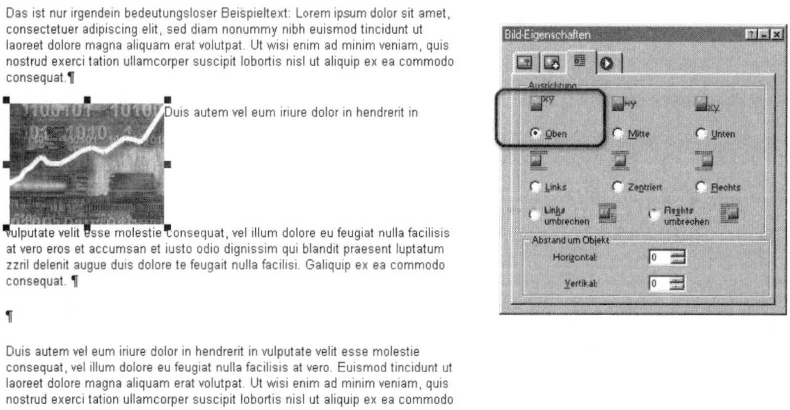

Abb. 6.27: Ausrichtung *Oben*

Beim Positionieren des Bildes wird als Standardeinstellung die Option *Oben* aktiviert. Damit wird die Oberkante des Bildes an der Oberkante der angrenzenden Textzeile ausgerichtet, der umbrochene Text wird erst unterhalb des Bildes fortgesetzt.

HINWEIS

Wählen Sie diese Art der Ausrichtung möglichst nur dann, wenn der Text neben dem Bild so kurz ist, dass er nicht umbrochen wird.

Mitte

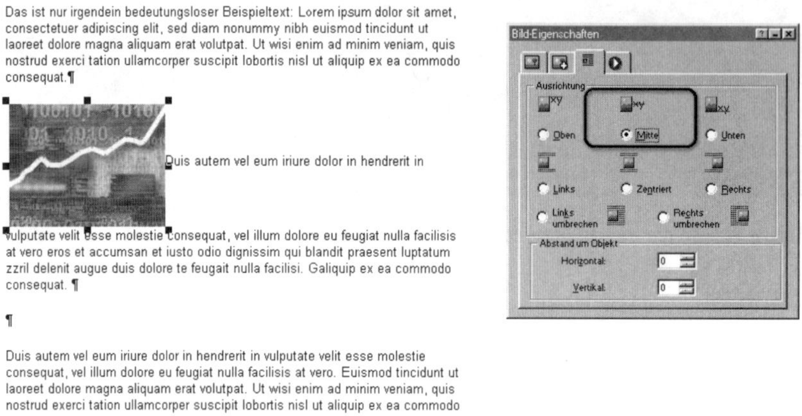

Abb. 6.28: Ausrichtung *Mitte*

Mit dieser Option wird die Mittellinie der angrenzenden Textzeile an der Mitte des Bildes ausgerichtet, der umbrochene Text wird erst unterhalb des Bildes fortgesetzt.

HINWEIS

Wählen Sie diese Art der Ausrichtung möglichst nur dann, wenn der Text neben dem Bild so kurz ist, dass er nicht umbrochen wird.

Unten

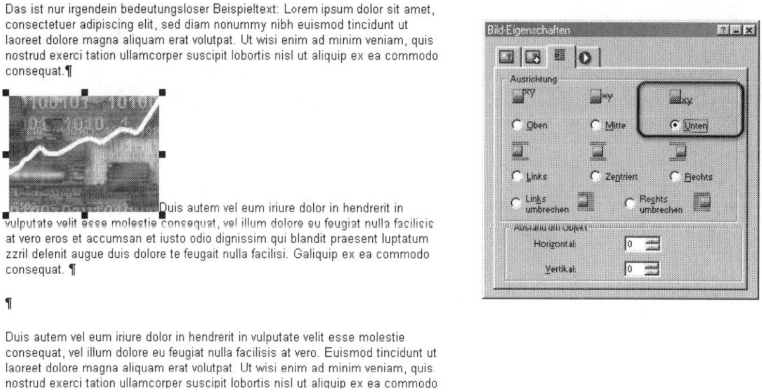

Abb. 6.29: Ausrichtung *Unten*

Wählen Sie diese Option, um die Grundlinie der angrenzenden Textzeile an der Unterkante des Bildes auszurichten.

> **HINWEIS**
> Diese Art der Ausrichtung ist für längere und kurze Texte gleichermaßen geeignet.

Links

Bei dieser Option wird das Bild linksbündig im Textfeld ausgerichtet und der Text erst unterhalb des Bildes fortgesetzt. Der Raum rechts neben dem Bild bleibt frei.

> **HINWEIS**
> Wählen Sie diese Art der Ausrichtung möglichst nur zu Beginn eines neuen Absatzes oder zu Beginn einer Seite. Die Option *Links umbrechen* nutzt innerhalb eines längeren Textes den Platz auf der Seite besser aus.

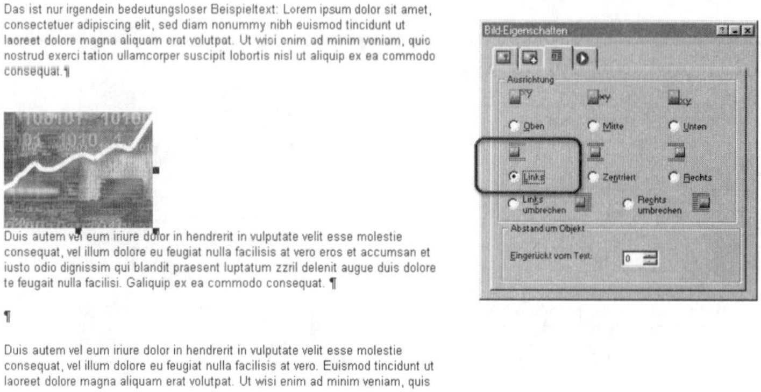

Abb. 6.30: Ausrichtung *Links*

Zentriert

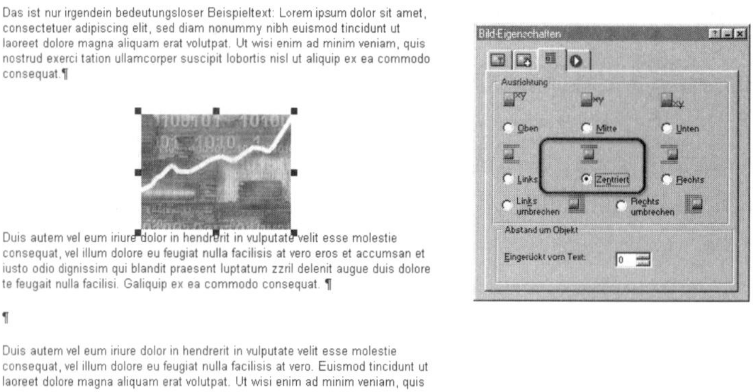

Abb. 6.31: Ausrichtung *Zentriert*

Mit dieser Option können Sie das Bild zentriert im Textfeld ausrichten, der Text wird erst unterhalb des Bildes fortgesetzt. Der Raum rechts und links neben dem Bild bleibt frei.

> **HINWEIS**
> Diese Ausrichtung eignet sich sehr gut für Bildergalerien, bei denen sich mehrere Bilder mit Ihren Beschreibungen auf einer Seite abwechseln.

Rechts

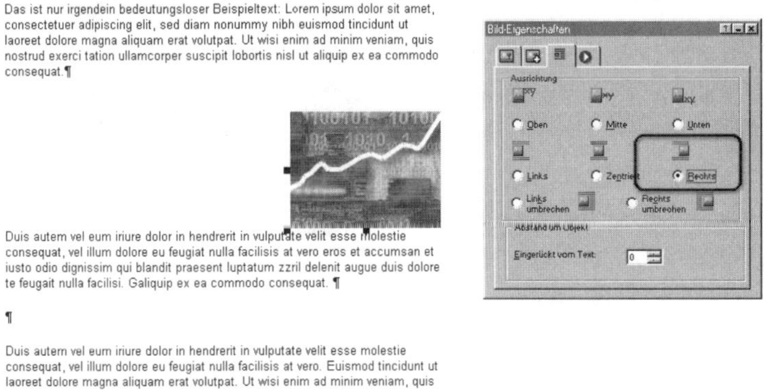

Abb. 6.32: Ausrichtung *Rechts*

Bei dieser Option wird das Bild rechtsbündig im Textfeld ausgerichtet und der Text erst unterhalb des Bildes fortgesetzt. Der Raum links neben dem Bild bleibt frei.

> **HINWEIS**
> Wählen Sie diese Art der Ausrichtung möglichst nur zu Beginn eines neuen Absatzes oder zu Beginn einer Seite. Die Option *Rechts umbrechen* nutzt innerhalb eines längeren Textes den Platz auf der Seite besser aus.

Links umbrechen

Wenn Sie diese Option wählen, wird das Bild linksbündig im Textrahmen positioniert und der Text automatisch neben der gesamten Fläche des Bildes umbrochen. Dadurch bekommt Ihre Seite das professionelle Erscheinungsbild einer Zeitung oder eines illustrierten Magazins. Zudem wird der zur Verfügung stehende Platz optimal ausgenutzt.

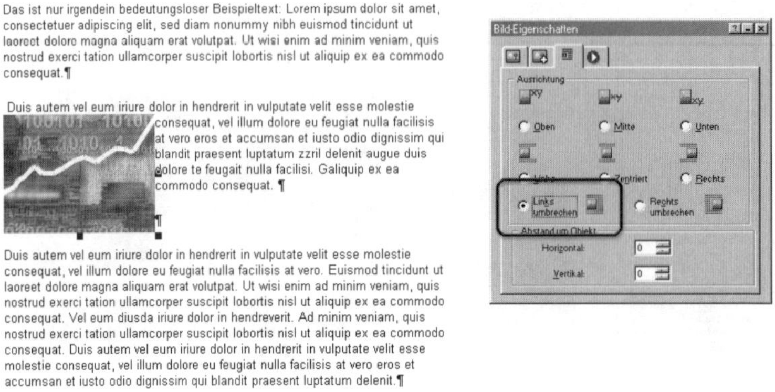

Abb. 6.33: Ausrichtung *Links umbrechen*

Rechts umbrechen

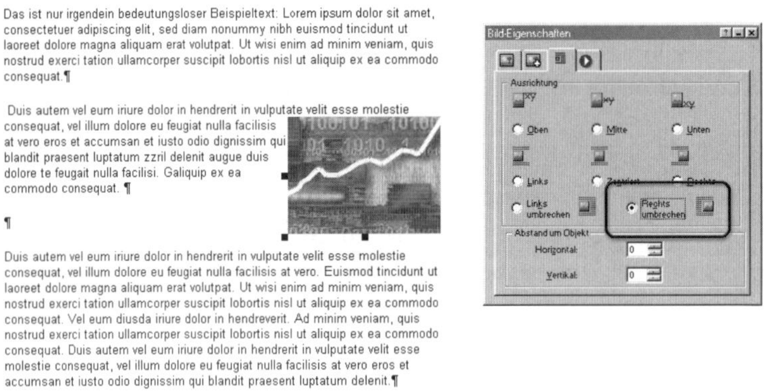

Abb. 6.34: Ausrichtung *Rechts umbrechen*

Wenn Sie diese Option wählen, wird das Bild rechtsbündig im Textrahmen positioniert und der Text automatisch neben der gesamten Fläche des Bildes umbrochen. Dadurch bekommt Ihre Seite das professionelle Erscheinungsbild einer Zeitung oder eines illustrierten Magazins. Zudem wird der zur Verfügung stehende Platz optimal ausgenutzt.

Bildumbruch-Einstellungen bei Textformaten

Die Optionen *Links umbrechen* und *Rechts umbrechen* können in Verbindung mit der Textformat-Eigenschaft *Absatz - Bildumbruch - Beides erlauben* benutzt werden, um den folgenden Absatz nicht neben, sondern erst unterhalb des Bildes beginnen zu lassen:

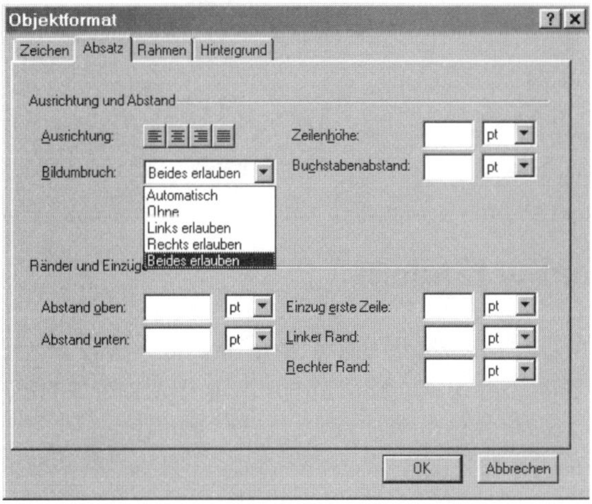

Abb. 6.35: Absatzeinstellungen für Bildumbruch

Abstand um Objekt

Mit den Feldern *Abstand um Objekt* können Sie den vertikalen und horizontalen Abstand zwischen Text und Bild festlegen. Geben Sie dazu einen Wert in die entsprechenden Felder ein oder verändern Sie den angezeigten Wert mit den kleinen Pfeiltasten.

HINWEIS

Die Einstellungen für den Abstand verändern nicht nur den Abstand zum Text, sondern auch den zwischen Bild und Textrahmen. Wenn Sie für den Textrahmen bereits einen Abstand zwischen Umrisslinie und Inhalt des Rahmens definiert haben, vergrößert sich dieser Abstand noch um den zusätzlichen Ab stand um das Bild.

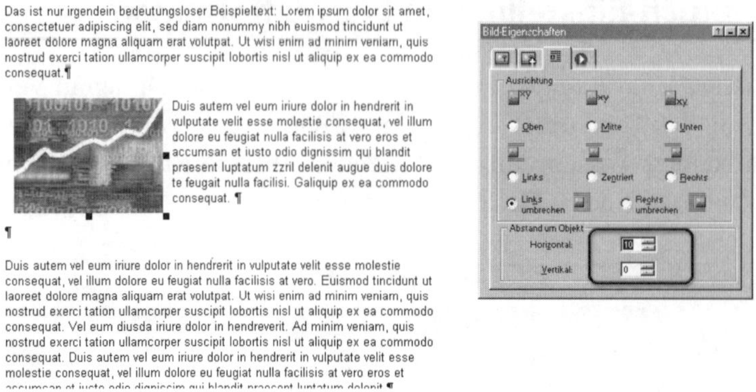

Abb. 6.36: Abstand um Objekt

Bildposition im Text verändern

Um die Position eines Bildes innerhalb des Textfeldes nachträglich zu verändern, müssen Sie das Bild anklicken und mit gedrückter Maustaste an die gewünschte Position innerhalb des Textes verschieben.

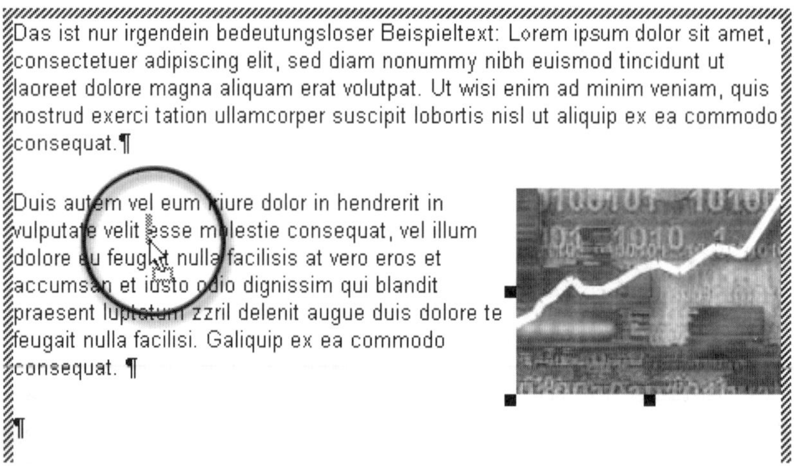

Abb. 6.37: Bildposition verändern

Dabei wird in der Bildschirmanzeige nicht die Position des Bildes, sondern die Position der Einfügemarke verschoben, an der das Bild im Text verankert ist. Die Platzierung des Bildes wird anschließend mit den Optionen der Registerkarte Ausrichtung relativ zu dieser Einfügemarke festgelegt.

6.4 Tabellen

Mit Tabellen haben Sie die Möglichkeit, auch umfangreiche Informationen übersichtlich zu präsentieren. Um Tabellen zu erstellen, stellt Fusion das *Tabellen*-Werkzeug zur Verfügung:

Abb. 6.38: *Tabellen*-Werkzeug

Tabelle erstellen

Wählen Sie das *Tabellen*-Werkzeug und ziehen Sie im Layoutbereich der Seite einen Rahmen auf.

Abb. 6.39: Rahmen für die Tabelle aufziehen

Wenn Sie die Maustaste loslassen, wird die Umrisslinie des Rahmens markiert und das Dialogfenster *Tabelle erstellen* geöffnet.

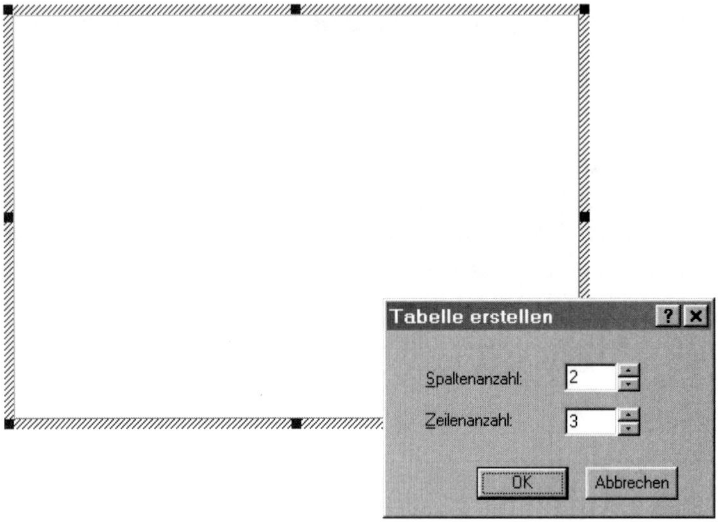

Abb. 6.40: Tabelle erstellen

In den entsprechenden Eingabefeldern können Sie hier die Anzahl der Spalten und Zeilen der Tabelle festlegen. Bestätigen Sie Ihre Eingaben mit *OK*, um die Tabelle zu erstellen.

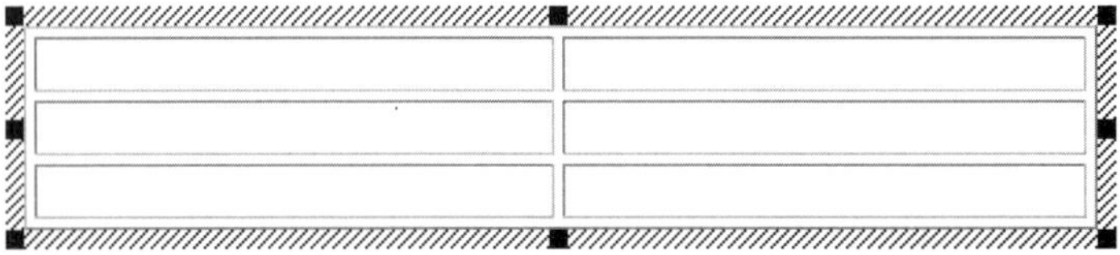

Abb. 6.41: Die fertige Tabelle

HINWEIS Sie können Tabellen auch aus Tabellenkalkulationsprogrammen unter Windows genauso wie Texte über die Zwischenablage kopieren und in Fusion einfügen.

Inhalte eingeben

Klicken Sie doppelt in eine Zelle der Tabelle, um Text in die Zelle einzugeben. Die aktive Zelle wird dadurch mit einem Rahmen markiert und ein Textcursor angezeigt. Jetzt können Sie genauso wie in einem Textfeld Text in die Zelle eingeben.

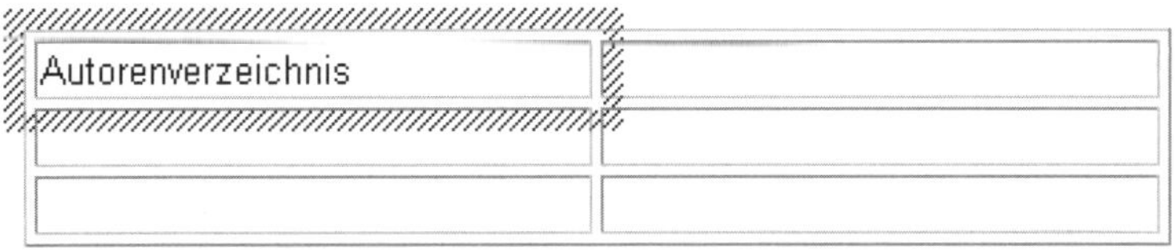

Abb. 6.42: Text in eine Zelle eingeben

Für die Textformatierung wird in der Eigenschaften-Palette die Registerkarte *Format* angezeigt, die Sie bereits bei der Beschreibung des Textwerkzeuges kennen gelernt haben. Die Optionen zur Textformatierung werden bei Tabellen in gleicher Weise eingesetzt.

> **HINWEIS**
>
> Benutzen Sie die [⇆]-Taste, um den Cursor in die nächste Zelle der Tabelle zu bewegen. In der letzten Zelle der Tabelle können Sie mit der [⇆]-Taste auch eine neue Zeile an die Tabelle anfügen.

Bild einfügen

Sie können in einer Tabellenzelle Bilder auf die gleiche Weise wie in einem Textfeld platzieren.

Klicken Sie zunächst doppelt in die Zelle, in der Sie ein Bild einfügen wollen. Wählen Sie dann den Menübefehl *Text – Objekt einfügen – Bild* und legen Sie im anschließenden Dateidialog die Bilddatei fest. Bestätigen Sie Ihre Auswahl mit *Öffnen*.

HINWEIS

Falls das Bild größer ist als die Zelle, wird die Größe der Zelle automatisch an den Platzbedarf des Bildes angepasst. Sie können die Zelle jedoch auch größer als das Bild ziehen. Für die Ausrichtung des Bildes innerhalb der Zelle stehen Ihnen die gleichen Optionen zur Verfügung wie bei Textrahmen.

Tabelle auswählen

Sie müssen die gesamte Tabelle auswählen, damit Sie die Tabelleneigenschaften bearbeiten können.

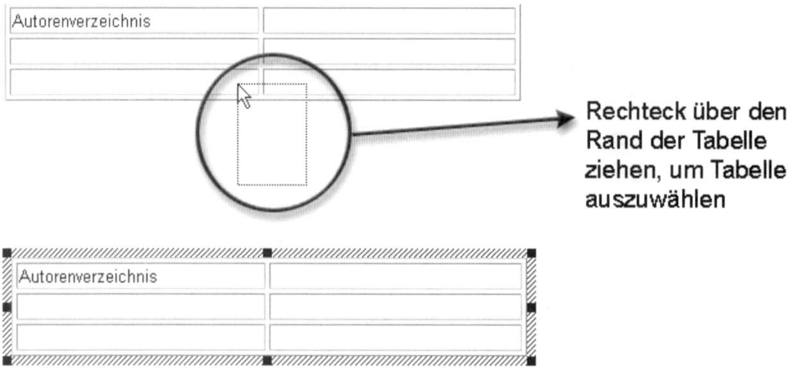

Abb. 6.43: Tabelle auswählen

Sie können dazu mit dem Auswahl-Werkzeug auf die Umrisslinie der Tabelle klicken oder einen Auswahlrahmen über die Umrisslinie der Tabelle aufziehen. Das Aufziehen eines Rahmens ist in der Regel einfacher und schneller.

Tabelleneigenschaften

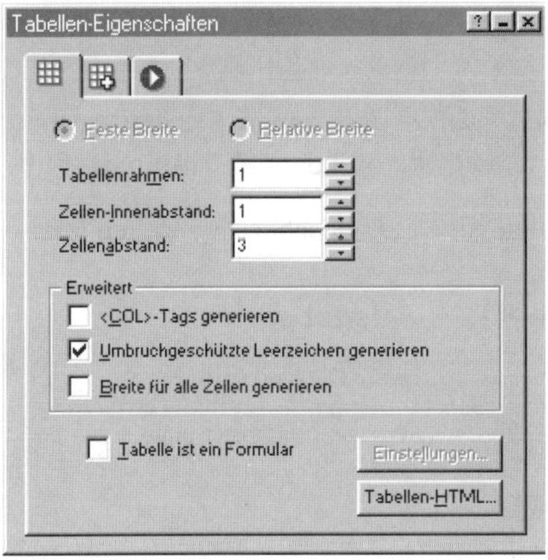

Abb. 6.44: Tabelleneigenschaften

Abstände in der Tabelle einstellen

Fusion stellt Ihnen in der Eigenschaften-Palette die Optionen *Tabellenrahmen*, *Zellen-Innenabstand* und *Zellenabstand* zur Verfügung, um die verschiedenen Abstände in der Tabelle festzulegen.

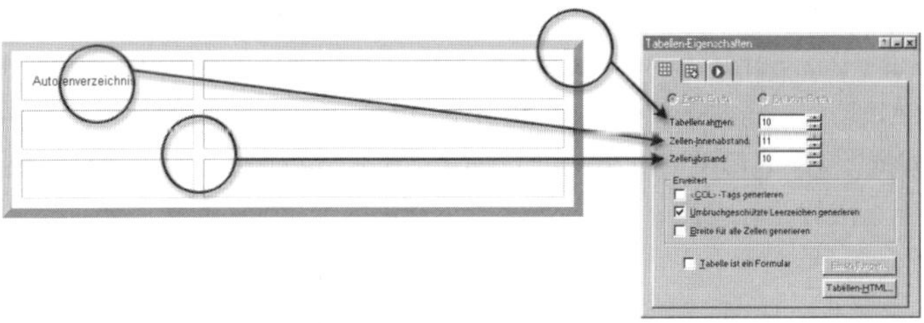

Abb. 6.45: Abstände der Tabelle festlegen

Tabellenrahmen legt zum einen die Dicke des Rahmens um die gesamte Tabelle fest, zum andern werden bei einem Wert von 0 die Begrenzungslinien der einzelnen Zellen nicht mehr angezeigt.

HINWEIS

Die Tabelle wird ab einer gewissen Rahmendicke mit einem dreidimensionalen Effekt dargestellt.

Mit dem Wert für *Zellen-Innenabstand* bestimmen Sie den Abstand zwischen der Begrenzungslinie einer Zelle und dem Zelleninhalt.

Zellenabstand schließlich legt den Abstand zwischen den Zellen fest.

Erweiterte Optionen für die HTML-Ausgabe

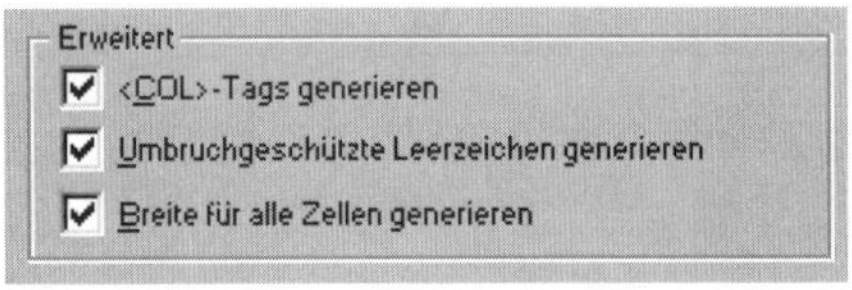

Abb. 6.46: Erweiterte Optionen für die HTML-Ausgabe

Im Bereich *Erweitert* können Sie festlegen, mit welchen spezifischen Befehlen der HTML-Code der Tabelle beim Veröffentlichen der Seite erzeugt wird.

<COL>-Befehle generieren

Wenn Sie diese Option aktivieren, werden zusätzliche HTML-Befehle in den Queltext der Seite eingefügt, um Tabellenspalten zu gruppieren und einer gemeinsamen Stilvorlage zuzuweisen. Umfangreiche Tabellen werden mit dieser Option in den neueren Browsern von Netscape und Microsoft auch schneller angezeigt. Ältere Web-Browser ignorieren diese Einstellung.

Breite für alle Zellen generieren

Mit dieser Option wird die Breite jeder Zelle mit in den HTML-Code der Tabelle geschrieben.

In der Regel sollten Sie auf diese Option verzichten, weil

- es meistens nicht nötig ist, sie zu benutzen,
- der HTML-Code unnötig umfangreich wird,
- die Tabelle möglicherweise nicht mehr von allen Browsern korrekt dargestellt wird.

Umbruchgeschützte Leerzeichen generieren

Mit dieser Option werden auch leere Zellen der Tabelle im Web-Browser angezeigt:

Abb. 6.47: Tabelle mit und ohne umbruchgeschützte Leerzeichen

HINWEIS

In der Regel wirkt eine Tabelle mit festen Leerzeichen übersichtlicher. Wenn Sie jedoch Grafiken pixelgenau in verschiedenen Tabellenzellen platzieren möchten, kann es nötig sein, die Tabelle ohne umbruchgeschützte Leerzeichen zu generieren.

Tabelle ist ein Formular

Durch Aktivieren dieser Option wird die Tabelle als Formular definiert. Nähere Einzelheiten zu Formularen finden Sie im nächsten Kapitel dieses Einsteigerseminars.

Tabellen-HTML

Durch Klicken auf die Schaltfläche *Tabellen-HTML* öffnen Sie das Fenster *Objekt-HTML*. Hier können Sie den *HTML-Code* für die Tabelle ergänzen.

Zellen auswählen

Klicken Sie mit dem *Auswahl*-Werkzeug in eine Zelle, um sie auszuwählen. Die ausgewählte Zelle wird dadurch mit einem Rahmen markiert.

HINWEIS

Mehrere aufeinander folgende Zellen können Sie auswählen, wenn Sie beim Klicken die ⇧-Taste gedrückt halten

Zellen verbinden

Sie können benachbarte Zellen verbinden, z.B. um eine spaltenübergreifende Überschrift zu erstellen.

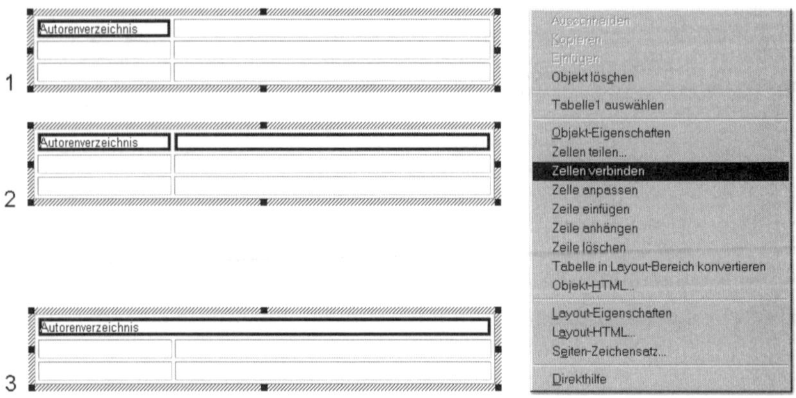

Abb. 6.48: Zellen verbinden

Wählen Sie dazu die Zellen aus, die Sie verbinden wollen und drücken Sie die rechte Maustaste, um das Kontextmenü anzuzeigen. Wählen Sie den Menübefehl *Zellen verbinden,* um das Kontextmenü zu schließen und die Zellen zu verbinden.

Zellen teilen

Wählen Sie die Zellen aus, die Sie weiter unterteilen wollen und blenden Sie durch Drücken der rechten Maustaste das Kontextmenü ein. Wählen Sie den Menübefehl *Zellen teilen...* aus, um das Dialogfenster *Zellen teilen* anzuzeigen. Hier können Sie die Anzahl der Spalten und Zeilen festlegen.

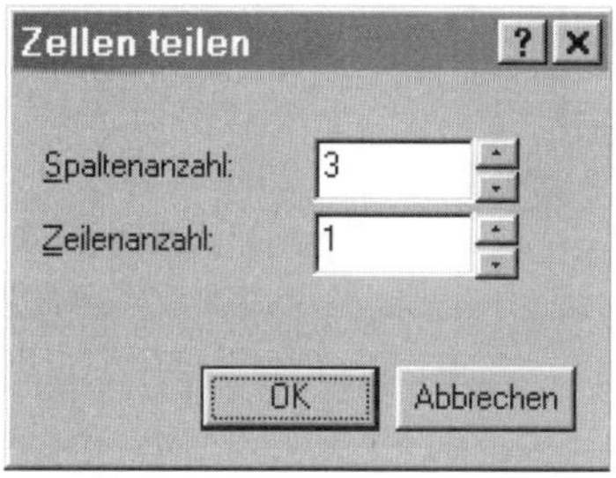

Abb. 6.49: Zellen teilen

Klicken Sie auf *OK,* um die Angaben zu übernehmen und die Zellen zu teilen.

Zelleneigenschaften

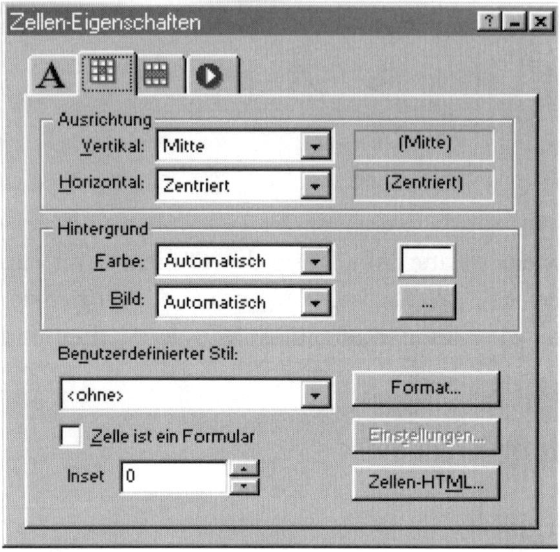

Abb. 6.50: Zelleneigenschaften

Anordnung

Sie können für jede Zelle den Inhalt in vertikaler und horizontaler Richtung anordnen. Dabei können Sie die Optionen der beiden Listenfelder *Vertikal* und *Horizontal* beliebig miteinander kombinieren.

Ausrichtungsmöglichkeiten		
Oben links	Oben zentriert	Oben rechts
Mitte links	Mitte zentriert	Mitte rechts
Unten links	Unten zentriert	Unten rechts

Abb. 6.51: Ausrichtungsmöglichkeiten

Hintergrund

Mit den Hintergrund-Optionen können Sie für die markierten Zellen eine Farbe oder ein Bild als Hintergrund festlegen. Standardmäßig ist hier *Automatisch* vorbelegt. Durch Klick auf die Schaltfläche *Farbe* können Sie im Farbauswahl-Dialog eine Hintergrundfarbe festlegen.

Alternativ zu einer Farbe können Sie auch ein Bild als Hintergrund für die Zelle definieren. Klicken Sie dazu auf die Schaltfläche ..., um im Dialogfenster *Bilddatei öffnen* ein Hintergrundbild auszuwählen. Bestätigen Sie Ihre Auswahl mit *Öffnen*.

HINWEIS

Hintergrundbilder werden als Kachelmuster endlos wiederholt, wenn die Zelle größer ist als die Fläche des Bildes. Verwenden Sie deshalb entweder Bilder mit eintönigen Farbflächen oder endlos wiederholbaren Mustern als Hintergrundbilder, da andernfalls die Kanten des Bildes im Kachelmuster sichtbar werden.
Die Zellengröße wird nicht automatisch an die Größe des Bildes angepasst, wenn Sie ein Bild als Hintergrundbild einer Zelle festlegen.

Zeile auswählen

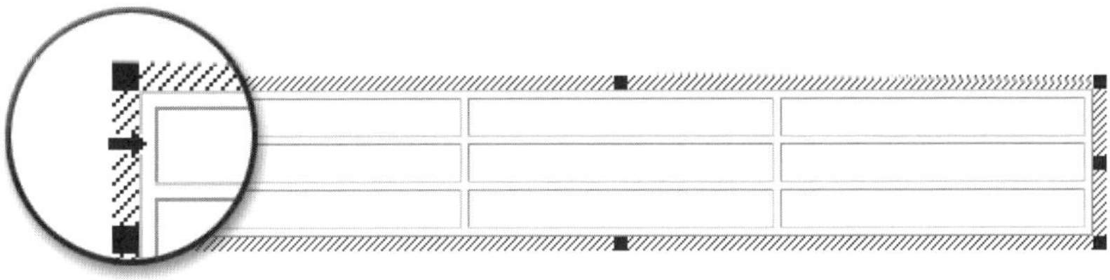

Abb. 6.52: Zeile auswählen

Wählen Sie die Tabelle aus, falls Sie nicht bereits markiert ist, und bewegen Sie den Mauszeiger auf den linken, senkrechten Rand der

Tabelle, bis sich der Mauszeiger in einen nach rechts weisenden Pfeil verwandelt. Bewegen Sie falls erforderlich den Mauszeiger nach oben oder nach unten bis auf die Höhe der Zeile, die Sie auswählen wollen. Klicken Sie, um die Zeile auszuwählen: Alle Zellen der Zeile werden daraufhin markiert und in der Eigenschaften-Palette wird die Registerkarte *Zeile* angezeigt.

HINWEIS

Mit der [⇧]-Taste können Sie mehrere Zeilen auf einmal markieren.

Zeileneigenschaften

Abb. 6.53: Zeilen-Eigenschaften

Anordnung

Mit den Ausrichtungsoptionen können Sie die Inhalte aller Zellen in der Zeile ausrichten. Wenn Sie *Automatisch* wählen, bleiben die betreffenden Einstellungen der einzelnen Zellen erhalten.

Zeilenhöhe

Standardmäßig ergibt sich die Höhe einer Zeile aus dem Platzbedarf der Inhalte in den Zellen der Zeile. Sie können jedoch hier eine Mindesthöhe für die Zeile festlegen, indem Sie das Ankreuzfeld aktivieren und im Eingabefeld daneben den Wert für die Höhe der Zeile in Pixel eingeben.

Alternativ dazu können Sie die Zeilenhöhe auch direkt in der Tabelle durch Klicken und Ziehen mit der Maus festlegen.

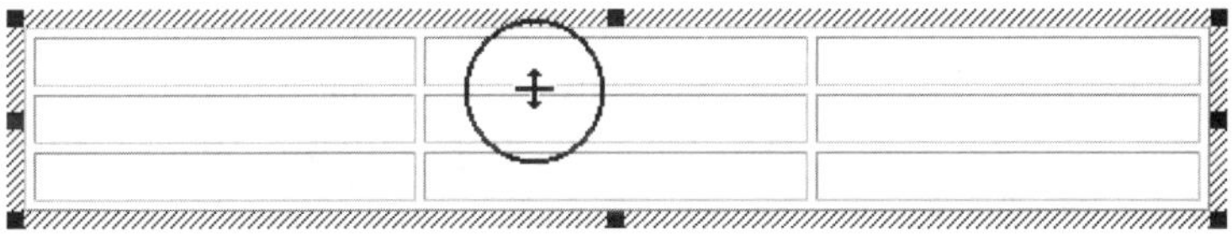

Abb. 6.54: Zeilenhöhe mit der Maus festlegen

Wählen Sie die Tabelle aus, falls Sie nicht bereits markiert ist. Bewegen Sie den Mauszeiger auf die untere Begrenzungslinie der Tabellenzeile, deren Höhe Sie ändern wollen, bis sich der Mauszeiger in einen nach oben und unten weisenden Doppelpfeil verwandelt. Klicken Sie mit der Maus und ziehen Sie die Maus bei gedrückter Maustaste nach unten bis auf die gewünschte neue Zeilenhöhe. Die neue Position der Begrenzungslinie wird dabei als dicke Linie angezeigt. Wenn Sie die Maustaste loslassen, wird die Zeilenhöhe geändert. Die Änderung der Zeilenhöhe spiegelt sich ebenfalls in der Eigenschaften-Palette wider.

Spalte auswählen

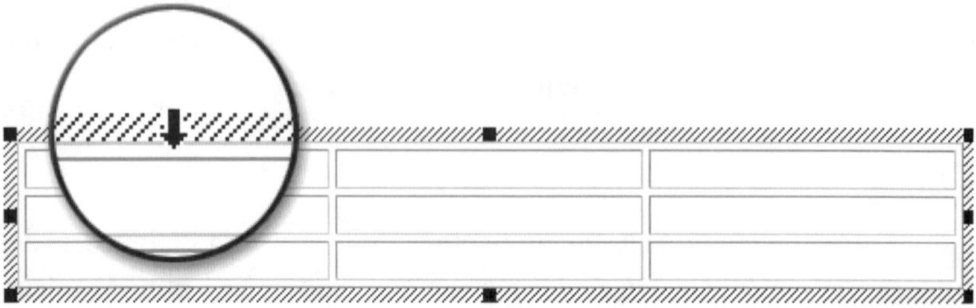

Abb. 6.55: Spalte auswählen

Wählen Sie die Tabelle aus, falls Sie nicht bereits markiert ist. Bewegen Sie den Mauszeiger auf den oberen, waagerechten Rand der Tabelle, bis sich der Mauszeiger in einen nach unten weisenden Pfeil verwandelt. Bewegen Sie falls erforderlich den Mauszeiger nach rechts oder nach links bis zur Spalte, die Sie auswählen wollen. Klicken Sie, um die Spalte auszuwählen. Alle Zellen der Spalte werden daraufhin markiert und in der Eigenschaften-Palette wird die Registerkarte *Spalte* angezeigt.

HINWEIS

Mit der [⇧]-Taste können Sie mehrere Spalten auf einmal markieren.

Spalteneigenschaften

Abb. 6.56: Spalteneigenschaften

Anordnung

Mit den Ausrichtungsoptionen können Sie die Inhalte aller Zellen in der Spalte ausrichten. Wenn Sie *Automatisch* wählen, bleiben die betreffenden Einstellungen der einzelnen Zellen erhalten.

Spaltenbreite

Wenn Sie eine neue Tabelle erstellen, haben alle Spalten die gleiche Breite. Sie können die Breite der markierten Spalten in der Eigenschaften-Palette ändern, indem Sie einen Wert für die Spaltenbreite in Pixel eingeben.

Alternativ zur Eingabe der Spaltenbreite in der Eigenschaften-Palette können Sie die Breite einer Spalte auch direkt in der Tabelle durch Klicken und Ziehen mit der Maus festlegen.

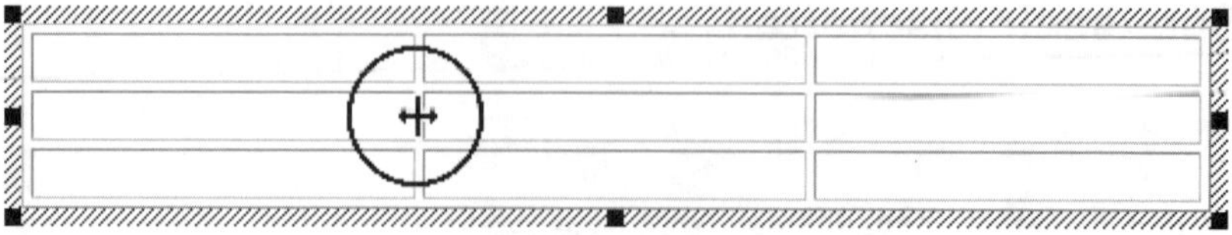

Abb. 6.57: Spaltenbreite mit der Maus festlegen

Wählen Sie die Tabelle aus, falls Sie nicht bereits markiert ist. Bewegen Sie den Mauszeiger auf die rechte Begrenzungslinie der Tabellenspalte, deren Breite Sie ändern wollen, bis sich der Mauszeiger in einen nach rechts und links weisenden Doppelpfeil verwandelt. Klicken Sie mit der Maus und ziehen Sie die Maus bei gedrückter Maustaste an die gewünschte Position. Die neue Position der Begrenzungslinie wird dabei als dicke Linie angezeigt. Wenn Sie die Maustaste loslassen, wird die Spaltenbreite geändert. Die Änderung der Spaltenbreite spiegelt sich ebenfalls in der Eigenschaften-Palette wider.

An Inhalt anpassen

Mit der Schaltfläche *An Inhalt anpassen* können Sie die Breite einer Spalte an den Platzbedarf des breitesten Zelleninhalts anpassen. Vorhandene Textumbrüche bleiben dabei erhalten.

HINWEIS

Verwenden Sie diese Option nicht, wenn es verbundene Zellen in der Spalte gibt, da die Resultate in der Regel nicht überzeugen!

Neue Zeile einfügen

Wenn Sie den Cursor in der letzten Zelle der Tabelle positioniert haben und die ⇄-Taste drücken, wird die Tabelle um eine neue Zeile erweitert.

Sie können auch innerhalb einer Tabelle neue Zeilen einfügen. Wählen Sie dazu die Zeile aus, VOR der Sie eine neue Zeile einfügen wollen.

Drücken Sie die rechte Maustaste, um das Kontextmenü anzuzeigen, und wählen Sie *Zeile einfügen*.

Neue Spalte einfügen

Mit dem Kontextmenü können Sie auch neue Spalten in die Tabelle einfügen. Wählen Sie dazu eine Spalte aus und drücken Sie die rechte Maustaste, um das Kontextmenü anzuzeigen. Wählen Sie *Spalte einfügen*, um eine neue Spalte **links** neben der aktuellen Spalte einzufügen. Mit dem Menübefehl *Spalte anhängen* wird dagegen eine neue Spalte am rechten Ende der Tabelle angehängt.

6.5 Formen und Linien zeichnen

Bei den Standard-Werkzeugen stellt Fusion einige Hilfsmittel zur Verfügung, mit denen Sie einfache geometrische Formen und Linien erstellen können.

Zeichenwerkzeuge

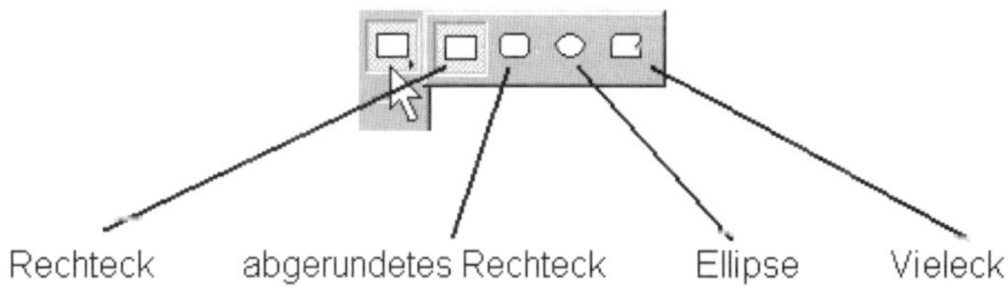

Abb. 6.58: Ausführungen des Zeichenwerkzeuges

Das Zeichenwerkzeug verfügt über mehrere Ausführungen, mit denen Sie Rechtecke, abgerundete Rechtecke, Ellipsen und Vielecke zeichnen können. Wir beschreiben zunächst den Umgang mit den einzelnen Werkzeugausführungen und gehen dann auf die Einstellmöglichkeiten in der Eigenschaften-Palette ein, da diese für alle gezeichneten Objekte identisch sind.

Rechteck zeichnen

Wählen Sie die Werkzeugausführung *Zeichnen: Rechteck* des Zeichenwerkzeuges aus. Klicken Sie mit der Maus im Bereich der Seite und ziehen Sie mit gedrückter Maustaste ein Rechteck auf.

Abb. 6.59: Rechteck zeichnen

Während der Mausaktion erscheint der Mauszeiger als Doppelpfeil, die Umrisslinie des Rechtecks wird als gestrichelte Linie angezeigt.

Abb. 6.60: Das fertige Rechteck

Wenn Sie die Maustaste loslassen, wird das Rechteck auf der Seite gezeichnet.

Abgerundetes Rechteck zeichnen

Wählen Sie die Werkzeugausführung *Zeichnen: abgerundetes Rechteck* des Zeichenwerkzeuges aus. Klicken Sie mit der Maus im Bereich der Seite und ziehen Sie mit gedrückter Maustaste ein Rechteck auf.

Abb. 6.61: Abgerundetes Rechteck zeichnen

Während der Mausaktion erscheint der Mauszeiger als Doppelpfeil, die Umrisslinie des abgerundeten Rechtecks wird als gestrichelte Linie angezeigt.

Wenn Sie die Maustaste loslassen, wird das abgerundete Rechteck auf der Seite gezeichnet.

Abb. 6.62: Das fertige abgerundete Rechteck

Eckenrundung festlegen

Das abgerundete Rechteck verfügt in der rechten unteren Ecke über einen Anfasser, mit dem Sie die Stärke der Eckenrundung festlegen können (siehe Abb. 6.63).

Klicken Sie auf den Anfasser und ziehen Sie ihn mit der Maus, um die Eckenrundung zu verändern. Die neue Umrisslinie wird dabei als gestrichelte Linie angezeigt, der Mauszeiger erscheint über dem Anfasser als Vierfachpfeil.

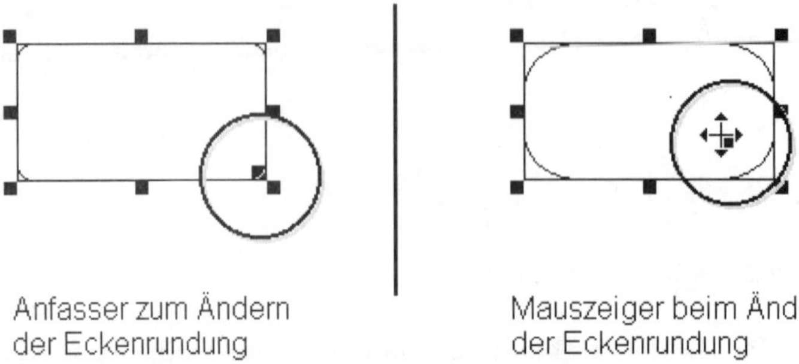

Abb. 6.63: Eckenrundung festlegen

Ellipse zeichnen

Wählen Sie die Werkzeugausführung *Zeichnen: Ellipse* des Zeichenwerkzeuges aus. Klicken Sie mit der Maus im Bereich der Seite und ziehen Sie mit gedrückter Maustaste eine Ellipse auf.

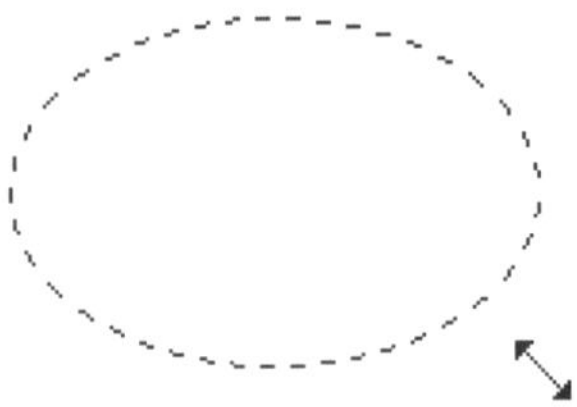

Abb. 6.64: Ellipse zeichnen

Während der Mausaktion erscheint der Mauszeiger als Doppelpfeil, die Umrisslinie der Ellipse wird als gestrichelte Linie angezeigt.

Wenn Sie die Maustaste loslassen, wird die Ellipse auf der Seite gezeichnet.

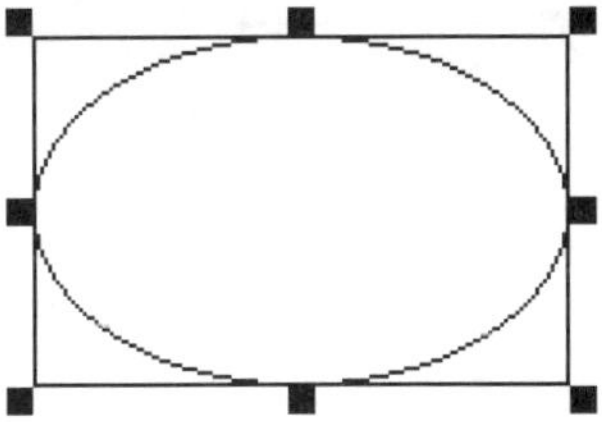

Abb. 6.65: Die fertige Ellipse

HINWEIS

Die Abmessungen der Ellipse werden unten in der Informationszeile des Fusion-Programmfensters angezeigt. Sie können diese Angaben benutzen, um einen Kreis zu zeichnen, indem Sie darauf achten, dass die Werte für *w* und *h* identisch sind.

Polygon zeichnen

Wählen Sie die Werkzeugausführung *Zeichnen: Polygon* des Zeichenwerkzeuges aus. Klicken Sie mit der Maus im Bereich der Seite und ziehen Sie mit gedrückter Maustaste die erste Linie des Vielecks auf (1.). Der Mauszeiger erscheint dabei als Zeichenstift.

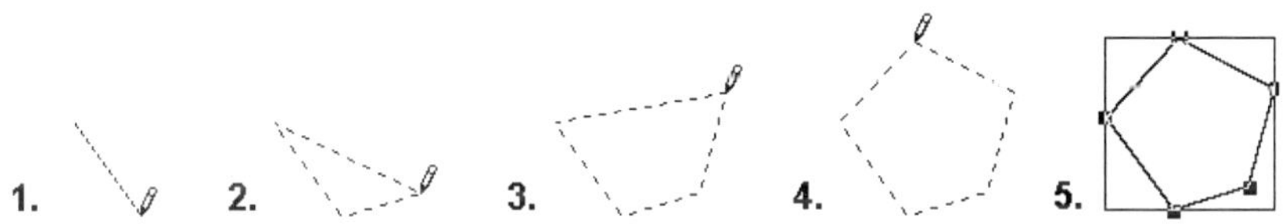

Abb. 6.66: Ein Vieleck zeichnen

Klicken Sie, um den nächsten Eckpunkt zu platzieren und ziehen Sie dann mit der Maus die Umrisslinie des Vielecks in die gewünschte Richtung (2.). Fahren Sie auf diese Weise fort, bis ungefähr die beabsichtigte Form des Vielecks erreicht ist (4.). Schließen Sie dann die Form durch Doppelklick (5.).

Anschließend können Sie die Umrisslinie noch weiter mit der Maus bearbeiten, um dem Vieleck die endgültige Form zu geben.

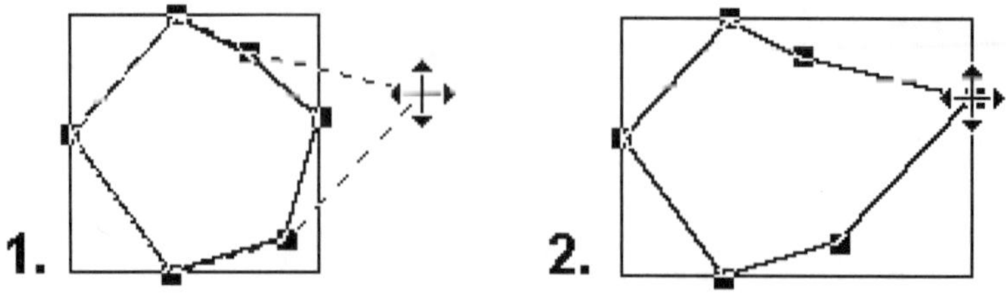

Abb. 6.67: Das Vieleck in Form ziehen

Bewegen Sie dazu den Mauszeiger auf einen Eckpunkt des Vielecks, der Mauszeiger erscheint dort als Vierfachpfeil. Klicken Sie mit der Maus und ziehen Sie den Eckpunkt-Anfasser an die gewünschte neue Position. Die Umrisslinie des Vielecks wird dabei als gestrichelte Linie angezeigt. Wenn Sie die Maustaste loslassen, erhält das Vieleck seine neue Form.

Eigenschaften für gezeichnete Objekte

Abb. 6.68: Eigenschaften für gezeichnete Objekte

Alt. Text

Sie können für Bilder und gezeichnete Objekte einen Alternativ-Text (ALT-Tag) eingeben.

Dieser Text erfüllt mehrere wichtige Aufgaben:

- Er wird bereits im Browser angezeigt, während die Bilddatei noch übertragen wird.
- Er wird statt der Bilddatei angezeigt, wenn im Browser die Darstellung von Grafiken ausgeschaltet ist.
- Er wird im Browser als Hinweistext angezeigt, wenn der Mauszeiger auf dem Objekt positioniert wird.
- Er wird bei Browsern mit Sprachausgabe als erklärender Text ausgegeben, wenn der Mauszeiger auf dem Objekt positioniert wird.
- Er wird von Suchmaschinen für die Verschlagwortung der Seite benutzt.

Sie sollten deshalb möglichst bei allen Bildern und gezeichneten Objekten einen – möglichst passenden – Alternativtext eingeben.

Linienstärke

In dem Feld *Zeilenbreite* können Sie die Dicke der Umrisslinie des Objektes in einem Bereich von 0 Pixel bis 20 Pixel festlegen.

Farbe

Durch Klick auf die entsprechenden Schaltflächen können Sie im Farbauswahl-Dialog die Farbe für Füllung und Umrisslinie des Objektes bestimmen.

Text in Element

Abb. 6.69: Das Feld *Text in Element*

Hinter diesem unscheinbaren Ankreuzfeld in der Eigenschaften-Palette versteckt Fusion sehr umfangreiche Funktionen, um das gezeichnete Objekt mit einem Text zu versehen.

Wenn Sie die Option im Ankreuzfeld aktiviert haben, können Sie mit der Schaltfläche *Einstellungen* ein weiteres Dialogfenster öffnen, um den Text und die Texteinstellungen zu bearbeiten.

Abb. 6.70: *Einstellungen für Text in Element*

Im Eingabefeld oben im Dialogfenster können Sie den Text eingeben, der im Element angezeigt werden soll. Die Eingabe und Formatierung des Textes erfolgt im Wesentlichen so wie in einem normalen Textfeld, auch Zeilenumbrüche sind möglich.

Relative Anordnung

Mit den Schaltflächen für die relative Ausrichtung legen Sie die Absatzausrichtung des eingegebenen Textes fest. Sie können den Text linksbündig, zentriert oder rechtsbündig anordnen.

Schriftart

Der Name der aktuellen Schriftart wird im Feld *Schriftart* angezeigt. Sie können die Schriftart, Schrifteffekte und den Schriftschnitt durch Klick auf die Schaltfläche *Einrichten* verändern:

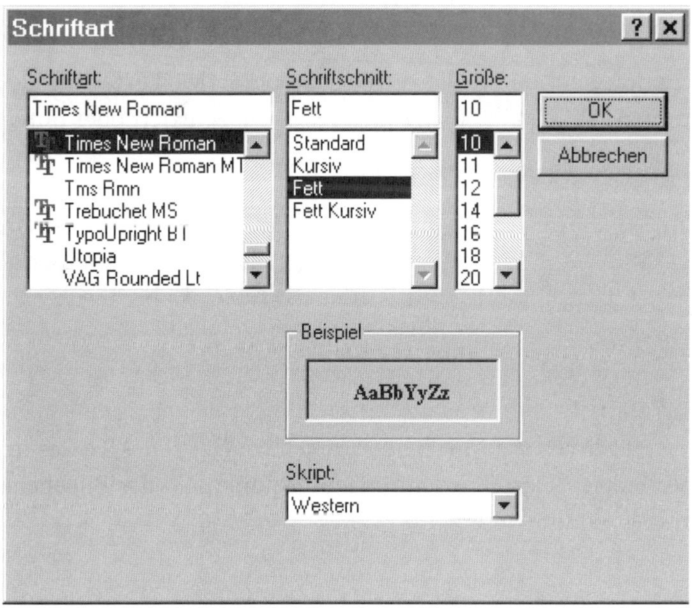

Abb. 6.71: Schriftarteinstellungen für *Text in Element*

Farbe

Im Feld *Farbe* wird die aktuelle Textfarbe angezeigt. Klicken Sie auf die Schaltfläche *Einrichten*, um eine andere Farbe im Farbwähler festzulegen.

Horizontale Position

Mit dieser Option können Sie die horizontale Position des Textes im Element bestimmen. Sie können den Textblock links, zentriert oder rechts im Objekt anordnen.

> **HINWEIS** Geben Sie ein Leerzeichen am Anfang bzw. am Ende der längsten Textzeile ein, wenn Sie den Text links oder rechts anordnen, damit der Text nicht die Umrisslinie des Objektes berührt.

Vertikale Position

Mit dieser Option können Sie die vertikale Position des Textes im Element bestimmen. Sie können den Textblock oben, zentriert oder unten im Objekt anordnen.

> **HINWEIS** Geben Sie eine Leerzeile am Anfang bzw. am Ende des Textblocks ein, wenn Sie den Text oben oder unten anordnen, damit der Text nicht die Umrisslinie des Objektes berührt.

Ausrichtung

Diese Option gibt Ihnen die Möglichkeit, den Lagewinkel des Textes im Objekt zu verändern: Der Text kann dadurch innerhalb der Bildebene in jede Richtung gedreht werden.

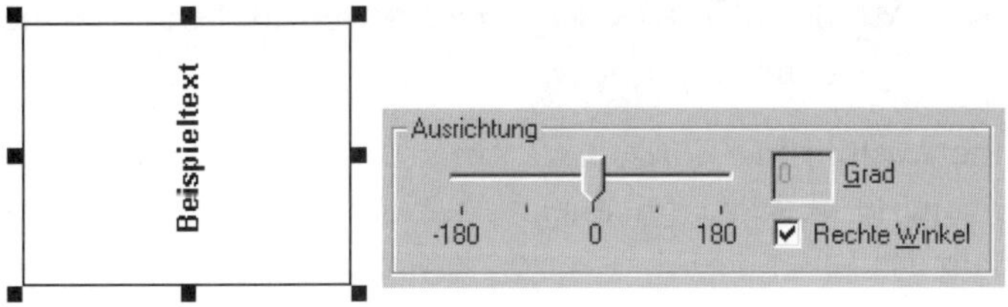

Abb. 6.72: Ausrichtung des Textes im Element

Mit dem Schieberegler können Sie den Lagewinkel bestimmen. Wenn das Ankreuzfeld *Rechte Winkel* aktiviert ist, sind dabei nur die Werte -180°, -90°, 0°, 90° und 180° möglich.

Wenn Sie die Option *Rechte Winkel* ausschalten, können Sie den Lagewinkel nicht nur mit dem Schieberegler verändern, sondern auch einen Wert in das Feld *Grad* eingeben.

Linien zeichnen

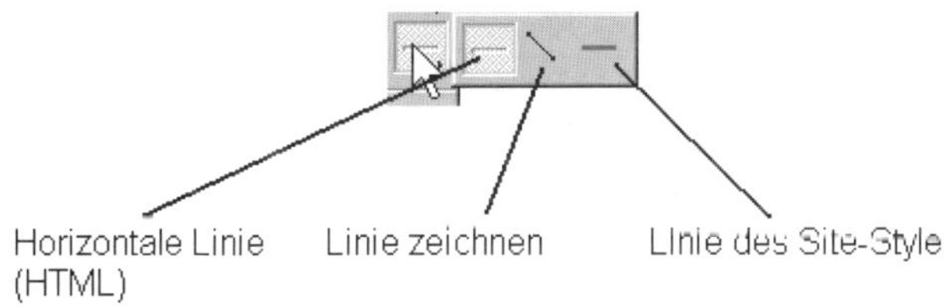

Abb. 6.73: Ausführungen des Linien-Werkzeuges

Mit den verschiedenen Ausführungen des *Linien*-Werkzeuges können Sie einfache HTML-Linien, gezeichnete Linien und Linien der Site-Darstellung positionieren.

Horizontale Linie

Horizontale Linien können eingesetzt werden, um eine Seite optisch in Abschnitte zu unterteilen. Da sie nicht als Grafik vorliegen, sondern mit Hilfe von HTML-Befehlen (HR-Tag) erzeugt werden, benötigen sie nur wenig Speicherplatz im Dokument.

Wählen Sie die Ausführung *Horizontale Linie* des *Linien*-Werkzeuges, um eine horizontale Linie zu zeichnen. Positionieren Sie den Mauszeiger innerhalb der Seite, der Mauszeiger verwandelt sich dabei in ein Fadenkreuz. Klicken Sie mit der Maus an den gewünschten Anfangspunkt der Linie und ziehen Sie bei gedrückter Maustaste die Linie in die gewünschte Richtung und Länge.

Abb. 6.74: Horizontale Linie zeichnen

Die Lage der Linie wird dabei automatisch auf die waagerechte Richtung beschränkt, die Position der Linie wird in Form eines Rechtecks mit gestrichelten Umrisslinien angezeigt. Wenn Sie die Maustaste loslassen, wird die Linie gezeichnet.

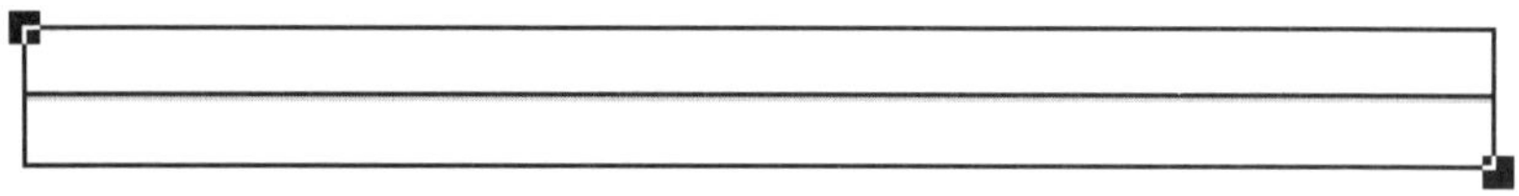

Abb. 6.75: Die fertige Linie

HINWEIS

In Fusion werden horizontale Linien mit einem rechteckigen Objektumriss angezeigt, der immer die gleiche Höhe hat, unabhängig von der tatsächlichen Dicke der Linie. Innerhalb dieses Objektumrisses können Sie keine anderen Objekte positionieren.

Eigenschaften von horizontalen Linien

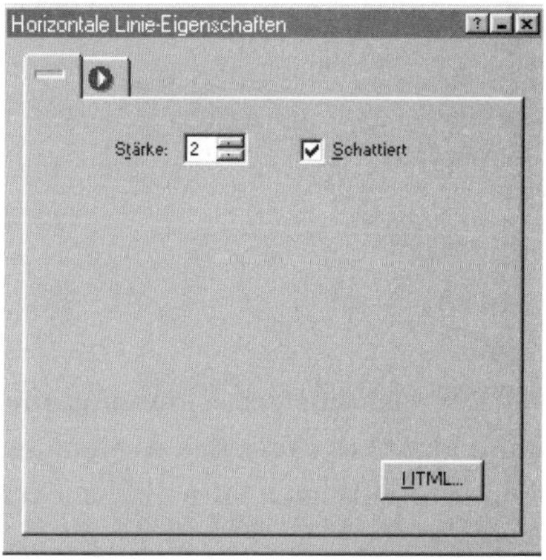

Abb. 6.76: Eigenschaften von horizontalen Linien

Bei horizontalen Linien stellt Ihnen die Eigenschaften-Palette nur wenige Einstellmöglichkeiten zur Verfügung:

Stärke

Hier können Sie die Dicke der Linie im Wertebereich von 1 Pixel bis 20 Pixel einstellen.

3D-Effekt

Sie können die Option *Schattiert* dazu benutzen, die Linie mit einem 3D-Effekt darzustellen:

HINWEIS

Damit der 3D-Effekt sichtbar wird, muss die Stärke der Linie mindestens 3 Pixel betragen.
Hintergrund: Horizontale Linien werden mit dem HTML-Tag <HR> erzeugt. Die Option *Schattiert* entspricht der HTML-Option *NOSHADED*.

Abb. 6.77: Auswirkung der Option *Schattiert*

Linie zeichnen

Gezeichnete Linien können in beliebiger Richtung gezeichnet und mit verschieden geformten Anfangs- und Endpunkten versehen werden. Sie können gezeichnete Linien als Blickfang einsetzen, um Bilder oder Texte gezielt hervorzuheben.

Wählen Sie die Ausführung *Linie: Zeichnen* des *Linien*-Werkzeuges, um eine Linie in beliebiger Richtung zu zeichnen. Positionieren Sie den Mauszeiger innerhalb der Seite, der Mauszeiger verwandelt sich dabei in ein Fadenkreuz. Klicken Sie mit der Maus an den gewünschten Anfangspunkt der Linie und ziehen Sie bei gedrückter Maustaste die Linie in die gewünschte Richtung und Länge.

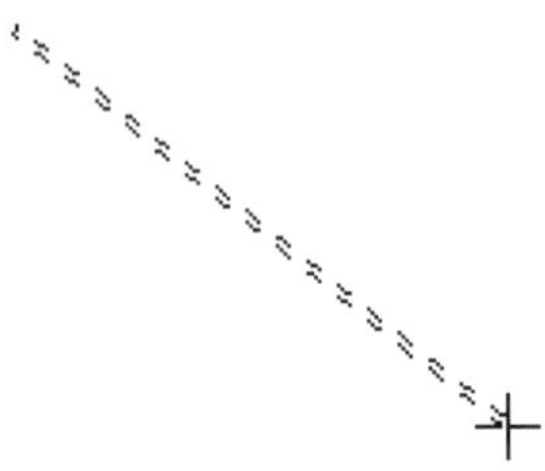

Abb. 6.78: Linie zeichnen

Die Position der Linie wird dabei mit gestrichelten Umrisslinien angezeigt. Wenn Sie die Maustaste loslassen, wird die Linie gezeichnet.

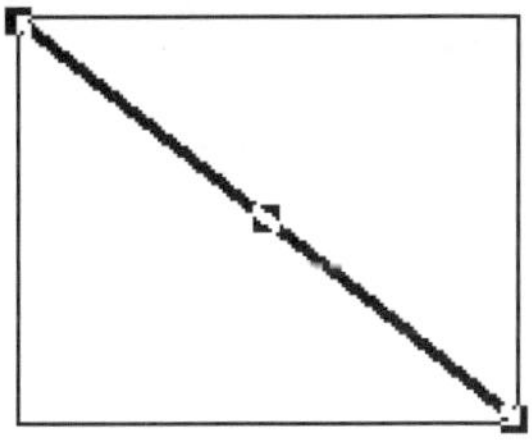

Abb. 6.79: Die fertige Linie

HINWEIS

Fusion erzeugt anhand Ihrer Angaben beim Publizieren der Seite GIF-Bilder für die gezeichneten Linien. Der Objektumriss einer gezeichneten Linie ist deshalb immer rechteckig. Innerhalb des Objektumrisses können Sie keine anderen Objekte positionieren. Um die Linie auszuwählen, müssen Sie jedoch die Linie anklicken. Hier genügt es nicht, nur in den Objektumriss zu klicken.

Eigenschaften von gezeichneten Linien

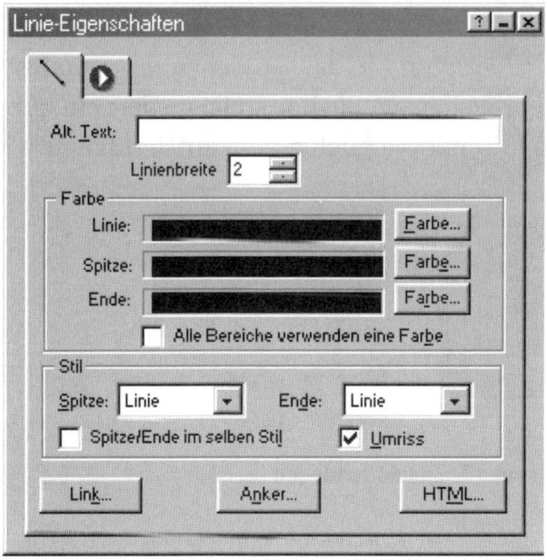

Abb. 6.80: Eigenschaften von gezeichneten Linien

Alt. Text

In dem Eingabefeld *Alt. Text* können Sie einen beschreibenden Text für die Anzeige im Web-Browser eingeben. Nähere Einzelheiten zur Funktion des alternativen Textes finden Sie weiter vorn in diesem Kapitel.

Linienbreite

Hier können Sie die Dicke der Linie im Wertebereich von 1 Pixel bis 100 Pixel einstellen. Standardvorgabe ist 2 Pixel.

Farbe

Fusion unterscheidet bei einer gezeichneten Linie zwischen der eigentlichen Linie und den Endpunkten der Linie am Anfang (Spitze) und am Ende. Mit den Optionen im Feld *Farbe* können Sie die Farben für die Linie, den Linienanfang und das Linienende separat festlegen.

Wenn Sie die Option *Alle Bereiche verwenden eine Farbe* aktivieren, erhalten alle Teile der Linie die gleiche Farbe.

Darstellung

Mit den Optionen im Feld *Stil* können Sie das Aussehen des Anfangs- und des Endpunktes der Linie festlegen. Fusion stellt in den entsprechenden Auswahllisten dazu folgende Möglichkeiten zur Verfügung:

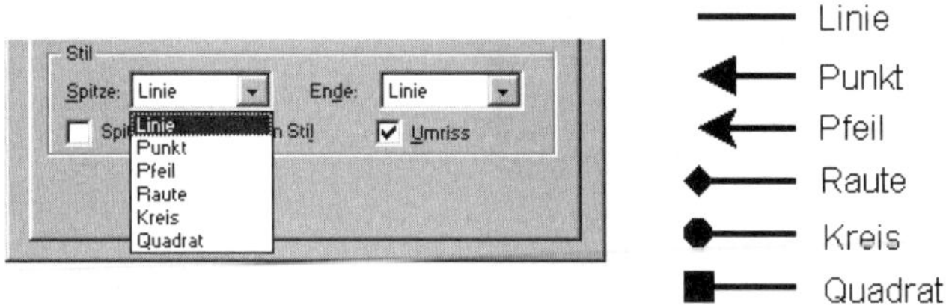

Abb. 6.81: Darstellung von Anfangs- und Endpunkt festlegen

Wenn Sie die Option *Spitze/Ende im selben Stil* aktivieren, erhält der Endpunkt der Linie das gleiche Aussehen wie der Anfangspunkt.

Durch Einschalten der Option *Umriss* erscheint eine dünne Umrisslinie in der Farbe der Linie um den Anfangs- und Endpunkt:

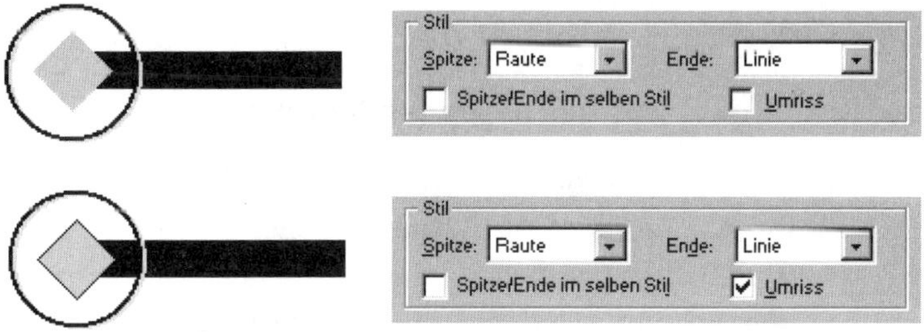

Abb. 6.82: Auswirkung der Option *Umriss*

Gezeichnete Linien bearbeiten

Gezeichnete Linien verfügen über zusätzliche Anfasser, mit denen Sie die Größe der Endpunkte und die Stärke der Linie mit der Maus verändern können.

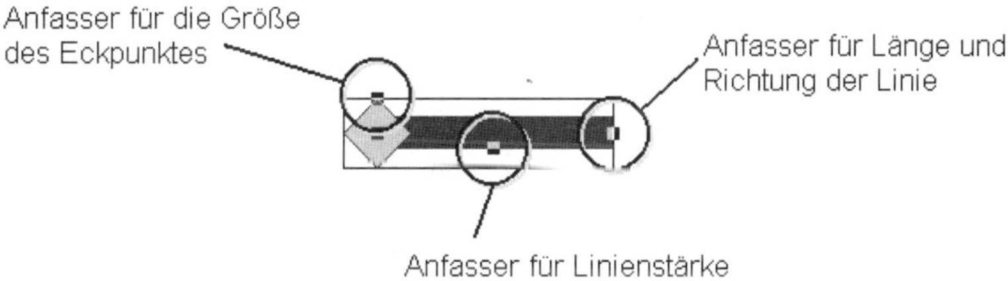

Abb. 6.83: Anfasser bei gezeichneten Linien

Linienstärke mit der Maus festlegen

Wählen Sie die Linie mit dem *Auswahl*-Werkzeug aus (1.) und klicken Sie auf den Anfasser zum Ändern der Liniendicke, der sich in der Mitte der Linie befindet (2.). Halten Sie die Maustaste gedrückt und ziehen Sie die Linie auf die gewünschte Stärke. Die neue Linienstärke wird dabei als gestrichelte Linie angezeigt.

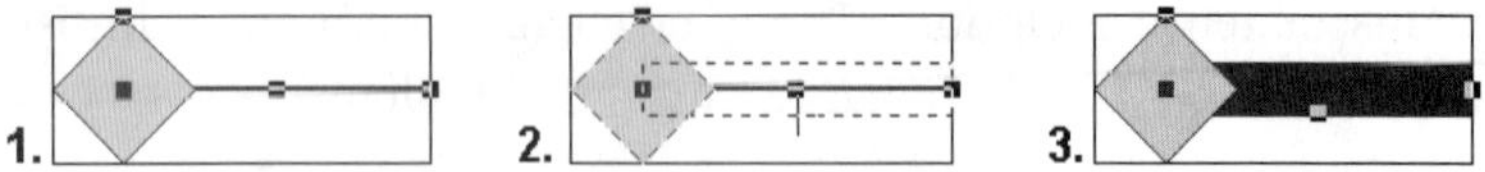

Abb. 6.84: Linienstärke mit der Maus festlegen

Größe der Endpunkte mit der Maus festlegen

Wählen Sie die Linie mit dem *Auswahl*-Werkzeug aus (1.) und klicken Sie auf den Anfasser zum Ändern der Eckpunktgröße, der sich an einer Ecke des Eckpunktes befindet (2.). Halten Sie die Maustaste gedrückt und ziehen Sie den Eckpunkt auf die gewünschte Größe. Die neue Größe wird dabei als gestrichelte Linie angezeigt.

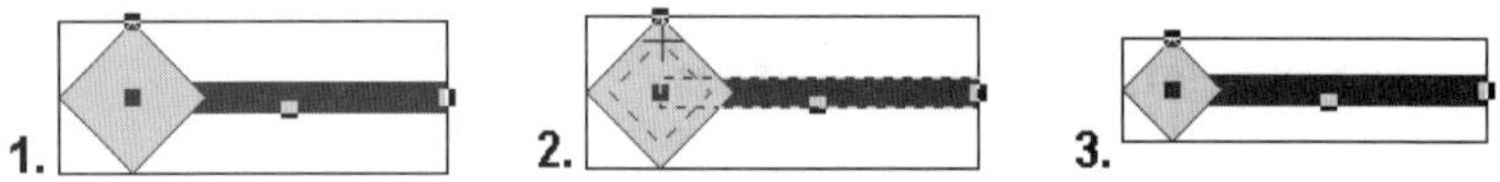

Abb. 6.85: Ändern der Eckpunktgröße mit der Maus

Linie des Site-Style

Wählen Sie die Ausführung *Site-Style* des *Linien*-Werkzeuges, um eine Linie der Designvorlage der Site zu zeichnen. Positionieren Sie den Mauszeiger innerhalb der Seite, der Mauszeiger verwandelt sich dabei in ein Fadenkreuz. Sie brauchen nur mit der Maus an den gewünschten Anfangspunkt der Linie zu klicken, um sie zu platzieren.

Abb. 6.86: Linie der Site-Darstellung platzieren

Anschließend können Sie mit den Anfassern die Länge und Stärke der Linie festlegen.

6.6 Zusammenfassung, Fragen und Übungen

Zusammenfassung

- Die Eigenschaften eines Textfeldes wie Hintergrundfarbe, Abstand zum Text und eine vorgegebene Mindesthöhe werden in der Eigenschaften-Palette festgelegt.
- Für den Text innerhalb eines Textfeldes können Sie Schriftgröße, Schriftart, Schriftschnitt, Absatzausrichtung und zahlreiche weitere Eigenschaften mit den Optionen der Eigenschaften-Palette festlegen.
- Texte und Tabellen aus anderen Programmen können über die Windows-Zwischenablage kopiert und in Fusion eingefügt werden.
- Dateien, die als RTF-, TXT- oder HTML-Datei vorliegen, können mit der Maus aus dem Windows-Explorer auf eine Fusion-Seite gezogen werden.
- Für die Verknüpfung zu externen HTML-Dateien stellt Fusion ein eigenes Werkzeug zur Verfügung. Externe HTML-Dateien können auf diese Weise komfortabel in Fusion-Seiten integriert und mit dem externen HTML-Editor bearbeitet werden.
- Mit dem Menübefehl *Text – Objekt einfügen* können Objekte wie Bilder, Videofilme oder Tabellen in einem Textfeld positioniert werden.
- Fusion stellt für eingebettete Objekte in der Eigenschaften-Palette auf der Registerkarte *Anordnen* zahlreiche Optionen für die Anordnung des Objektes und den Textumbruch zur Verfügung. Dabei wird auch der fließende Textumbruch um das Objekt herum unterstützt.

Zusammenfassung

- Tabellen lassen sich mit dem Tabellen-Werkzeug komfortabel erstellen und bearbeiten. Dabei werden alle Eigenschaften von HTML-Tabellen unterstützt.
- Mit den Zeichenwerkzeugen können Sie einfache geometrische Grundformen erstellen und verschiedene Arten von Linien zeichnen.

Fragen und Übungen

1. Erstellen Sie eine Tabelle mit drei Spalten und fünf Zeilen.
2. Verbinden Sie die Zellen aller drei Spalten in der ersten Zeile.
3. Teilen Sie die Zelle in der dritten Spalte der zweiten Zeile in zwei Spalten auf.
4. Wie viele Zellen hat die Tabelle?

I
A
G
L
9
8
7

Formulare

6
5
4
3
2
1
»

7 Formulare

Mit Online-Formularen geben Sie den Besuchern Ihrer Website die Möglichkeit, komfortabel und schnell mit Ihnen in Kontakt zu treten. Mitteilungen, Anfragen, Bestellungen oder Reklamationen erreichen Sie auf diese Weise auch über das Internet – rund um die Uhr und an 7 Tagen in der Woche. Damit Sie von diesen interaktiven Möglichkeiten des Internet profitieren können, zeigen wir Ihnen in diesem Kapitel, wie Sie mit Fusion Online-Formulare erstellen und in Ihre Website integrieren können. Außerdem halten wir ein paar nützliche Tipps für den richtigen Umgang mit E-Mail-Anfragen für Sie bereit.

7.1 Formulare erstellen

Sie können das Layout einer Seite, ein Textfeld, eine Tabelle oder einen Layout-Bereich in Fusion als Formular verwenden. Seiten, Textfeld und Tabellen haben Sie bereits an anderer Stelle dieses Einsteigerseminars kennen gelernt, gerade für Formulare spielen jedoch Layout-Bereiche eine große Rolle.

HINWEIS Damit Sie die folgenden Beispiele besser nachvollziehen können, sollten Sie mit dem Befehl *Ansicht - Objektumrisse* die Darstellung der Umrisse von Objekten einschalten.

Arbeit mit Layout-Bereichen

Sie können in einem Layout-Bereich Textfelder, Bilder, Tabellen und Formularfelder genauso wie im Layout der Seite positionieren. Im Unterschied zum Layout können jedoch Layout-Bereiche mit allen darin positionierten Objekten beliebig auf der Seite verschoben werden.

Layout-Bereich erstellen

Für die Erstellung von Layout-Bereichen stellt Fusion bei den Standard-Tools ein eigenes Werkzeug zur Verfügung:

Abb. 7.1: ***Layout-Bereich*-Werkzeug**

Wählen Sie das *Layout-Bereich*-Werkzeug aus, klicken Sie in das Layout der Seite und ziehen Sie dort ein Rechteck auf.

Abb. 7.2: Layout-Bereich aufziehen

Während der Mausaktion wird die Form des Layout-Bereiches als gestrichelte Linie angezeigt.

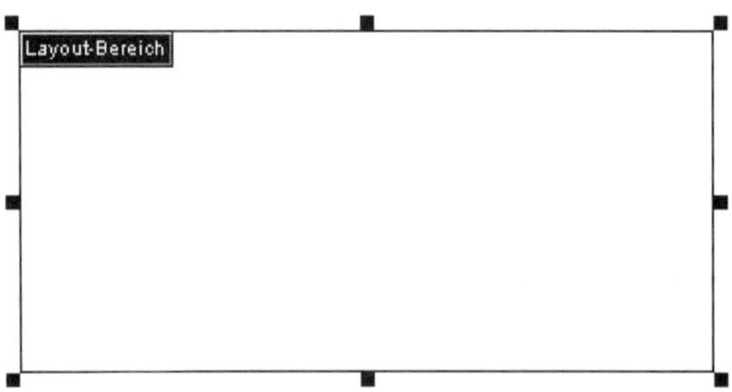

Abb. 7.3: Der fertige Layout-Bereich

Wenn Sie die Maustaste loslassen, wird der Layout-Bereich erstellt.

Eigenschaften von Layout-Bereichen

Die Eigenschaften eines ausgewählten Layout-Bereiches können Sie in der Eigenschaften-Palette bearbeiten.

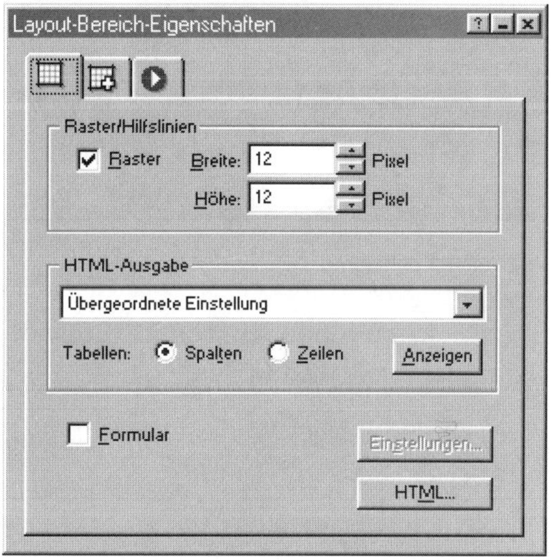

Abb. 7.4: Eigenschaften von Layout-Bereichen

Die Einstellmöglichkeiten sind weitgehend mit denen des Seiten-Layouts identisch. Wichtig ist hier nur, dass Sie die Einstellungen für den Layout-Bereich unabhängig von den Einstellungen für die Seite vornehmen können.

Formular erstellen

Um ein Formular zu erstellen, müssen Sie ein Textfeld, eine Tabelle oder einen Layout-Bereich zu einem Formular erklären, indem Sie in der Eigenschaften-Palette das entsprechende Kontrollkästchen *Formular* aktivieren.

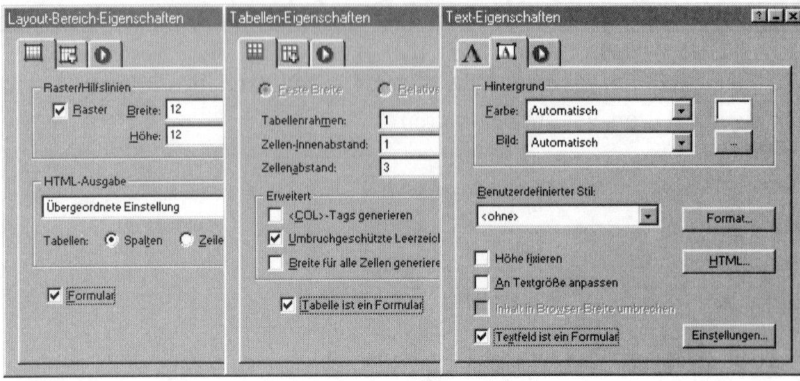

Abb. 7.5: Verschiedene Objekte als Formular definieren

Sie sollten dieses Verfahren verwenden, wenn Sie ein bereits vorhandenes Objekt nachträglich als Formular verwenden wollen.

Für neue Formulare ist hingegen der Einsatz des Werkzeuges *Formular-Bereich* effektiver, Sie finden es bei den Standard-Tools:

Abb. 7.6: Werkzeug *Formular-Bereich*

Wählen Sie das Werkzeug *Formular-Bereich* aus, um ein neues Formular zu erstellen. Klicken Sie mit der Maus auf die Seite, um einen Objektrahmen zu platzieren und das Dialogfenster *Formular erstellen* zu öffnen (siehe Abb. 7.7).

Mit den Optionen im Dialogfenster *Formular erstellen* können Sie festlegen, in welchem Objekt das Formular erstellt wird.

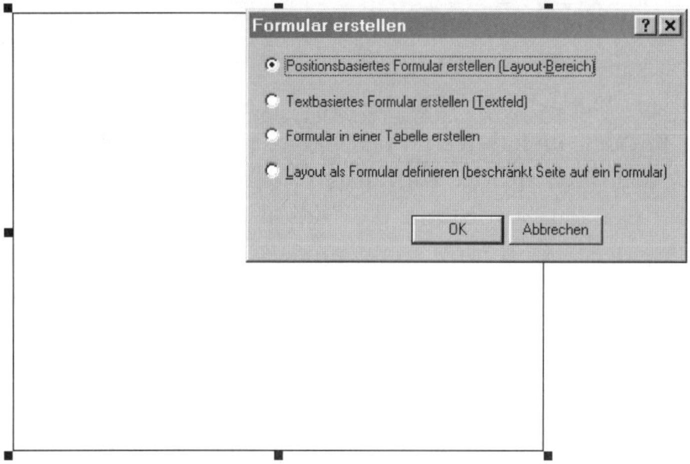

Abb. 7.7: Formular erstellen

Positionsbasiertes Formular erstellen (Layout-Bereich)

Mit dieser Option erstellen Sie einen frei beweglichen Layout-Bereich und erklären ihn zum Formular. Diese Option gibt Ihnen die größten Freiheiten bei der Formulargestaltung. Anschließend können Sie die Umrisslinien des Layout-Bereiches mit den Anfassern in die gewünschte Form ziehen.

Textbasiertes Formular erstellen

Wählen Sie diese Option, wenn Sie ein Textfeld erstellen und als Formular nutzen wollen. Bestätigen Sie Ihre Auswahl mit *OK*. Anschließend können Sie die Umrisslinien des Textfelds mit den Anfassern in die gewünschte Form ziehen.

HINWEIS

Aktivieren Sie in der Eigenschaften-Palette auf der Registerkarte *Textfeld* die Option *Höhe fixieren*, damit Sie auch die Mindesthöhe des Textfeldes mit Hilfe der Anfasser festlegen können.

Formular in einer Tabelle erstellen

Diese Option kann sehr nützlich sein, wenn Sie die Möglichkeiten der übersichtlichen Darstellung von Informationen in einer Tabelle gemeinsam mit den interaktiven Möglichkeiten eines Formulars nutzen wollen. Auch mehrspaltige Formulare sollten Sie wegen der Möglichkeiten zur exakten Ausrichtung der Formularelemente als Tabelle erstellen. Bestätigen Sie Ihre Auswahl mit *OK*, um eine Tabelle zu erstellen und sie zum Formular zu erklären. Mehr Informationen zu Tabellen finden Sie im vorigen Kapitel.

Layout als Formular definieren

Wir raten davon ab, diese Option zu nutzen, weil sie keinerlei Vorteile bietet und sogar handfeste Nachteile aufweist:

- Die gesamte Seite wird zum Formular erklärt, das bedeutet, Sie können nur ein Formular auf der Seite benutzen. Bei den anderen Optionen sind mehrere Formulare pro Seite möglich.
- Bei der Ausgabe der Seite als HTML wird am Anfang der Seite durch den <FORM>-Befehl in manchen Fällen zusätzlicher Abstand eingefügt. Grafiken im Layout können dadurch bei der Darstellung im Web-Browser nach unten verschoben werden. Beim Blättern zwischen Seiten erscheint dies als Springen der Grafik, was sehr unprofessionell wirkt.

Formulareinstellungen

Wenn Sie ein Formular erstellt haben, steht neben dem Kontrollkästchen *... ist Formular* auch die Schaltfläche *Einstellungen* zur Verfügung:

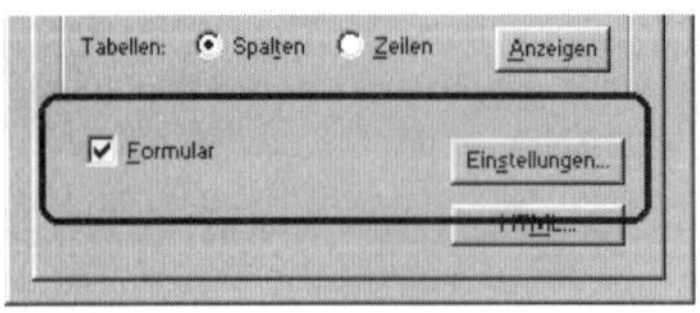

Abb. 7.8: Formulareinstellungen ändern

Durch Klicken auf diese Schaltfläche öffnen Sie das Dialogfenster *Formulareinstellungen*. Dort können Sie festlegen, welches Programm das Formular verarbeitet und welche Parameter in Form von versteckten Formularfeldern an dieses Programm übergeben werden:

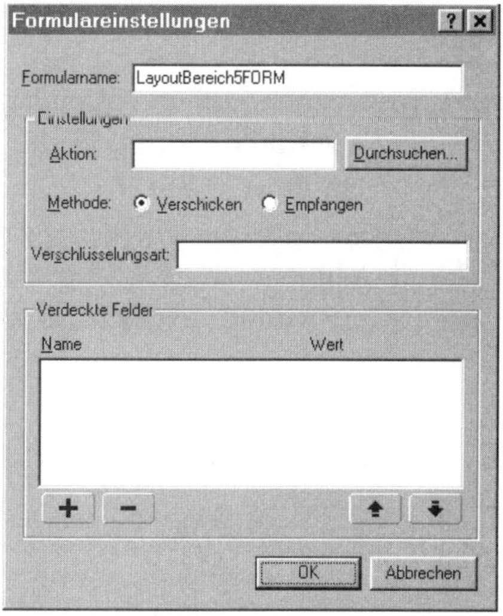

Abb. 7.9: Formulareinstellungen

> **HINWEIS**
> Formulare werden zwar im Web-Browser des Besuchers Ihrer Website angezeigt, in der Regel aber von Programmen auf dem Webserver Ihres Providers ausgewertet und verarbeitet. Die Einträge in den Feldern des Formulars werden dazu an das Programm übermittelt, das im Feld *Aktion* angegeben ist. Oft benötigen diese Programme zusätzliche Angaben, die in Form von *verdeckten Feldern* im Formular enthalten sind.

Formularname

In diesem Feld können Sie einen Namen für das Formular eintragen. Der Name muss eindeutig sein und darf von keinem anderen Formular auf dieser Seite benutzt werden. Standardmäßig vergibt Fusion automatisch eindeutige Namen, wenn Sie ein Objekt erstellen.

HINWEIS

Verwenden Sie bei Formularnamen und bei den Namen für Elemente innerhalb eines Formulars keine Leerzeichen und keine Umlaute wie ä,ü,ß, etc. Der Unterstrich ist jedoch erlaubt.

Aktion

In diesem Feld müssen Sie das Programm angeben, das die Formulareinträge auswerten soll (z.B. *http://www.domainname/cgi-bin/programm.cgi*). In der Regel wird es von Ihrem Provider zur Verfügung gestellt oder befindet sich auf dem Webserver Ihres Intranets. Fragen Sie bei Ihrem Provider oder dem Netzwerk-Administrator nach, welche Programme zur Verfügung stehen, wie sie heißen und welche Parameter sie erfordern.

Methode

Die Einträge des Formulars können auf verschiedene Weise an das verarbeitende Programm übermittelt werden:

Bei der Methode *Verschicken* (POST) werden die Formulardaten an das Programm gesendet und von diesem wie Kommandozeilenangaben verarbeitet, dies ist die Standardmethode.

Bei der Methode *Empfangen* (GET) werden die Formulardaten in Umgebungsvariablen des WWW-Servers gespeichert und müssen vom Programm ausgelesen werden, um sie zu verarbeiten.

Welche Methode im Einzelfall zutrifft, hängt davon ab, wie das Programm geschrieben wurde.

Verschlüsselungsart

Hier können Sie die Art der Kodierung für die Formulardaten festlegen, konkret bestimmen Sie den Inhalt des Attributes *ENCTYPE*. Im Normalfall können Sie dieses Feld leer lassen.

HINWEIS

Für die Datenübertragung von Dateien müssen Sie den Verschlüsselungstyp *multipart/form-data* eintragen. Der dazu benötigte Feldtyp *File* wird von Fusion leider (noch) nicht zur Verfügung gestellt. Mit HTML-Befehlen können Sie ein solches Feld innerhalb des Formulars jedoch leicht selbst erstellen, indem Sie auf die Schaltfläche *HTML* klicken.

Verdeckte Felder

Viele Programme benötigen für die Auswertung von Formularen zusätzliche Informationen, um korrekt arbeiten zu können. Diese Informationen werden oft in der Form von *verdeckten Feldern* übermittelt, d.h. diese Felder enthalten zwar Daten, werden aber im Web-Browser nicht angezeigt.

HINWEIS

Obwohl verdeckte Felder nicht im Web-Browser angezeigt werden, sind sie im Quelltext des HTML-Dokumentes enthalten und können daher von jedermann gelesen werden. Speichern Sie deshalb keinerlei vertrauliche Informationen in verdeckten Feldern, insbesondere keine Passworte, Kreditkarten- oder Kontoinformationen!

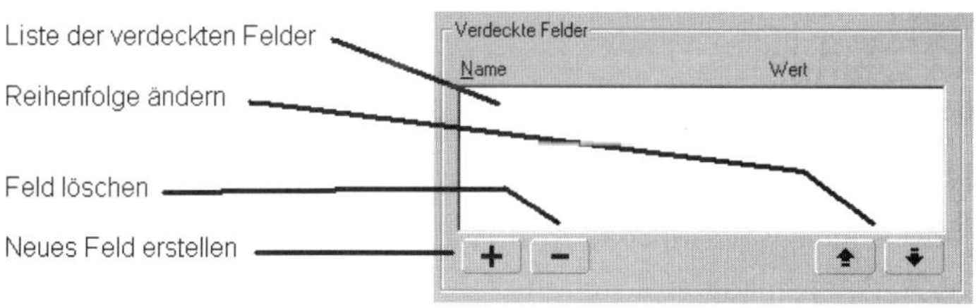

Abb. 7.10: Verdeckte Felder bearbeiten

Verdecktes Feld erstellen

Klicken Sie auf das *Plus*-Zeichen unter der Liste der verdeckten Felder, um ein neues verdecktes Feld zu erstellen.

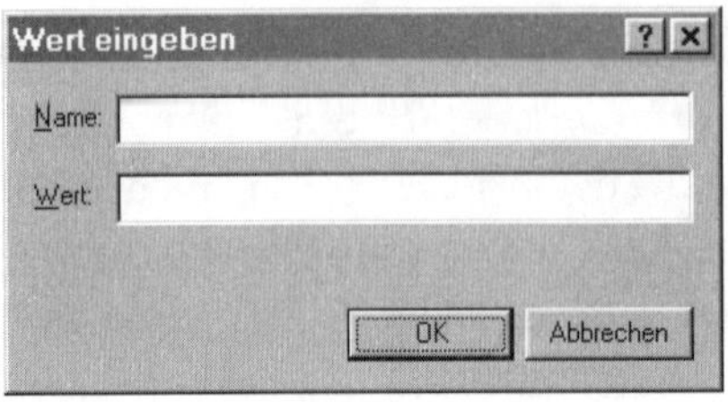

Abb. 7.11: Werte für verdecktes Feld eingeben

Im darauf folgenden Dialog können Sie den Namen des verdeckten Feldes und den Wert, also den Inhalt des Feldes eingeben.

> **HINWEIS**
>
> Verwenden Sie bei den Namen für verdeckte Felder keine Leerzeichen und keine Umlaute wie ä,ü,ß, etc. Der Unterstrich ist jedoch erlaubt.
> Die beiden Eingabefelder im Dialogfenster definieren die HTML-Attribute *NAME* und *VALUE* eines INPUT-Feldes vom Typ *HIDDEN*.

Verdecktes Feld bearbeiten

Durch Doppelklick auf den Eintrag des verdeckten Feldes in der Liste können Sie das Dialogfenster *Wert eingeben* öffnen und den Namen des Feldes sowie den Wert ändern.

Verdecktes Feld löschen

Wählen Sie den entsprechenden Eintrag aus der Liste der verdeckten Felder aus und klicken Sie auf das *Minus*-Zeichen unterhalb der Liste, um den markierten Eintrag zu löschen.

Reihenfolge ändern

Markieren Sie einen Eintrag in der Liste der verdeckten Felder und klicken Sie auf die Pfeiltasten rechts unterhalb der Liste, um den Eintrag innerhalb der Liste nach oben oder nach unten zu bewegen.

7.2 Formular-Werkzeuge

Formulare können aus unterschiedlichen Elementen bestehen: Eingabefelder (ein- und mehrzeilig), Kontrollkästchen, Optionsschaltflächen, Auswahlfelder und Schaltflächen sind möglich.

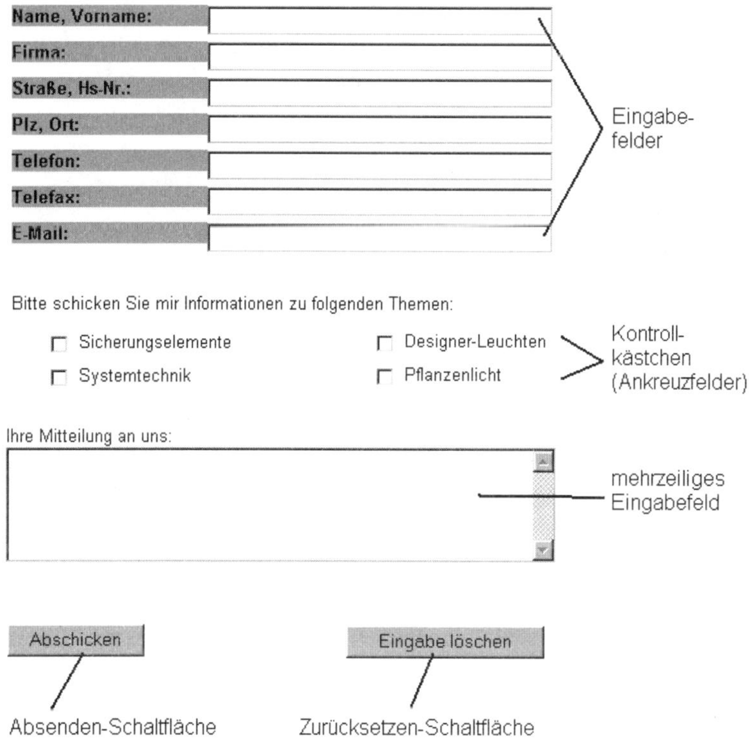

Abb. 7.12: Beispiel für ein Online-Formular

Um Formularelemente zu erstellen, versammelt Fusion alle nötigen Werkzeuge in einer eigenen Werkzeugleiste mit dem Namen *Formular-Werkzeuge*.

Wenn Sie ein Formular erstellen, zeigt Fusion die Werkzeugleiste *Formular-Werkzeuge* automatisch an. Falls Sie die Werkzeugleiste danach ausgeblendet haben, können Sie die *Formular-Werkzeuge* mit dem Menübefehl *Ansicht – Menüleisten – Formular-Werkzeuge* wieder anzeigen.

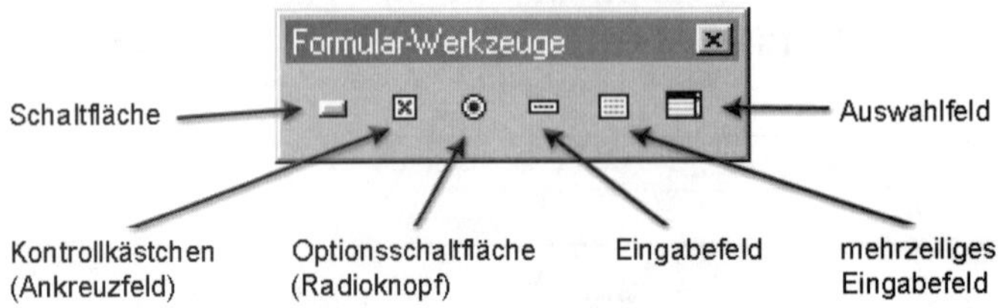

Abb. 7.13: Formular-Werkzeuge

Formularelemente platzieren

Um Formularelemente im Formularbereich zu platzieren, müssen Sie das entsprechende Werkzeug aus der Werkzeugleiste *Formular-Werkzeuge* auswählen.

Wenn Sie die Maus bei ausgewähltem Formular-Werkzeug in einen Formularbereich bewegen, wird der Formularbereich mit einem blau schraffierten Rahmen markiert und der Mauszeiger erscheint als Fadenkreuz. Klicken Sie innerhalb des Formularbereichs, um das Formularelement zu platzieren. Anschließend können Sie die Eigenschaften des Formularelementes in der Eigenschaften-Palette bearbeiten.

Schaltfläche

Abb. 7.14: Standard-Schaltflächen eines Formulars

Schaltflächen werden dazu benutzt, um die Eingaben im Formular zu bestätigen, Verarbeitungsprozesse in Skriptprogrammen zu starten oder den Inhalt des Formulars auf die Standardwerte zurückzusetzen. Die

Funktion entspricht also im Wesentlichen den Schaltflächen *OK* und *Abbrechen*, die Sie bereits aus Windows-Programmen kennen.

Schaltflächen-Eigenschaften

Abb. 7.15: Schaltflächen-Eigenschaften

Name

Wenn Sie eine Schaltfläche erstellen, vergibt Fusion automatisch einen eindeutigen Namen, der im Feld *Name* angezeigt wird. Sie können den Eintrag jedoch überschreiben und selbst einen eindeutigen Namen für die Schaltfläche eingeben. Bitte verwenden Sie dabei keine Leerzeichen und auch keine Umlaute wie ä, ö, ß, etc. Leider verwendet Fusion bei den automatisch erzeugten Namen selbst auch Umlaute, diese sollten Sie unbedingt ersetzen.

Text

Im Feld *Text* können Sie die Aufschrift der Schaltfläche festlegen. Hier dürfen Sie auch Leerstellen und Umlaute verwenden. Durch die Länge der Aufschrift wird automatisch auch die Größe der Schaltfläche bestimmt.

Bild

Statt einer Aufschrift können Sie auch ein Bild auf der Schaltfläche anzeigen lassen. Aktivieren Sie dazu die Option *Abbild* und wählen Sie durch Klick auf *Suchen* die Bilddatei aus, die auf der Schaltfläche angezeigt werden soll. Die Fläche des Bildes bestimmt automatisch auch die Größe der Schaltfläche. Schaltflächen mit einem Bild dürfen nur den Typ *Senden* erhalten.

Typ

In der Auswahlliste *Typ* können Sie den Typ bzw. das Verhalten der Schaltfläche festlegen:

Senden sendet die Einträge des Formulars an das Programm, das als Aktion bei den Formulareigenschaften festgelegt wurde. Dieser Typ entspricht dem HTML-Befehl <INPUT TYPE=SUBMIT>.

Zurücksetzen löscht alle Benutzereingaben und setzt die Formularfelder auf die definierten Standardwerte zurück. Dieser Typ entspricht dem HTML-Befehl <INPUT TYPE=RESET>.

Button kann dazu benutzt werden, um Skriptprogramme auszuführen. Dieser Typ entspricht dem HTML-Befehl <INPUT TYPE= BUTTON>.

Kontrollkästchen

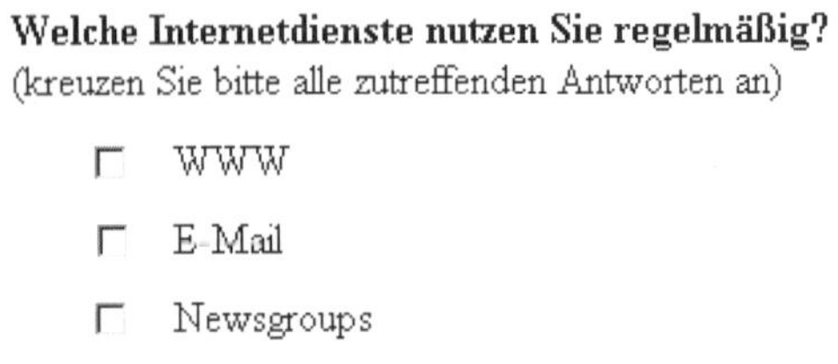

Abb. 7.16: Beispiel für Kontrollkästchen

Mit Kontrollkästchen geben Sie den Besuchern Ihrer Internetseiten die Möglichkeit, aus den angebotenen Optionen eine, keine oder mehrere auszuwählen. Kontrollkästchen eignen sich deshalb für alle Auswahlmöglichkeiten, bei denen Mehrfachnennungen erlaubt sein sollen.

Kontrollkästchen-Eigenschaften

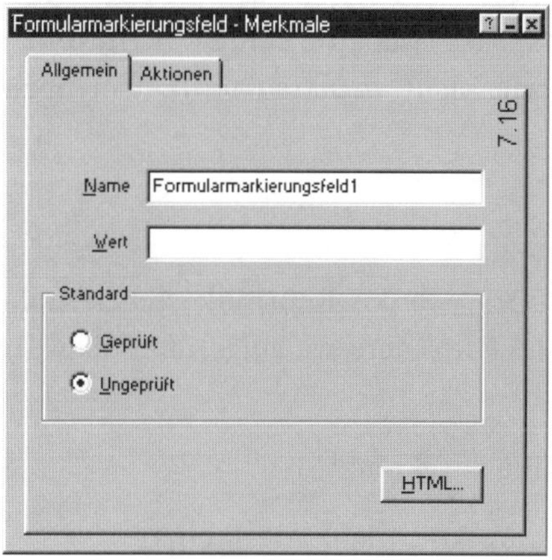

Abb. 7.17: Kontrollkästchen-Eigenschaften

Name

Wenn Sie ein Kontrollkästchen erstellen, vergibt Fusion automatisch einen eindeutigen Namen, der im Feld *Name* angezeigt wird. Sie können den Eintrag jedoch überschreiben und selbst einen eindeutigen Namen für das Kontrollkästchen eingeben. Bitte verwenden Sie dabei keine Leerzeichen und auch keine Umlaute wie ä, ö, ß, etc. Da der Name des Kontrollkästchens zusammen mit dem Wert vom Formular übermittelt wird, sollten Sie einen beschreibenden Namen wählen, aus dem die Funktion des Feldes klar hervorgeht, also z.B. *Prospekte_zusenden* statt *Kontrollkästchen 4711*.

Wert

Was Sie im Feld *Wert* eintragen, wird zusammen mit dem Namen des Feldes an das Programm übertragen, das die Formulareinträge verarbeitet, wenn das Kontrollkästchen angekreuzt ist. Die Werte von nicht angekreuzten Feldern werden nicht übermittelt.

Beispiel:

Die Kontrollkästchen in der obigen Abbildung haben unterschiedliche Namen (WWW, EMAIL, NEWSGROUPS), aber alle den gleichen Wert *JA*. Wenn das Feld *WWW* angekreuzt wird, übermittelt es die Information *WWW=JA*. Die beiden anderen, nicht angekreuzten Felder übermitteln keine Daten.

Standard

Mit der Option *Standard* legen Sie fest, ob das Kontrollkästchen standardmäßig angekreuzt ist, wenn die Formularseite aufgerufen oder der *Zurücksetzen*-Knopf gedrückt wird.

Markiert: Das Feld ist standardmäßig angekreuzt.

Nicht markiert: Das Feld ist standardmäßig nicht angekreuzt.

Optionsschaltflächen (Radioknöpfe)

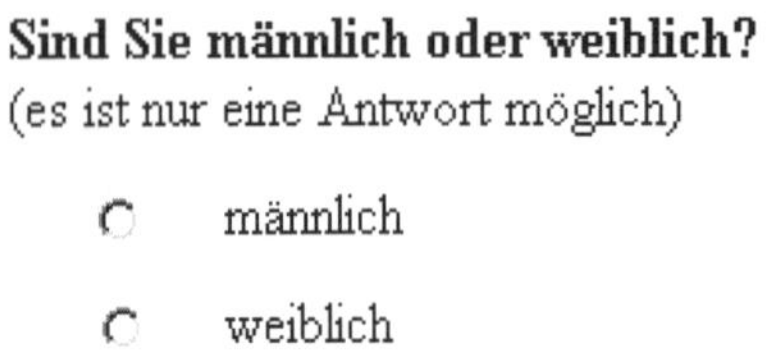

Abb. 7.18: Beispiel für Optionsschaltflächen

Optionsschaltflächen funktionieren immer als Gruppe, innerhalb einer Gruppe kann immer nur genau eine Option aktiviert sein. Optionsschaltflächen eignen sich deshalb für alle Auswahlmöglichkeiten, bei denen keine Mehrfachauswahl erlaubt ist.

Optionsschaltflächen-Eigenschaften

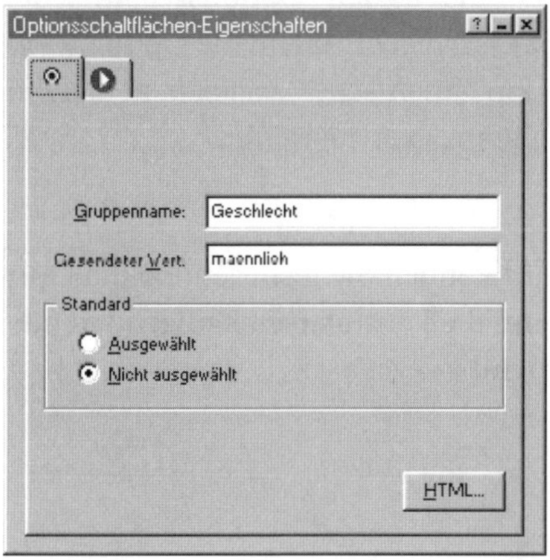

Abb. 7.19: Optionsschaltflächen-Eigenschaften

Gruppenname

Optionsschaltflächen funktionieren immer als Gruppe von zwei oder mehr Optionen. Sie können den Namen der Gruppe, zu der eine Optionsschaltfläche gehört, im Feld *Gruppenname* festlegen. Da der Gruppenname zusammen mit dem Wert der ausgewählten Optionsschaltfläche vom Formular übermittelt wird, sollten Sie einen beschreibenden Namen wählen, aus dem die Funktion der Gruppe klar hervorgeht, also z.B. *Geschlecht* statt *Optionsschaltflächen4*.

Damit innerhalb einer Gruppe von Optionsschaltflächen tatsächlich nur eine Auswahl möglich ist, muss der Gruppenname bei allen Optionsschaltflächen der Gruppe identisch sein.

Gesendeter Wert

Im Feld *Gesendeter Wert* müssen Sie den Wert eintragen, der übermittelt werden soll, wenn die Option aktiviert ist. Jede Optionsschaltfläche einer Gruppe muss einen anderen Wert haben.

Beispiel:

In der obigen Abbildung gehören die beiden Optionsschaltflächen *männlich* und *weiblich* zur Gruppe *Geschlecht*. Wenn die Option *weiblich* aktiviert ist, wird die Information *Geschlecht=weiblich* an das Programm übermittelt, das die Formularangaben auswertet.

Standard

Mit den Optionen im Feld *Standard* können Sie festlegen, ob die Optionsschaltfläche ausgewählt ist, wenn die Formularseite aufgerufen oder der *Zurücksetzen*-Knopf gedrückt wird.

Eingabefeld

Abb. 7.20: Beispiel für ein Eingabefeld

Eingabefelder eignen sich ideal für die strukturierte Erfassung von Informationen wie zum Beispiel Name und Anschrift. Aber auch Passworte können damit eingegeben werden.

Eigenschaften von Eingabefeldern

Abb. 7.21: Eigenschaften von Eingabefeldern

Name

Wenn Sie ein Eingabefeld erstellen, vergibt Fusion automatisch einen eindeutigen Namen, der im Feld *Name* angezeigt wird. Sie können den Eintrag jedoch überschreiben und selbst einen eindeutigen Namen für das Textfeld eingeben. Bitte verwenden Sie dabei keine Leerzeichen und auch keine Umlaute wie ä, ö, ß, etc. Da der Name des Feldes zusammen mit dem Wert vom Formular übermittelt wird, sollten Sie einen beschreibenden Namen wählen, aus dem die Funktion des Feldes klar hervorgeht, also z.B. *Vorname* statt *Eingabefeld 0815*.

Text

Im Feld *Text* können Sie den Text eingeben, der standardmäßig bereits im Feld angezeigt wird, wenn die Formularseite aufgerufen oder der *Zurücksetzen*-Knopf gedrückt wird.

Kennwort-Feld

Wenn Sie die Option *Kennwort-Feld* aktivieren, werden im Feld nicht die eingegebenen Zeichen, sondern Platzhalterzeichen wie z.B. Sternchen * angezeigt. Welches Platzhalterzeichen angezeigt wird, hängt vom verwendeten Web-Browser ab. Die eingegebenen Daten werden jedoch nicht verschlüsselt, sondern über das Internet als Klartext übermittelt.

Sichtbare Länge

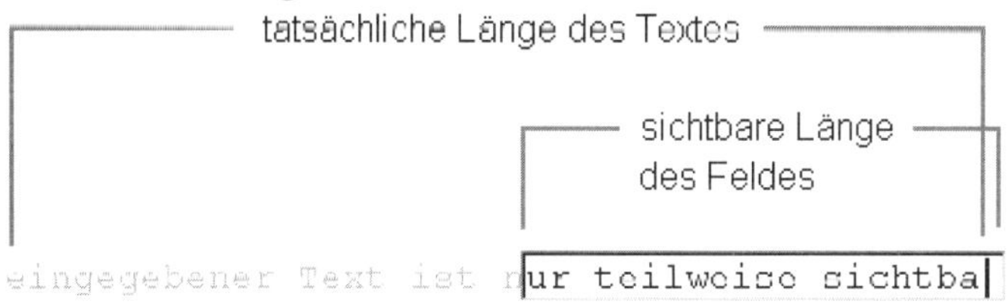

Abb. 7.22: Sichtbare Länge des Feldes

Die sichtbare Länge des Feldes gibt an, wie viele Zeichen gleichzeitig im Feld dargestellt werden können. Wenn das Feld auch längere Eingaben erlaubt, wird der Inhalt des Feldes bei der Eingabe entsprechend verschoben.

Max. Länge

Mit dem Wert im Feld *Max. Länge* können Sie die Anzahl der Zeichen begrenzen, die in das Feld eingegeben werden können.

Mehrzeiliges Eingabefeld

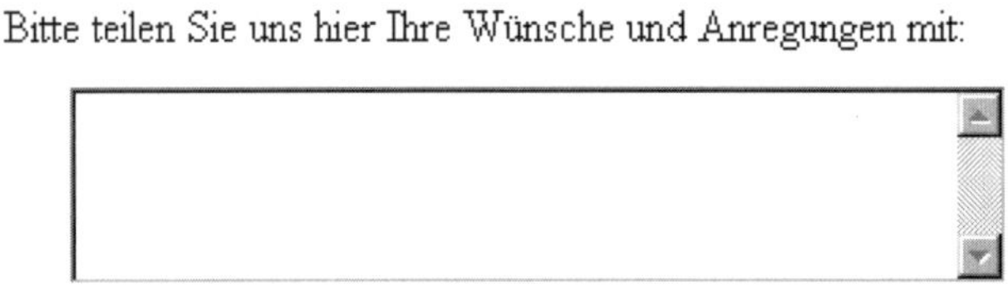

Abb. 7.23: Beispiel für ein mehrzeiliges Eingabefeld

Mehrzeilige Eingabefelder eignen sich für die Eingabe von längeren Texten. Bei mehrzeiligen Eingabefeldern werden mehrere Textzeilen gleichzeitig angezeigt. Texte, die über den sichtbaren Bereich des Feldes hinausragen, können mit dem Rollbalken am rechten Fensterrand im Feld verschoben werden. Bei der Eingabe findet am Zeilenende ein automatischer Umbruch statt, man kann jedoch mit der [↵]-Taste auch selbst Umbrüche einfügen.

HINWEIS

Fusion erzeugt bei der HTML-Ausgabe eines mehrzeiligen Eingabefeldes automatisch das Umbruch-Attribut WRAP=PHYSICAL. Diese Einstellung kann derzeit nicht beeinflusst werden.

Eigenschaften von mehrzeiligen Eingabefeldern

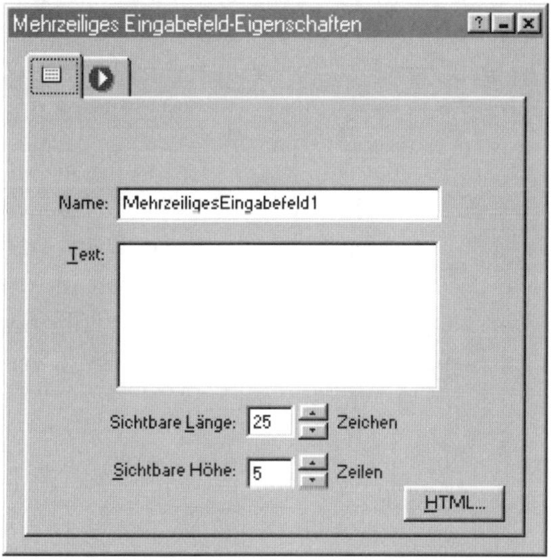

Abb. 7.24: Eigenschaften von mehrzeiligen Textfeldern

Name

Wenn Sie ein mehrzeiliges Textfeld erstellen, vergibt Fusion automatisch einen eindeutigen Namen, der im Feld *Name* angezeigt wird. Sie können den Eintrag jedoch überschreiben und selbst einen eindeutigen Namen für das Feld eingeben. Bitte verwenden Sie dabei keine Leerzeichen und auch keine Umlaute wie ä, ö, ß, etc. Da der Name des Feldes zusammen mit dem Wert vom Formular übermittelt wird, sollten Sie einen beschreibenden Namen wählen, aus dem die Funktion des Feldes klar hervorgeht, also z.B. *Kommentar* statt *MehrzeiligesEingabefeld123*.

Text

Im Feld *Text* können Sie den Text eingeben, der standardmäßig bereits im Feld angezeigt wird, wenn die Formularseite aufgerufen oder der *Zurücksetzen*-Knopf gedrückt wird.

Sichtbare Länge

Die sichtbare Länge des Feldes gibt an, wie viele Zeichen maximal in einer Zeile des Feldes dargestellt werden können. Am Ende der Zeile findet ein automatischer Umbruch statt.

Sichtbare Höhe

Mit der Angabe für *Sichtbare Höhe* legen Sie fest, wie viele Textzeilen maximal gleichzeitig im Textfeld angezeigt werden können. Dabei sind zwar Werte von 1 bis 255 möglich, 3 bis 5 Zeilen ist jedoch in den meisten Fällen eine gute Wahl. Längeren Text können Sie mit Hilfe des Rollbalkens im Fenster verschieben, bei der Eingabe von Text verschiebt sich der Inhalt des Eingabefeldes automatisch.

Auswahlfeld

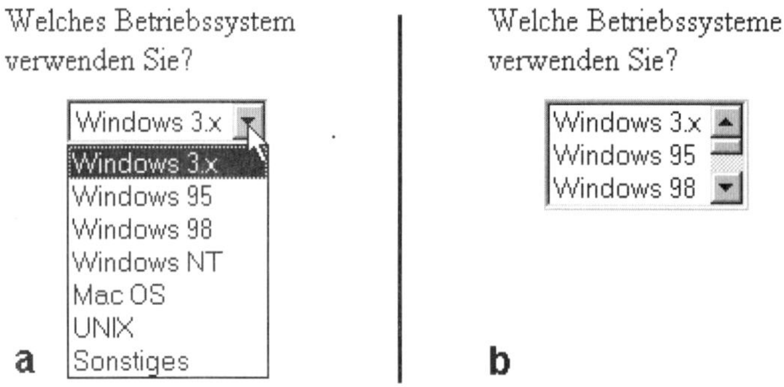

Abb. 7.25: Beispiele für Listenauswahlfelder

Mit Listenauswahlfeldern bieten Sie mehrere Auswahlmöglichkeiten in übersichtlicher Form an. Dabei haben Sie die Wahl zwischen der platzsparenden Variante als *Verdeckte Liste* (a.) oder der übersichtlicheren Ausführung als mehrzeiliges *Listenfenster* (b.). Bei Listenfenstern (b.) können Sie außerdem auch eine Mehrfachauswahl erlauben.

Eigenschaften von Auswahlfeldern

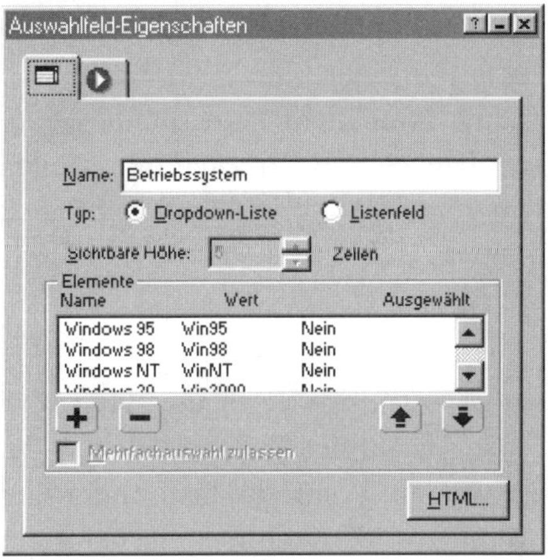

Abb. 7.26: Eigenschaften von Auswahlfeldern

Name

Wenn Sie ein Auswahlfeld erstellen, vergibt Fusion automatisch einen eindeutigen Namen, der im Feld *Name* angezeigt wird. Sie können den Eintrag jedoch überschreiben und selbst einen eindeutigen Namen eingeben. Bitte verwenden Sie dabei keine Leerzeichen und auch keine Umlaute. Da der Name des Feldes zusammen mit dem Wert vom Formular übermittelt wird, sollten Sie einen beschreibenden Namen wählen, aus dem die Funktion des Feldes klar hervorgeht, also z.B. *Betriebssystem* statt *Auswahlfeld524*.

Typ

Mit dieser Option legen Sie den Typ des Auswahlfeldes fest.

Dropdown-Liste

Eine *Dropdown*-Liste benötigt nur wenig Platz, da die zur Verfügung stehenden Auswahlmöglichkeiten bei Bedarf durch Klick auf den kleinen Pfeil eingeblendet werden können. In einer *Dropdown*-Liste kann nur ein Listeneintrag ausgewählt werden.

Listenfeld

Die Darstellung als *Listenfeld* benötigt zwar mehr Platz als die *Dropdown*- Liste, ist jedoch manchmal übersichtlicher, da mehrere Zeilen auf einmal sichtbar sind. Außerdem können Sie bei *Listenfeldern* auch eine Mehrfachauswahl zulassen.

Sichtbare Höhe

Diese Option steht nur für den Typ *Listenfeld* zur Verfügung. Hier können Sie im Bereich von 2 bis 16 die Anzahl der Zeilen festlegen, die gleichzeitig im Listenfeld angezeigt werden. Wenn die Liste mehr Elemente umfasst als gleichzeitig angezeigt werden können, erscheint am rechten Rand des Listenfeldes ein Rollbalken.

> **HINWEIS**
>
> Am benutzerfreundlichsten ist eine sichtbare Höhe von 3 bis 5 Zeilen. Zwei Zeilen sollten Sie überhaupt nur dann verwenden, wenn genau zwei Optionen zur Auswahl stehen, in diesem Fall sind jedoch Radioknöpfe oder Kontrollkästchen benutzerfreundlicher. Mehr als fünf Zeilen wirken unübersichtlich, der Inhalt des Listenfeldes kann dann nicht mehr auf einen Blick erfasst werden.

Elemente

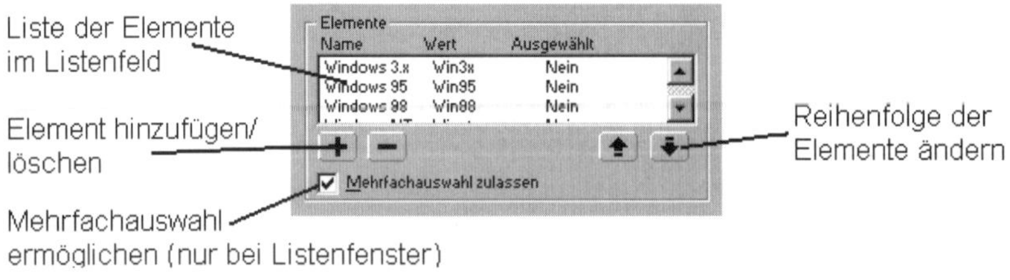

Abb. 7.27: Elemente der Liste definieren

Mit den Optionen im Bereich *Elemente* können Sie neue Elemente der Liste hinzufügen, vorhandene Elemente bearbeiten und löschen und ihre Reihenfolge ändern.

Element hinzufügen

Klicken Sie auf das *Plus*-Zeichen unter der Liste *Elemente*, um ein neues Element zu erstellen.

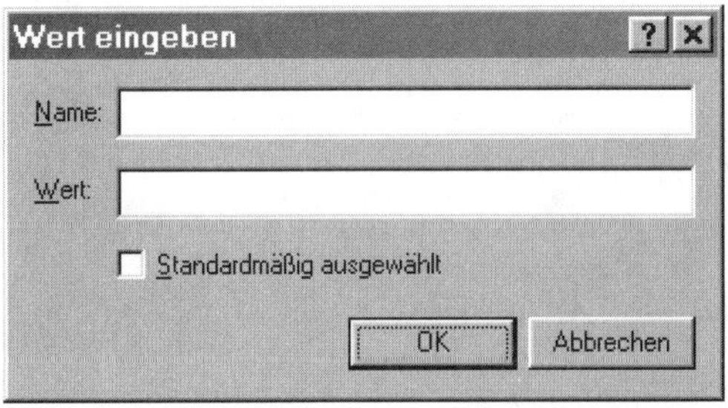

Abb. 7.28: Werte des Listenelementes eingeben

Im darauf folgenden Dialog können Sie den Namen des Elementes und den Wert eingeben. Der Name wird in der Liste angezeigt, übermittelt wird jedoch der Wert des Elementes. Sie dürfen beim Namen des Elementes auch Umlaute und Leerstellen benutzen, beim Wert jedoch nicht.

Mit der Option *Standardmäßig ausgewählt* können Sie das Element als aktive Auswahl im Listenfeld anzeigen lassen, wenn die Formularseite aufgerufen oder der *Zurücksetzen*-Knopf gedrückt wird.

Element bearbeiten

Durch Doppelklick auf den Eintrag eines Elementes in der Liste können Sie das Dialogfenster *Wert eingeben* öffnen und den Namen des Elementes sowie den Wert ändern.

Element löschen

Wählen Sie den entsprechenden Eintrag aus der Liste der Elemente aus und klicken Sie auf das *Minus*-Zeichen unterhalb der Liste, um den markierten Eintrag zu löschen.

Reihenfolge ändern

Markieren Sie einen Eintrag in der Liste der Elemente und klicken Sie auf die Pfeiltasten rechts unterhalb der Liste, um den Eintrag innerhalb der Liste nach oben oder nach unten zu bewegen.

Mehrfachauswahl ermöglichen

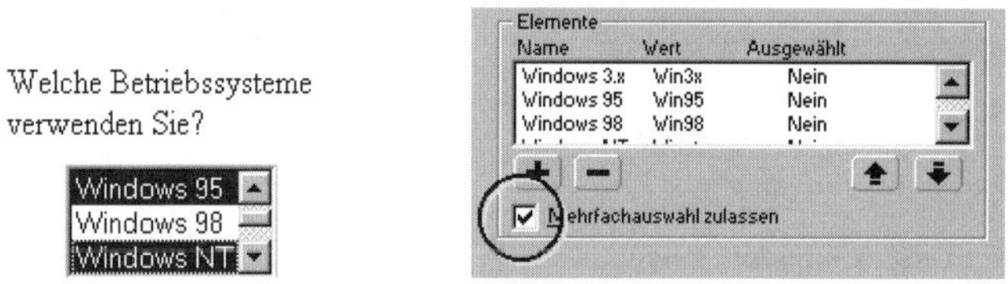

Abb. 7.29: Mehrfachauswahl ermöglichen

Diese Option steht nur bei Listenfeldern zur Verfügung. Wenn Sie diese Option aktivieren, ist es möglich, im späteren Formular mehrere Einträge aus dem Listenfeld auszuwählen. Der Anwender muss dazu beim Klick auf die Einträge in der Liste die [Strg]-Taste drücken.

7.3 Grundregeln für E-Mail-Anfragen

Wenn Ihr Formular in technischer Hinsicht funktioniert, müssen Sie nur noch einige Grundregeln beachten, um erfolgreich mit den Besuchern Ihrer Internetseiten zu kommunizieren.

Mitarbeiter vorbereiten

E-Mail-Anfragen aus Online-Formularen erreichen Sie in reiner Textform. Selbst ausgedruckt sehen sie unscheinbar aus und erinnern in keinster Weise an die hübsch formulierten Anfragen mit Firmenlogo, die Sie sonst in Form von Briefen und Faxen erreichen:

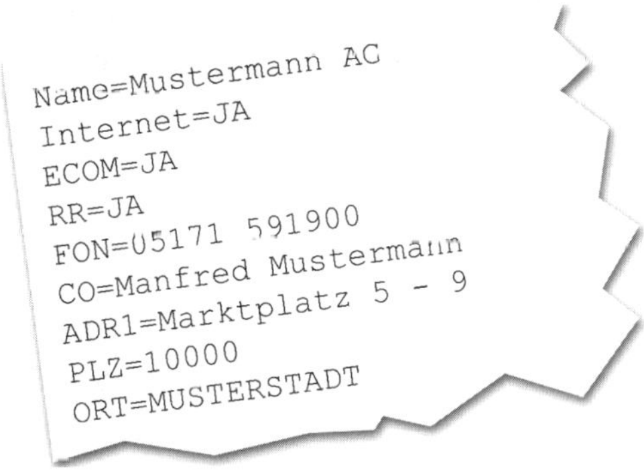
Name=Mustermann AC
Internet=JA
ECOM=JA
RR=JA
FON=05171 591900
CO=Manfred Mustermann
ADR1=Marktplatz 5 - 9
PLZ=10000
ORT=MUSTERSTADT

Abb. 7.30: Beispiel für eine Anfrage per E-Mail-Formular

Bereiten Sie also Ihre Mitarbeiter rechtzeitig auf das neue Medium vor, damit die Anfragen, die Sie über das Internet erreichen, genauso ernsthaft bearbeitet werden wie Briefe und Faxe.

Schnell antworten

Vom Antwortzeitverhalten her liegt E-Mail irgendwo zwischen Telefon und Fax. Konkret bedeutet das: Sie müssen jede Anfrage, die Sie per E-Mail erreicht, so schnell wie möglich und möglichst innerhalb eines Werktages beantworten. Je nach Branche kann diese Zeitspanne auch wesentlich kürzer sein, selten aber viel länger.

Zeit gewinnen

Sie können die Zeitspanne, die Ihnen für eine qualifizierte Antwort zur Verfügung steht, durch automatisch generierte Antworten ein wenig verlängern: Ein Programm (Autoresponder) beantwortet in diesem Fall automatisch jede Anfrage mit einer Nachricht wie *Vielen Dank für Ihre Anfrage. Wir werden sie so schnell wie möglich beantworten*. Trotzdem dürfen Sie mit der Antwort nicht lange auf sich warten lassen.

Faxweiterleitung als Übergangslösung

Solange Sie noch nicht über ein eigenes E-Mail-System verfügen, können Sie sich die E-Mail-Anfragen auch als Fax zusenden lassen. Dieser Dienst wird heute von fast allen Providern angeboten. Die E-Mail-Anfrage kann dann im betriebsinternen Ablauf genauso bearbeitet werden wie eine normale Faxanfrage – nur schneller.

Infrastruktur schaffen

Wenn Sie den Besuchern Ihrer Website die Möglichkeit geben, per E-Mail mit Ihnen in Kontakt zu treten, müssen Sie über kurz oder lang auch die internen Voraussetzungen dafür schaffen, um E-Mail-Anfragen direkt zu beantworten:

Installieren Sie im eigenen Hause ein E-Mail-System und nutzen Sie es für die betriebsinterne Kommunikation. Wenn Ihre Mitarbeiter bereits mit E-Mail als internes Kommunikationsmedium vertraut sind, haben Sie beste Voraussetzungen, um auch externe Anfragen aus dem Internet zu beantworten. Abgesehen davon profitieren Sie natürlich auch selbst von der schnelleren und zeitversetzten Kommunikation durch E-Mail in Ihrem Unternehmen.

Entscheidungswege verkürzen

Möglicherweise müssen Sie auch Entscheidungskompetenz verlagern, um Anfragen schnell genug beantworten zu können. Erhöhen Sie beispielsweise den Kulanzbetrag, über den Mitarbeiter in der Reklamationsabteilung selbständig verfügen können, um unnötige Rückfragen und zeitraubende Genehmigungsverfahren zu vermeiden.

Entlastung durch Outsourcing

E-Mail-Anfragen, die mit dem Versand von vorhandenem Prospektmaterial oder Preisauskünften beantwortet werden können, können Sie auch von externen Dienstleistern bearbeiten lassen. Die Kosten für extern beantwortete Anfragen liegen derzeit bei etwa 6,- bis 8,- DM.

Durch den Einsatz von modernen Wissensmanagementsystemen lassen sich auf diese Weise sogar Teile des technischen Supports auslagern.

Fazit

Die Besucher Ihrer Website erwarten eine schnelle, individuelle und qualifizierte Antwort von Ihnen – enttäuschen Sie sie nicht!

Wertvolle Kundenmeinungen

Sie sollten in Ihren Formularen immer auch mehrzeilige Eingabefelder verwenden, um Ihren Kunden die Möglichkeit zu geben, Meinungen und Vorschläge mitzuteilen. Durch die Auswertung dieser Mitteilungen können Sie wertvolle Anregungen für die Verbesserung Ihres Internetauftritts oder Ihrer Leistungen und Produkte erhalten.

7.4 Zusammenfassung, Fragen und Übungen

Zusammenfassung

- Sie können Seiten, Layoutbereiche, Tabellen und Textfelder als Formulare definieren. Die Verwendung einer Seite als Formular weist jedoch einige Nachteile auf, deshalb raten wir davon ab.
- Die Einstellungen für das Programm zur Auswertung des Formulars und etwa benötigte versteckte Felder werden bei den Formulareinstellungen in der Eigenschaften-Palette definiert.
- Formulare können Schaltflächen, Kontrollkästchen, Optionsschaltflächen, ein- und mehrzeilige Eingabefelder und Listenfelder enthalten.

Zusammenfassung

- Sie können Schaltflächen definieren, um das Formular an das Auswertungsprogramm zu senden, um die Feldinhalte auf Standardwerte zurückzusetzen oder um Skriptprogramme zu starten.
- Kontrollkästchen eignen sich für Auswahlmöglichkeiten, bei denen eine Mehrfachauswahl erlaubt ist. Nur angekreuzte Felder werden übermittelt.
- Optionsschaltflächen funktionieren immer als Gruppe, innerhalb einer Gruppe ist immer nur eine Auswahl möglich.
- Bei einzeiligen Eingabefeldern können Sie die angezeigte Länge und die maximale Länge der Eingabe festlegen. Außerdem können Sie die eingegebene Zeichenfolge mit Platzhalterzeichen darstellen lassen, wenn Sie das Textfeld als Kennwortfeld definieren.
- Mehrzeilige Eingabefelder eignen sich für die Erfassung längerer Texte im Formular. Sie können bei diesem Feldtyp die Zeilenlänge und die Anzahl der angezeigten Textzeilen festlegen.
- Listenfelder können als Dropdpwn-Liste oder als Listenfeld dargestellt werden. Bei Listenfeldern können Sie auch eine Mehrfachauswahl erlauben.

Fragen und Übungen

1. Warum ist es wenig sinnvoll, ein Listenfeld mit nur zwei Auswahlmöglichkeiten zu erstellen, bei der die Mehrfachauswahl erlaubt sein soll?
2. Durch welche gemeinsame Eigenschaft werden Optionsschaltflächen zu einer Gruppe zusammengefasst?
3. Welche Taste muss gedrückt werden, um bei einem Listenfeld eine Mehrfachauswahl vorzunehmen?

Assets verwalten

8 Assets verwalten

Die Bilder, Hyperlink-Verknüpfungen, externen Dateien und Variablen, die Sie für Ihre Website verwenden, werden in Fusion als Assets bezeichnet. Der Begriff Asset kommt aus dem Amerikanischen und bedeutet soviel wie Baustein oder Bestandteil. In diesem Kapitel lernen Sie die Funktionen kennen, die Ihnen Fusion für die zentrale Verwaltung der Assets Ihrer Website zur Verfügung stellt.

8.1 Die Verwalten-Ansicht

Abb. 8.1: Verwalten-Ansicht

Die zentrale Verwaltung von Assets erfolgt in der *Verwalten-Ansicht*, die Sie mit dem entsprechenden Symbol in der Symbolleiste aufrufen können.

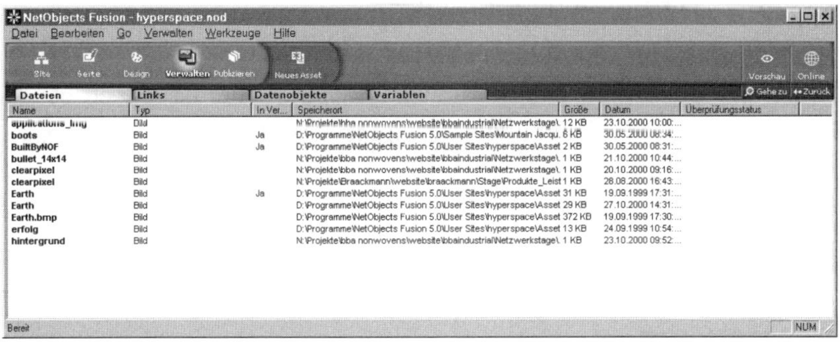

Abb. 8.2: Verwalten-Ansicht

Wozu eine eigene Assetsverwaltung?

Dass die Entwickler von Fusion eine eigene Ansicht programmiert haben, um die Assets einer Website zu verwalten, zeigt deutlich, wie viel Bedeutung sie dem Thema Assetsverwaltung beigemessen haben. Tatsächlich liegt einer der wesentlichen Vorteile von Fusion im Vergleich zu vielen anderen WebDesign-Programmen in der einfachen und zentralen Verwaltung aller Assets.

Zwei Beispiele sollen das verdeutlichen:

Bild aktualisieren

Nehmen wir an, Sie haben Ihren Rechner aufgeräumt und Ihre Dateiablage neu organisiert. Dadurch befindet sich Ihr Firmenlogo jetzt in einem anderen Verzeichnis. Leider kommt das Firmenlogo auf vielen Seiten Ihrer Webpräsenz vor, Sie müssen deshalb den Verweis auf den neuen Speicherort der Bilddatei in Ihrer Website aktualisieren. Dank der Assetsverwaltung von Fusion brauchen Sie in einem solchen Fall nicht auf jeder betroffenen Seite den Dateiverweis auf das Firmenlogo zu ändern, sondern können das bequem an einer zentralen Stelle erledigen.

Externe Verknüpfungen prüfen

Das Internet lebt von Querverweisen und Verknüpfungen auf vertiefende und ergänzende Informationsangebote. Nichts ist jedoch peinlicher als ein toter Link, d.h. eine Verknüpfung auf eine externe Seite, die nicht mehr funktioniert. Fusion kann alle Verknüpfungen – auch externe – automatisch überprüfen und Ihnen ganz genau sagen, welche Hyperlinks nicht mehr funktionieren.

Assetstypen

Die *Verwalten*-Ansicht enthält vier Registerkarten für die verschiedenen Assetstypen *Dateien*, *Links*, *Datenobjekte* und *Variablen*.

Registerkarte Dateien

Die Registerkarte *Dateien* enthält eine Liste aller Dateien, die Sie in der Website verwenden oder verwendet haben. Einmal verwendete Dateien bleiben als Einträge in der Assetsliste gespeichert, bis Sie den Eintrag löschen. Sie können hier Dateiressourcen hinzufügen, vorhandene Dateiressourcen bearbeiten, überprüfen lassen und löschen.

In der Liste können Sie ablesen, ...

- wie die Ressource heißt,
- um welchen Datei-Typ es sich handelt (z.B. Bild, Java Applet, Sound, ...),
- ob die Datei derzeit verwendet wird,
- wo sie gespeichert ist,
- wie groß sie ist,
- wann sie zuletzt bearbeitet wurde,
- wann sie zuletzt überprüft wurde.

Registerkarte Links

In der Registerkarte *Links* finden Sie eine Liste aller Hyperlinks Ihrer Website. Sie können hier Links hinzufügen, vorhandene Links bearbeiten, überprüfen lassen und löschen.

In der Liste können Sie ablesen, ...

- wie die Verbindung heißt,
- wohin die Verbindung weist,
- welcher Verbindungstyp vorliegt: Intern, Extern, Smart-Link oder Datei,
- welcher Zielrahmen (Frame) verwendet wird,
- wann die Verbindung zuletzt geprüft wurde.

Registerkarte Datenobjekte

Die Registerkarte *Datenobjekte* zeigt eine Liste der Datenobjekte Ihrer Website an. Datenobjekte beschreiben den Zugriff auf Datenbankinformationen, die von internen oder externen Datenquellen stammen und in der Website verwendet werden. In der Assetsliste, die nur den Namen des Asset anzeigt, können Sie Datenobjekte definieren, bearbeiten und löschen.

Registerkarte Variablen

Auf der Registerkarte *Variablen* finden Sie eine Liste aller Variablen, die für Ihre Website definiert sind. Mit Hilfe von Variablen können Sie Angaben wie z.B. Ihre Adresse als Variablen-Ressource zentral speichern und dann im HTML-Code von Objekten platzieren. Die Assetsliste zeigt nur den Namen der Variablen und ihren Wert an. Sie können hier neue Variablen definieren, vorhandene Variablen bearbeiten und löschen.

8.2 Assets verwalten

Die Funktionen zur Bearbeitung und Verwaltung von Assets sind im Wesentlichen für alle Assetstypen gleich, deshalb beschreiben wir sie im Folgenden in allgemeiner Weise. Wo es nötig ist, gehen wir natürlich auf Besonderheiten ein, die nur für den einen oder anderen Assetstyp gelten.

Assets bearbeiten

Klicken Sie doppelt auf den Namen des Assets in der Liste, das Sie bearbeiten wollen. Fusion öffnet daraufhin ein Dialogfenster, mit dem Sie die wichtigsten Eigenschaften des Assets bearbeiten können.

Dateiressource bearbeiten

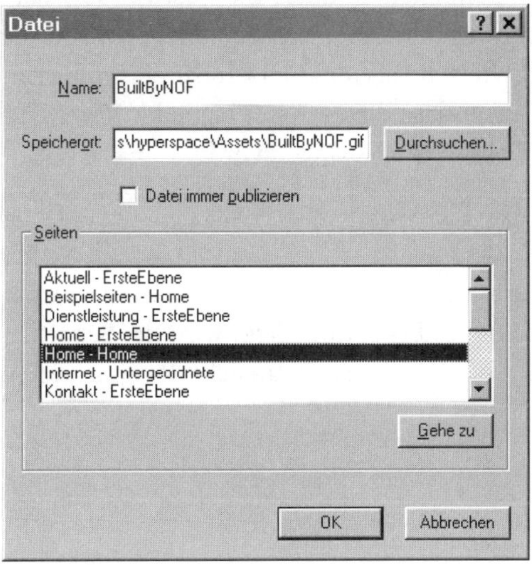

Abb. 8.3: Datei-Asset bearbeiten

Name

Im Feld *Name* können Sie den Namen des Assets ändern. Wählen Sie einen Namen, der Ihnen dabei hilft, das Asset auch noch Wochen und Monate später in der Assetsliste zu identifizieren und von den anderen Assets zu unterscheiden.

Position

Im Feld *Position* wird der Speicherort angezeigt, an dem sich die Datei zu dem Zeitpunkt befunden hat, als sie auf einer Seite platziert wurde. Sie können diese Angabe ändern, indem Sie auf die Schaltfläche *Suchen* klicken und dem Asset eine neue Datei (oder dieselbe Datei an einem anderen Speicherort) zuweisen.

Datei immer publizieren

Bei den Veröffentlichungseinstellungen können Sie bestimmen, dass nur die Assets auf den Webserver übertragen werden sollen, die seit der letzten Übertragung geändert wurden. Mit der Option *Datei immer veröffentlichen* können Sie festlegen, dass dieses Asset bei jeder Veröffentlichung immer mit auf den Webserver übertragen wird.

Seiten

In dieser Liste werden die Seiten angezeigt, auf denen das Asset verwendet wird. Wenn Sie eine Seite in der Liste anklicken, wird die Schaltfläche *Gehe zu* eingeblendet, mit der Sie zur Seitenansicht der markierten Seite wechseln können.

Assets überprüfen

Sie können Dateiressourcen und Verbindungen mit dem Menübefehl *Verwalten – Alle Assets überprüfen* überprüfen lassen.

Bei Assets, die nicht am angegebenen Speicherort vorhanden sind, zeigt Fusion bei der Überprüfung ein Dialogfenster an, in dem Sie den Speicherort der Datei korrigieren können.

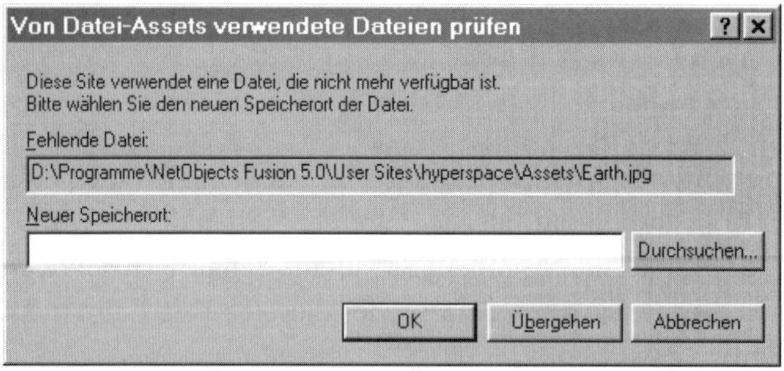

Abb. 8.4: Neue Position für ein Datei-Asset eingeben

Fehlende Verbindungen können Sie auf ähnliche Weise korrigieren.

Assets löschen

Markieren Sie das Asset, das Sie löschen wollen und drücken Sie die [Entf]-Taste oder wählen Sie den Menübefehl *Editieren – Asset löschen*.

Fusion fordert Sie daraufhin auf, das Löschen ausdrücklich zu bestätigen und weist Sie darauf hin, dass der Löschvorgang nicht rückgängig gemacht werden kann:

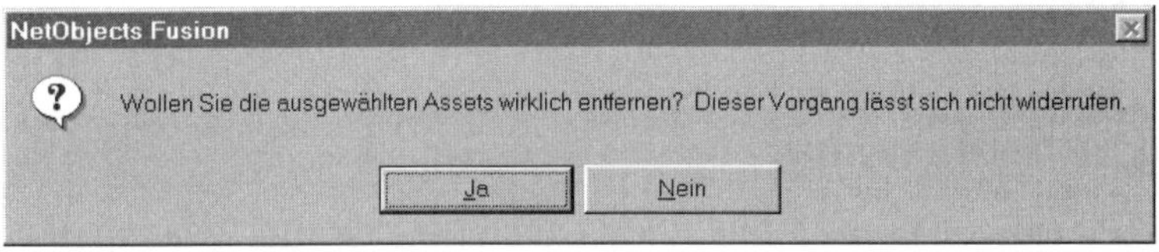

Abb. 8.5: Löschbestätigung für Assets

Wenn Sie *Ja* anklicken, wird die Ressource in Fusion gelöscht. Externe Dateien bleiben jedoch erhalten.

> **HINWEIS**
>
> Fusion zeigt bei Datei-Assets in der Assetsliste an, ob sie noch verwendet wird. In manchen Ausnahmefällen (z.B. bei eingebetteten Java-Klassen eines Applets) werden Dateien jedoch als unbenutzt gekennzeichnet, obwohl sie weiterhin benötigt werden. Wir raten deshalb davon ab, die Menüfunktion *Alle unbenutzten Assets löschen* einzusetzen. Löschen Sie Assets lieber von Hand und beschränken Sie sich wirklich auf die Dateien, bei denen Sie sicher sind, dass sie nicht mehr verwendet werden.

Neues Asset erstellen

In der Regel werden Sie neue Assets bei der Arbeit in der Seitenansicht erstellen, das ist viel bequemer und ergibt sich bei der Seitengestaltung ohnehin. Sie können jedoch auch in der *Verwalten-Ansicht* eine neue

Ressource erstellen, indem Sie den Menübefehl *Verwalten – Neues Asset* wählen. Alternativ zum Menübefehl können Sie auch die Tastenkombination [Strg] + [N] benutzen. Fusion öffnet daraufhin ein Dialogfenster, in dem Sie die wesentlichen Eigenschaften des Asset festlegen können.

8.3 Zusammenfassung, Fragen und Übungen

Zusammenfassung

- Die zentrale Verwaltung von Assets erfolgt in der *Verwalten-Ansicht*
- Die *Verwalten-Ansicht* stellt dazu eigene Registerkarten für Dateien, Links, Datenobjekte und Variablen zur Verfügung.
- Durch die zentrale Verwaltung von Assets können Dateien und Verknüpfungen geprüft und aktualisiert werden.
- Die Funktion *Alle unbenutzten Assets löschen* darf nur mit äußerster Vorsicht verwendet werden. Sie sollten darauf verzichten, wenn Sie manuell Assets hinzugefügt haben.

Fragen und Übungen

1. Beschreiben Sie die Arbeitsschritte, die nötig sind, um den Speicherort eines Datei-Assets zu ändern.
2. An welcher Stelle können Sie ablesen, auf welchen Seiten eine Datei verwendet wird?
3. Wie werden Datei-Assets gekennzeichnet, die auf Seiten Ihrer Website verwendet werden?
4. Kann es vorkommen, daß ein Datei-Asset als ungenutzt gekennzeichnet ist, obwohl es für die Website benötigt wird?

Publizieren

9 Publizieren

In diesem Kapitel erfahren Sie, wie Sie mit Fusion Seiten im Internet publizieren können. Sie lernen die unterschiedlichen Verzeichnisstrukturen kennen, die Fusion Ihnen für die Ablage Ihrer Seiten und Ressourcen zur Verfügung stellt. Wir zeigen Ihnen, welche Optionen es für die Ausgabe des HTML Codes gibt und wie Sie die gesamte Website, nur einzelne Seiten oder Abschnitte der Website auf den Webserver übertragen können.

9.1 Die Publizieren-Ansicht

Abb. 9.1: Symbol *Publizieren*

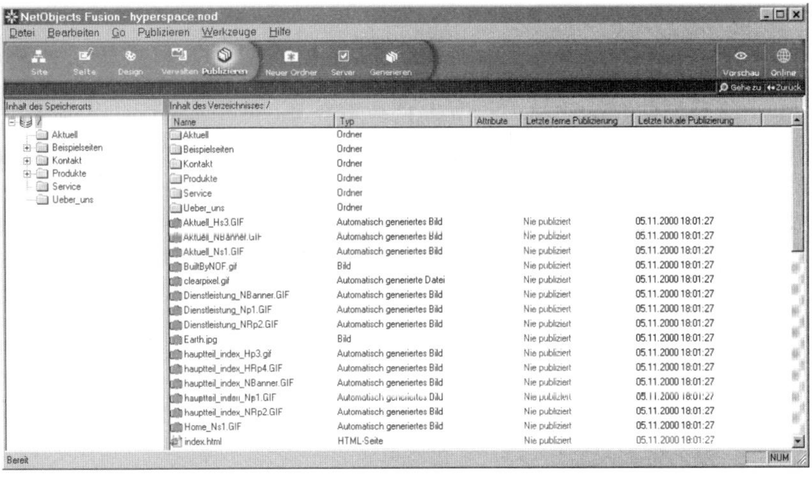

Abb. 9.2: Die *Publizieren-Ansicht*

Für die Veröffentlichung Ihrer Website im Internet stellt Fusion die *Publizieren-Ansicht* zur Verfügung, die Sie mit dem entsprechenden Symbol in der Symbolleiste aufrufen können (siehe Abb. 9.2).

Die *Publizieren-Ansicht* stellt die Verzeichnisstruktur der Website so dar, wie sie im Internet veröffentlicht wird. Gezeigt wird dabei nicht der aktuelle Zustand auf dem Webserver, sondern der geplante Zustand nach der Veröffentlichung.

Die Darstellung funktioniert ähnlich wie der Windows-Explorer: Im linken Fenster werden die Verzeichnisse dargestellt, im rechten Fenster der Inhalt des aktuell ausgewählten Verzeichnisses in Form einer Liste, die Namen, Typ, Attribute, Datum und Uhrzeit der letzten lokalen und fernen Veröffentlichung anzeigt.

Der grundsätzliche Aufbau der Verzeichnisstruktur wird in den Veröffentlichungseinstellungen festgelegt, die Einzelheiten dazu finden Sie im nächsten Abschnitt *Konfiguration*. In der *Publizieren-Ansicht* können Sie jedoch innerhalb der vorgegebenen Verzeichnisstruktur selbst neue Verzeichnisse erstellen, Verzeichnisse und Dateien verschieben, umbenennen und löschen und ihre Attribute bearbeiten.

Verzeichnis erstellen

Wählen Sie in einem Fenster der *Publizieren-Ansicht* ein Verzeichnis oder eine Datei aus und klicken Sie mit der rechten Maustaste, um das Kontextmenü anzuzeigen.

Wählen Sie den Menübefehl *Neuer Ordner* im Kontextmenü aus, um ein neues Verzeichnis unterhalb der aktuellen Verzeichnisebene zu erstellen.

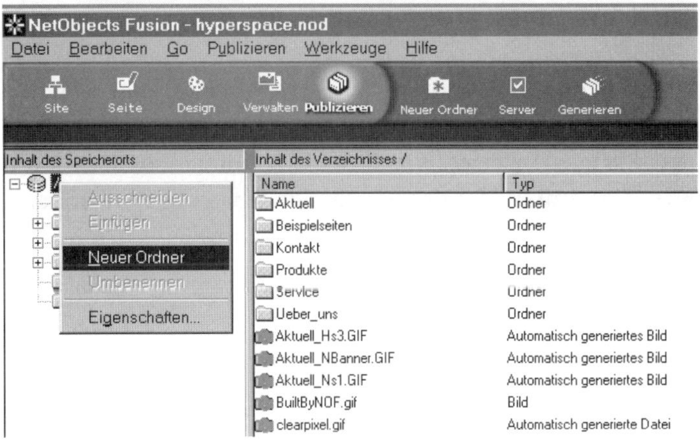

Abb. 9.3: Neues Verzeichnis erstellen

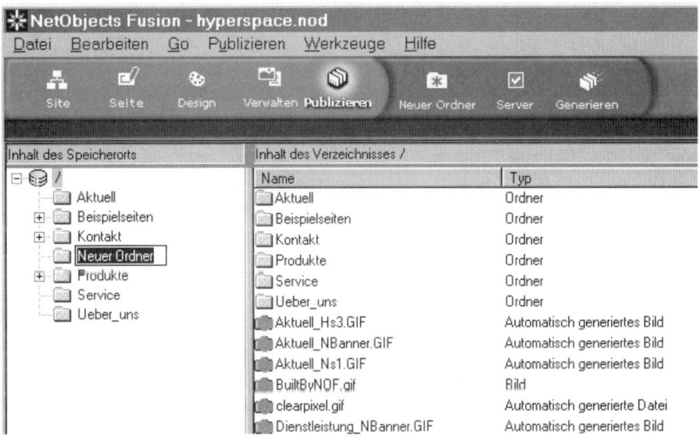

Abb. 9.4: Neues Verzeichnis

Fusion erstellt ein neues Verzeichnis immer mit dem Namen *Neuer Ordner* und markiert automatisch den Namen des Verzeichnisses. Sie können also sofort einen Namen für das neue Verzeichnis eingeben. Bestätigen Sie Ihre Eingabe mit [↵] oder klicken Sie auf ein anderes Element in einem der Fenster, um die Änderung zu übernehmen.

Dateien und Verzeichnisse umbenennen

In der *Publizieren-Ansicht* können Sie Verzeichnisse und Dateien umbenennen. Sie ändern dadurch jedoch nicht den Namen der Datei oder Seite auf der lokalen Festplatte Ihres Computers, sondern legen nur den Namen fest, unter dem das betreffende Objekt beim Veröffentlichungsvorgang auf dem Webserver gespeichert wird.

HINWEIS

Fusion-eigene Assets mit dem Attribut *R*, z.B. Skripte von Fusion-Komponenten, können nicht umbenannt werden.

Wählen Sie in einem Fenster der *Publizieren-Ansicht* die Datei aus, deren Namen Sie ändern wollen und klicken Sie mit der rechten Maustaste, um das Kontextmenü anzuzeigen.

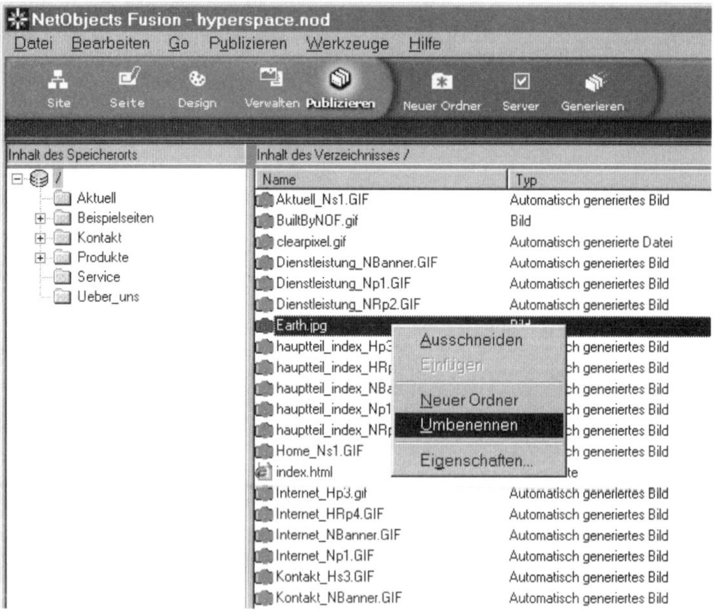

Abb. 9.5: Datei umbenennen

Wählen Sie den Menübefehl *Umbenennen* im Kontextmenü aus und ändern Sie den Namen der Datei oder geben Sie einen neuen Namen ein. Bestätigen Sie Ihre Eingabe mit [↵] oder klicken Sie auf ein anderes Element in einem der Fenster, um die Änderung zu übernehmen.

> **HINWEIS**
> Wenn Sie beim Namen einer Seite Umlaute verwenden (ä,ü,ö,ß, wie z.B. bei *Über uns*), wird der Umlaut durch den entsprechenden normalen Buchstaben ersetzt (z.B. u statt ü). Wegen der besseren Einstufung in Suchmaschinen sollten Sie deshalb keine Umlaute, sondern die entsprechenden Umschriften ae, ue, oe, ss in Seitennamen verwenden. Bei den Aufschriften auf Seitenschriftzügen und Schaltflächen können Sie jedoch Umlaute verwenden. Wechseln Sie dazu in die Siteansicht und benutzen Sie die Funktion *Benutzerdefinierte Namen* in der Eigenschaften-Palette der betreffenden Seite.

Verzeichnis löschen

Sie haben die Möglichkeit, in der Ressourcenansicht leere Verzeichnisse zu löschen. Wählen Sie in einem Fenster der *Publizieren-Ansicht* das Verzeichnis aus, das Sie löschen wollen und drücken Sie die [Entf]-Taste, um das Verzeichnis zu löschen. Alternativ dazu können Sie auch mit der rechten Maustaste klicken, um das Kontextmenü anzuzeigen und dort den Menübefehl *Ordner löschen* auswählen, um das Verzeichnis zu löschen.

> **HINWEIS**
> Sie können nur leere Verzeichnisse löschen. Das Löschen von Seiten oder Dateien ist in der *Publizieren-Ansicht* nicht möglich.

Ressourcen verschieben

Sie können Ordner, HTML-Seiten und Ressourcen in der *Publizieren-Ansicht* ähnlich wie im Windows-Explorer verschieben. Klicken Sie dazu das Objekt an, das Sie verschieben wollen und ziehen Sie es mit gedrückter Maustaste an die neue Position. Wenn Sie die Maustaste loslassen, wird das Objekt neu positioniert und alle Verweise darauf werden aktualisiert.

> **HINWEIS**
>
> Fusion-eigene Ressourcen mit dem Attribut *R*, z.B. Skripte von Fusion-Komponenten, können nicht verschoben werden.

Veröffentlichungseigenschaften (Attribute)

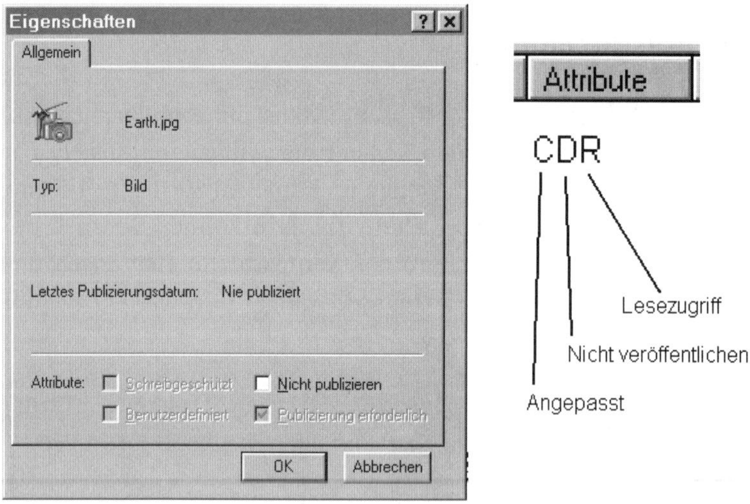

Abb. 9.6: Eigenschaften

In der Spalte *Attribute* der Liste im rechten Teilfenster werden Kennbuchstaben für die Veröffentlichungseigenschaften aller Objekte angezeigt. Wenn Sie ein Objekt auswählen und durch Klick mit der rechten Maustaste das Kontextmenü einblenden, können Sie mit der Menüauswahl *Eigenschaften...* ein Dialogfenster mit den Eigenschaften des ausgewählten Objektes anzeigen (siehe Abb. 9.6).

Nicht publizieren

Wenn Sie die Option *Nicht publizieren* aktivieren, wird das entsprechende Element nicht veröffentlicht. In der Spalte *Attribute* werden diese Objekte mit dem Buchstaben *D* gekennzeichnet. Sie können diese Option benutzen, um z.B. Dateiressourcen, die Sie schon einmal veröffentlicht haben, von der aktuellen Veröffentlichung auszuschließen.

Schreibschutz

Dateien, die mit dem Merkmal *Schreibschutz* versehen sind, können nicht umbenannt oder verschoben werden. In der Spalte *Attribute* werden diese Objekte mit dem Buchstaben *R* gekennzeichnet. Dieses Merkmal wird von Fusion automatisch verwaltet.

Benutzerdefiniert

Wenn Sie selbst ein Verzeichnis erstellt oder ein Objekt verschoben haben, wird es mit dem Merkmal *Benutzerdefiniert* versehen. In der Spalte *Attribute* werden solche Objekte mit dem Buchstaben *C* gekennzeichnet. Das Merkmal wird von Fusion automatisch verwaltet.

Publizierung erforderlich

Fusion speichert für jedes Objekt die Information, wann es zuletzt veröffentlicht wurde und ob es seit der letzten Veröffentlichung bearbeitet wurde. Diese Informationen werden bei den Veröffentlichungseinstellungen ausgewertet, wenn nur geänderte Assets veröffentlicht werden sollen. Das Merkmal *Publizierung erforderlich* zeigt in diesem Zusammenhang an, ob das Objekt in diesem Fall veröffentlicht würde. Dieses Merkmal wird von Fusion automatisch verwaltet.

9.2 Konfiguration

Verzeichnisstruktur

Mit dem Menübefehl *Publizieren - Dateien anordnen* legen Sie die Struktur der Verzeichnisse fest, in der die Seiten und Assets auf dem Webserver gespeichert werden.

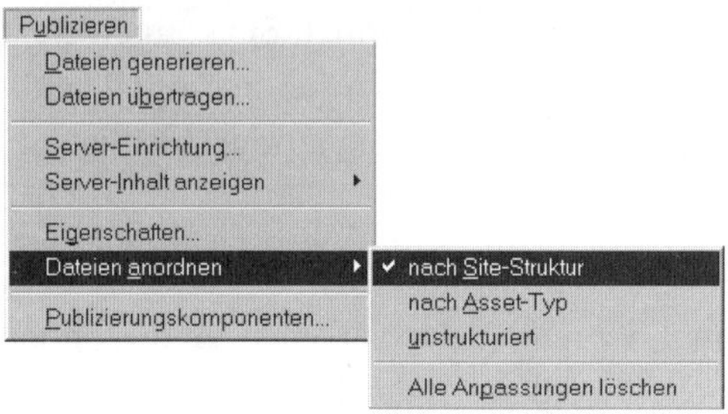

Abb. 9.7: Grundlegende Verzeichnisstrukturen

Sie können aus drei grundlegenden Verzeichnisstrukturen auswählen:

Unstrukturiert

Hierbei werden alle HTML-Seiten und zugehörigen Dateien im Stammverzeichnis der Internetpräsenz gespeichert. Manche kommerzielle Hosting-Provider erfordern diese Struktur.

Nach Asset-Typ

Bei dieser Struktur werden zwei Verzeichnisse *..\html* und *..\assets* erzeugt. Die Homepage wird im Stammverzeichnis der Internetpräsenz gespeichert, alle HTML-Seiten im untergeordneten Verzeichnis *\html* und alle Bilder und anderen Ressourcen im Verzeichnis *\assets*. Weitere Verzeichnisse werden unterhalb des Assets-Verzeichnisses angeordnet.

Diese Verzeichnisstruktur wurde in älteren Fusion-Versionen verwendet und eignet sich vor allem für kleinere Websites. Zudem ist sie nicht besonders suchmaschinenfreundlich.

Nach Site-Struktur

Diese Art der Verzeichnisstruktur sollten Sie im Regelfall wählen. Die Verzeichnisse werden dabei so angeordnet wie die Seiten in der Siteansicht:

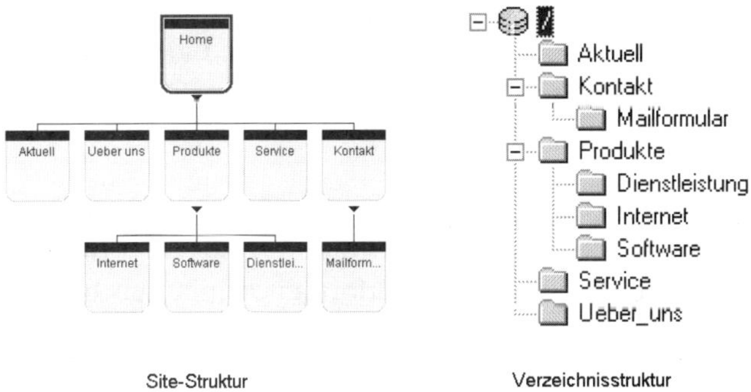

Abb. 9.8: Verzeichnisstruktur nach Site-Abschnitt

Die Homepage und Ihre Assets werden im Stammverzeichnis der Website gespeichert, die darunter liegenden Seiten der ersten Ebene werden mit allen zugehörigen Assets jeweils in eigenen Verzeichnissen mit dem Namen der Seite abgelegt. Für die Seiten unterhalb der ersten Ebene wird eine Verzeichnisstruktur in den Verzeichnissen der zugehörigen Seite der ersten Ebene erzeugt, die Verzeichnistiefe können Sie dabei selbst festlegen.

Wenn Sie diese Option auswählen, öffnet sich automatisch ein Dialogfenster, in dem Sie die Verzeichnistiefe bestimmen können:

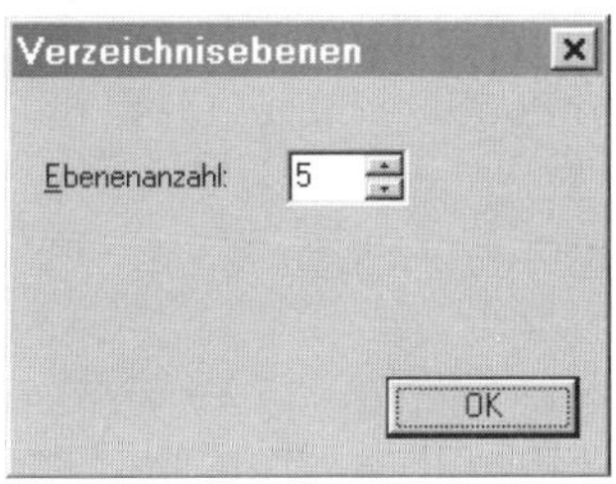

Abb. 9.9: Verzeichnistiefe festlegen

Die Ablage der HTML-Seiten in der Art der Site-Struktur hat viele Vorteile:

- Suchmaschinen, die nur eine Seite pro Verzeichnis indizieren, werden bei dieser Verzeichnisstruktur alle Seiten bis zur angegebenen Verzeichnistiefe verschlagworten.
- Die Seiten werden so schnell wie möglich geladen, da Verzeichniswechsel minimiert werden und die Pfadangaben im HTML-Quelltext so kurz wie möglich sind.
- Da nur wenige Dateien in den einzelnen Verzeichnissen gespeichert werden, ist diese Art der Verzeichnisstruktur auch für sehr große Websites geeignet, ohne dass Performanceeinbußen in Kauf genommen werden müssen.
- Wenn Sie manuell Assets auf den Webserver übertragen, finden Sie sich in der Verzeichnisstruktur leichter zurecht.

Server definieren

Server bezeichnen den Speicherort, an dem die Dateien Ihrer Website veröffentlicht werden. Es kann sich dabei um ein Verzeichnis auf der Festplatte Ihres Computers, einen Webserver in Ihrem Netzwerk oder einen Webserver Ihres Internet Service Providers handeln, auf den Sie über das Internet zugreifen können.

> **HINWEIS** Fusion benötigt keinen Webserver oder irgendwelche serverseitigen Zusatzprogramme oder Erweiterungen, damit die Seiten im Web-Browser angezeigt werden können. Sie können deshalb Ihre Website zunächst auf der lokalen Festplatte Ihres Computers veröffentlichen, um die Seiten in Ruhe zu testen.

Sie können mehrere Server definieren, die vorhandenen Server werden als Auswahlmöglichkeiten angezeigt. Standardmäßig sind die Einträge *Lokaler Computer* und *Ferner Publizierungsserver* vorhanden.

Bei jeder Veröffentlichung können Sie festlegen, an welchem Server-Standort die Veröffentlichung durchgeführt werden soll. Einmal definierte Serverstandorte bleiben so lange gespeichert, bis Sie sie löschen oder bearbeiten.

Server definieren

Klicken Sie auf das Server-Symbol in der Symbolleiste, um das Dialogfenster Server definieren zu öffnen.

Wählen Sie einen vorhandenen Eintrag aus der Liste der Serverstandorte aus. Alternativ dazu können Sie auch einen neuen Server definieren, indem Sie auf die Schaltfläche *Neuer Server* klicken.

Lokaler Computer

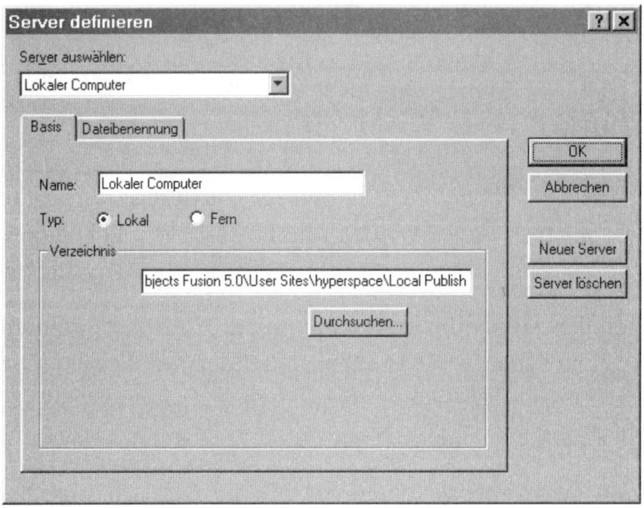

Abb. 9.10: Einstellungen für lokale Veröffentlichung

Für lokale Veröffentlichungen stehen Ihnen die Registerkarten *Basis* und *Dateibenennung* zur Verfügung.

Basiseinstellungen

Geben Sie im Feld *Name* einen Namen ein, aus dem hervorgeht, dass es sich um einen Servernamen für die lokale Veröffentlichung auf Ihrem Computer handelt.

Bei der lokalen Veröffentlichung müssen Sie die Option *Lokal* aktivieren und das Verzeichnis festlegen, in dem die Veröffentlichung stattfinden soll. Durch Klick auf Durch*suchen* können Sie ein Verzeichnis auswählen. Wir empfehlen, für die lokale Veröffentlichung ein leeres Verzeichnis zu wählen, das von keinem anderen Programm benutzt wird. Auf diese Weise können Sie den Inhalt auch mal unbesorgt löschen.

> **HINWEIS** Wenn Sie ein Verzeichnis eingeben, das noch nicht existiert, wird es beim Veröffentlichen erstellt. Das übergeordnete Verzeichnis muss jedoch bereits vorhanden sein.

Dateibenennung

Auf der Registerkarte *Dateibenennung* können Sie festlegen, auf welche Weise die HTML-Seiten benannt werden, die Fusion beim Publizieren erzeugt.

Mit den Optionen der Auswahlliste *Dateiname der Homepage* können Sie festlegen, welchen Namen die Homepage bei der Veröffentlichung erhält. Ihnen stehen dabei die Optionen *index*, *home*, *default* und der aktuelle Name der Seite wie in der Siteansicht angezeigt zur Auswahl.

Webserver können die Homepage einer Website automatisch anzeigen lassen, wenn sie einen bestimmten Namen hat. Die Besucher Ihrer Website brauchen dann nur den Namen der Domain einzugeben und können auf die Eingabe des Seitennamens verzichten. Welche Seitennamen für die automatische Anzeige der Homepage unterstützt werden und mit welcher Rangfolge diese verarbeitet werden, müssen Sie bei Ihrem Netzwerkadministrator oder Provider erfragen.

Dateierweiterung für HTML-Seiten

Im Feld *Erweiterung für HTML-Seiten* können Sie die Dateinamenerweiterung für die Seiten Ihrer Internetpräsenz festlegen. Sie haben die Auswahl zwischen *htm*, *html* und *shtml* und können auch selbst eine eigene Erweiterung eingeben. Diese Einstellung können Sie außerdem bei den Layout-Eigenschaften in der Seitenansicht für einzelne Seiten auch hiervon abweichend festlegen. In der Regel werden Sie hier *htm* oder *html* wählen, *shtml* wird nur für die verschlüsselte Anzeige von HTML-Seiten in Verbindung mit Verschlüsselungstechniken und Zertifikaten benutzt.

Ferner Publizierungsserver

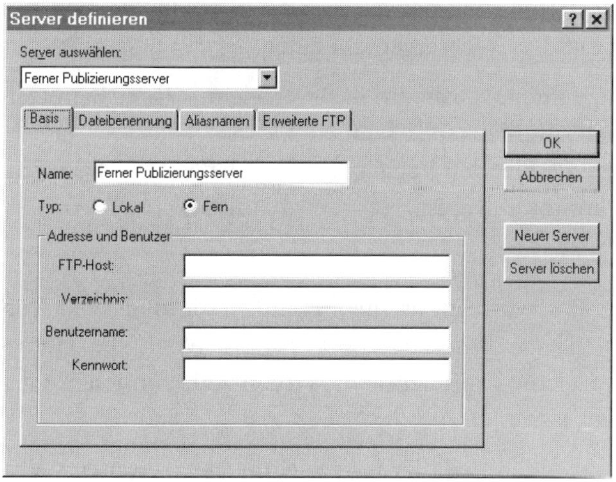

Abb. 9.11: Einstellungen für fernen Publizierungsserver

Für ferne Publizierungsserver stehen Ihnen die Registerkarten *Basis, Dateibenennung, Aliasnamen und Erweiterte FTP* zur Verfügung.

Basiseinstellungen

Geben Sie im Feld *Name* einen Namen ein, aus dem hervorgeht, dass es sich um einen fernen Server handelt.

Klicken Sie die Option *Fern* an, um die Einstellungen für den Zugriff auf den fernen Server vornehmen zu können.

FTP Host

In diesem Feld müssen Sie den Domain-Namen des fernen Servers (z.B. *www.hyperspace.de*) oder seine IP-Adresse eingeben.

Verzeichnis

Hier können Sie das Basisverzeichnis für die Veröffentlichung Ihrer Website festlegen. Ob hier ein Eintrag nötig ist, hängt von den Einstellungen für Ihr Benutzerkonto auf dem fernen Webserver ab. Das Basisverzeichnis Ihres Benutzerkontos wird vom Systemverwalter des Webservers festgelegt und automatisch angezeigt, wenn Sie sich mit einem FTP-Client auf dem Webserver anmelden.

Wenn die Homepage Ihrer Website im Basisverzeichnis Ihres Benutzerkontos veröffentlicht werden soll, können Sie das Feld leer lassen. Andernfalls müssen Sie hier den Verzeichnispfad ab dem Basisverzeichnis Ihres Benutzerkontos eingeben.

Beispiel:

Angenommen, das Basisverzeichnis Ihres Benutzerkontos ist das Verzeichnis *www.hyperspace.de/homepages/user4711*. Wenn die Homepage in diesem Verzeichnis veröffentlicht werden soll, können Sie das Basisverzeichnis leer lassen.

Wenn Sie jedoch unterhalb Ihres Basisverzeichnisses ein weiteres Verzeichnis wie z.B. *www.hyperspace.de/homepages/user4711/hobbies* erstellt haben und die Homepage in diesem Verzeichnis veröffentlichen wollen, müssen Sie den Verzeichnispfad ab dem Basisverzeichnis eingeben, in diesem Fall also */hobbies*.

Benutzername

Geben Sie hier den Anmeldenamen Ihres Benutzerkontos auf dem Webserver ein. Diese Information wird von Fusion benötigt, um sich auf dem Webserver anzumelden und die Daten Ihrer Präsenz zu übertragen. Benutzername und Kennwort erhalten Sie von Ihrem Internet-Provider.

Kennwort

Geben Sie hier das Kennwort Ihres Benutzerkontos auf dem Webserver ein. Diese Information wird von Fusion benötigt, um sich auf dem Webserver anzumelden und die Daten Ihrer Präsenz zu übertragen. Benutzername und Kennwort erhalten Sie von Ihrem Internet-Provider.

Dateibenennung

Auf der Registerkarte *Dateibenennung* können Sie festlegen, auf welche Weise die HTML-Seiten benannt werden, die Fusion beim Publizieren erzeugt.

Mit den Optionen der Auswahlliste *Dateiname der Homepage* können Sie festlegen, welchen Namen die Homepage bei der Veröffentlichung erhält. Ihnen stehen dabei die Optionen *index*, *home*, *default* und der aktuelle Name der Seite wie in der Siteansicht angezeigt zur Auswahl.

Webserver können die Homepage einer Website automatisch anzeigen lassen, wenn sie einen bestimmten Namen hat. Die Besucher Ihrer Website brauchen dann nur den Namen der Domain einzugeben und können auf die Eingabe des Seitennamens verzichten. Welche Seitennamen für die automatische Anzeige der Homepage unterstützt werden und mit welcher Rangfolge diese verarbeitet werden, müssen Sie bei Ihrem Netzwerkadministrator oder Provider erfragen.

Dateierweiterung für HTML-Seiten

Im Feld *Erweiterung für HTML-Seiten* können Sie die Dateinamenerweiterung für die Seiten Ihrer Internetpräsenz festlegen. Sie haben die Auswahl zwischen *htm*, *html* und *shtml* und können auch selbst eine eigene Erweiterung eingeben. Diese Einstellung können Sie außerdem bei den Layout-Eigenschaften in der Seitenansicht für einzelne Seiten auch hiervon abweichend festlegen. In der Regel werden Sie hier *htm* oder *html* wählen, *shtml* wird nur für die verschlüsselte Anzeige von HTML-Seiten in Verbindung mit Verschlüsselungstechniken und Zertifikaten benutzt.

Aliasnamen

Auf der Registerkarte *Aliasnamen* können Sie Verzeichnissen mit Aliasnamen versehen und den Serverpfad des CGI-BIN-Verzeichnisses angeben. Normalerweise brauchen Sie hier keine Einstellungen vorzunehmen. Weiterführende Informationen zu diesem Thema finden Sie in der Online-Hilfe von NetObjects Fusion.

Bestätigen Sie gegebenenfalls Ihre Änderungen mit *OK*.

Erweiterte FTP

Hier können Sie im Feld *Serverport* die FTP-Anschlussnummer (FTP-PORT, Standardvorgabe: 21) des Servers eingeben und für die Veröffentlichung eine Verbindung im passiven Modus aufbauen lassen. Eine Verbindung im passiven Modus kann notwendig sein, um Dateien auf einen Webserver übertragen zu können, der sich hinter einer Firewall befindet. Bitte fragen Sie bei Ihrem Netzwerkadministrator oder Provider nach, ob Sie an diesen Einstellungen etwas ändern müssen.

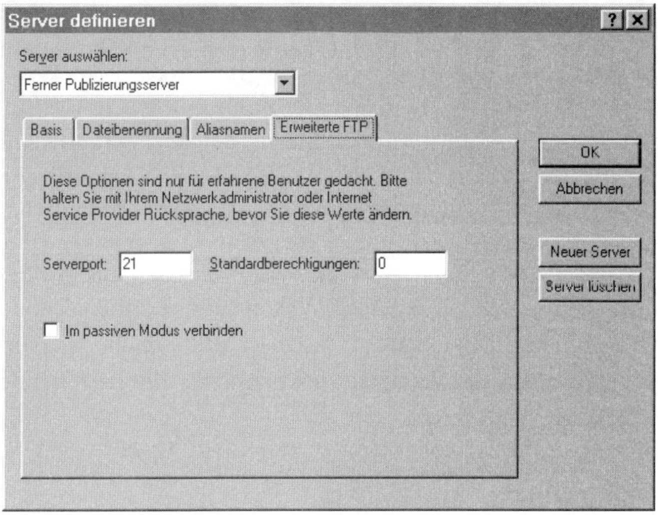

Abb. 9.12: Erweiterte FTP-Einstellungen

9.3 HTML-Ausgabe

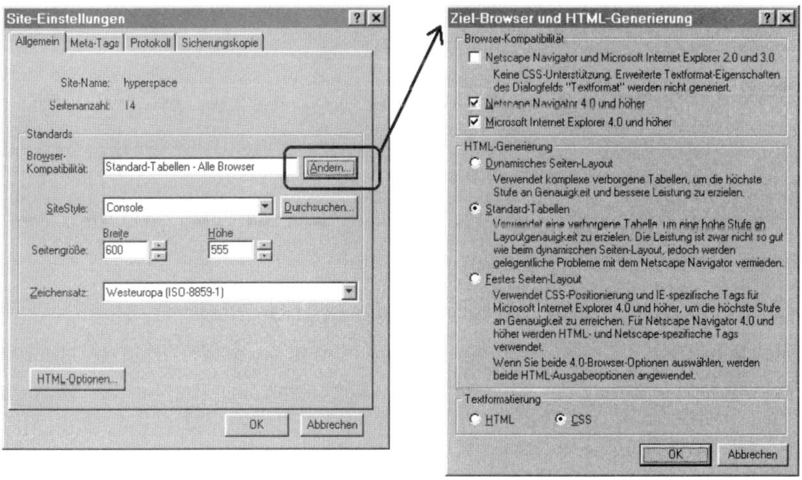

Abb. 9.13: Optionen zur HTML-Generierung

Die Browserkompatibilität der veröffentlichten Seiten sowie besondere Vorgaben für die Generierung des HTML-Quelltextes legen Sie mit dem Menübefehl *Werkzeuge-Site-Einstellungen* fest.

Im Dialogfenster *Site-Einstellungen* finden Sie auf der Registerkarte *Allgemein* die Angabe für *Browser-Kompatibilität*. Mit der Schaltfläche *Ändern* können Sie das Dialogfenster *Ziel-Browser und HTML-Generierung* öffnen und diese Vorgabe verändern.

Die Einstellungen gelten für die gesamte Website. Sie können jedoch bei den Layoutmerkmalen jeder Seite und für Layoutbereiche hiervon abweichende Einstellungen festlegen, die dann nur für die betreffende Seite bzw. den Layoutbereich gelten.

Browser-Kompatibilität

In diesem Bereich der Registerkarte können Sie ankreuzen, für welche Browser der HTML-Quelltext beim Publizieren Ihrer Website geeignet sein soll. Wichtig ist hier vor allem die erste Option: Wenn Sie die Seiten für ältere Browser generieren lassen, werden die benutzerdefinierten Formate nicht benutzt, sondern lediglich die HTML-Standard-Formate mit relativen Schriftgrößenangaben.

HTML-Generierung

Bei der Generierung des HTML-Codes können Sie unter mehreren Ausgabetypen wählen:

Dynamisches Seiten-Layout

Diese Option hat eine sehr hohe Layout-Genauigkeit. Hierbei werden geschachtelte Tabellen verwendet, um Texte und Grafiken möglichst exakt auf der Seite zu positionieren. Die so erzeugten Seiten werden vom Microsoft Internet Explorer wie auch dem Netscape Navigator jeweils ab Version 2.x korrekt dargestellt.

HINWEIS

Überlagernde Objekte können bei dieser Ausgabemethode nicht korrekt dargestellt werden. Stellen Sie deshalb sicher, dass sich auf Ihren Seiten keine überlagernden Objekte befinden. Wenn Sie im Menü *Ansicht* die Option *Objektsymbole* aktiviert haben, werden überlagerte Objekte mit einem weißen Ausrufungszeichen in einem roten Kreis gekennzeichnet.

Standard-Tabellen

Fusion setzt bei der Ausgabe mit normalen Tabellen nur grundlegende HTML-Befehle ein, die von nahezu allen Web-Browsern korrekt interpretiert werden. Abhängig von den lokalen Schriftarteinstellungen können sich jedoch geringfügige Unterschiede bei der Darstellung der Texte ergeben.

HINWEIS

Verwenden Sie diese Art der HTML-Ausgabe für Seiten, bei denen Sie mit Fusion DHTML-Aktionen ohne überlagernde Objekte platziert haben. Fusion erzeugt dann browserübergreifenden HTML-Code, der auch von älteren Web-Browsern korrekt interpretiert wird.

Überlagernde Objekte können bei dieser Ausgabemethode nicht korrekt dargestellt werden. Stellen Sie deshalb sicher, dass sich auf Ihren Seiten keine überlagernden Objekte befinden. Wenn Sie im Menü *Ansicht* die Option *Objektsymbole* aktiviert haben, werden überlagerte Objekte mit einem weißen Ausrufungszeichen in einem roten Kreis gekennzeichnet.

Festes Seiten-Layout

Diese Art der HTML-Ausgabe eignet sich für die Web-Browser von Microsoft und Netscape ab Version 4.x. Fusion setzt bei dieser Methode HTML 4.0, Cascading Style Sheets und Layers ein, um die Seiten der Website zu beschreiben. Abhängig von den lokalen Schriftarteinstellungen können sich jedoch geringfügige Unterschiede bei der Darstellung der Texte ergeben.

> **HINWEIS**
> Setzen Sie diese Art der HTML-Ausgabe für Seiten ein, bei denen Sie mit Fusion DHTML-Aktionen mit überlagernden Objekten platziert haben.

Textformatierung

Wählen Sie *CSS*, wenn die Besucher Ihrer Website über neuere Browser verfügen und Sie benutzerdefinierte Formate für die Darstellung von Texten einsetzen wollen. Wenn Sie *HTML* auswählen, werden die benutzerdefinierten Formate nicht dargestellt, sondern nur Standard-HTML-Formate verwendet.

Erweiterte HTML-Optionen

Auf der Registerkarte *Allgemein* bei den *Site-Einstellungen* befindet sich die Schaltfläche *HTML-Optionen*, mit der Sie das zugehörige Dialogfenster öffnen können. Das Dialogfenster stellt zahlreiche Optionen für die Formatierung und Generierung des HTML-Codes zur Verfügung. Die Einstellungen, die Sie hier vornehmen können, sind im Folgenden beschrieben. Bestätigen Sie Ihre Angaben mit *OK*, um die Änderungen zu übernehmen und zum Dialogfenster *Site-Einstellungen* zurückzukehren.

Einzug

Fusion verwendet Einrückungen, um die Lesbarkeit des HTML-Quelltextes zu erhöhen. Leider wird die Dateigröße und damit auch die Ladezeit der Seite dadurch ebenfalls erhöht. Verwenden Sie hier deshalb die Einstellung *Leerzeichen* mit einem Wert von *1* oder *Tabulator*, um eine gute Lesbarkeit des Quelltextes bei minimaler Dateigröße zu erzielen.

Zeilenumbrüche

Mit der Auswahlliste *Zeilenumbrüche* legen Sie das Steuerzeichen für den Zeilenwechsel fest. Wählen Sie hier *PC/UNIX* oder *Mac* aus. Standardvorgabe ist *PC/UNIX*.

Wortumbruch

Im Feld *Wortumbruch* können Sie die Anzahl der Zeichen festlegen, die maximal in einer Zeile des HTML-Quelltextes angezeigt werden. Längere Zeilen werden an der angegebenen Position automatisch umbrochen. Sie können diese Option benutzen, um die Lesbarkeit des Quelltextes in HTML-Editoren zu erhöhen, die keinen eigenen Zeilenumbruch durchführen. Standardvorgabe ist *250*.

Maximale Komprimierung

Mit dieser Option erzielen Sie die kleinste Dateigröße bei den erzeugten HTML-Seiten. Der HTML-Quelltext ist jedoch nicht mehr lesbar, da alle Zeilenumbrüche und Einrückungen entfernt werden.

> **HINWEIS**
> Sie können diese Option unbesorgt aktivieren, wenn Sie den HTML-Quelltext nicht mehr manuell nachbearbeiten wollen und auch keine selbst geschriebenen Skripte in den Seiten vorhanden sind. Bei selbst geschriebenen Skripten müssen Sie unbedingt prüfen, ob das Skript nach der Veröffentlichung der Seiten noch wie erwartet funktioniert.

Groß- / Kleinschreibung

Mit den entsprechenden Auswahllisten können Sie festlegen, ob HTML-Tags und die dazugehörigen Attribute in Großbuchstaben, in Kleinbuchstaben oder mit großen Anfangsbuchstaben geschrieben werden. Standardvorgabe ist *Großschreibung* für Befehle und Attribute.

Transparentes GIF als Abstandhalter

Wenn Sie diese Option aktivieren, werden die Objekte auf den Seiten Ihrer Präsenz mit Hilfe von einem unsichtbaren GIF-Bild mit dem Namen *clearpixel.gif* sehr exakt positioniert, wenn Sie die Veröffentlichungsmethode mit *Dynamisches Seiten-Layout* oder *Standard-Tabellen* auswählen.

HINWEIS

Bei der Veröffentlichung mit *Dynamisches Seiten-Layout* oder *Standard-Tabellen* sollten Sie diese Option im Regelfall aktivieren. Obwohl der HTML-Quelltext dadurch etwas umfangreicher wird, haben Sie die Gewähr, dass Ihre Seiten im Web-Browser auch so dargestellt werden wie geplant. Wenn Sie diese Option deaktivieren, müssen Sie unbedingt jede Seite mit allen gängigen Browsern und mit verschiedensten Schriftarteinstellungen testen, bevor Sie die Seiten tatsächlich im Internet veröffentlichen.

Mit HTML-Kommentaren

Mit dieser Option können Sie Kommentare im HTML-Quelltext erzeugen, um die Verständlichkeit des Quelltextes zu erhöhen. Im Regelfall sollten Sie diese Option ausschalten, da Kommentare den Umfang und damit die Dateigröße des HTML-Quelltextes unnötig erhöhen.

Mit Generator-Meta-Tag

Durch Aktivieren dieser Option wird ein META-Befehl erzeugt, der den Namen des Programmes anzeigt, mit dem die Seiten der Website erstellt wurden. Den Namen können Sie im Eingabefeld selbst festlegen, Standardvorgabe ist hier der Name Ihrer aktuellen Version von NetObjects Fusion, z.B. NetObjects Fusion 5.0.1 für Windows.

Mit Zeichensatz-Meta-Tag

Diese Option sollten Sie im Regelfall aktivieren, um Probleme mit der Darstellung von Sonderzeichen zu vermeiden. Den Zeichensatz legen Sie bei den *Site-Einstellungen* auf der Registerkarte *Allgemein* fest.

Versatz des Hintergrundbildes

Wenn Sie diese Option aktivieren, wird ein zusätzlicher Abstand zwischen dem Rand des Browserfensters und dem Inhalt einer Seite erzeugt. Die Größe des Abstandes können Sie in den Feldern für *Links* und *Oben* festlegen. Der Abstand wirkt sich nicht auf Hintergrundbilder aus.

9.4 Veröffentlichen

Abb. 9.14: Symbol Generieren

Durch Klick auf das Symbol *Generieren* in der Symbolleiste der *Publizieren*-Ansicht können Sie Ihre Website veröffentlichen. Fusion zeigt daraufhin das Dialogfenster *Dateien generieren* an:

Abb. 9.15: Dateien generieren

Speicherort

In der Auswahlliste *Speicherort* können Sie einen der Server auswählen, den Sie zuvor definiert haben.

Zu generierende Seiten

Im Abschnitt *Zu generierende Seiten* legen Sie fest, welche Bereiche der Website veröffentlicht werden sollen.

HINWEIS

In jedem Fall werden nur solche Seiten veröffentlicht, die mit dem Merkmal *publizieren* ausgestattet sind. Sie können diese Einstellung bei den Seiteneigenschaften in der Siteansicht festlegen.

Ganze Site

Hierbei werden alle Seiten der Website veröffentlicht.

Site-Abschnitt

Wenn Sie diese Option aktivieren, können Sie einen Site-Abschnitt, also eine Seite mit allen darunter liegenden Seiten, zur Veröffentlichung auswählen.

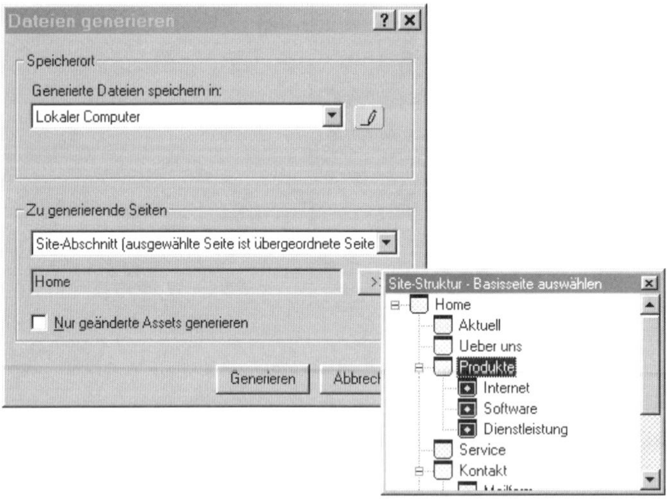

Abb. 9.16: Site-Abschnitt auswählen

Aktivieren Sie dazu die Option *Site-Abschnitt* und klicken Sie auf die kleine Schaltfläche mit den nach rechts weisenden spitzen Klammern. Fusion zeigt daraufhin die Site-Struktur in einem zusätzlichen Fenster an. Verschieben Sie falls nötig den Inhalt des Fensters mit dem Rollbalken und wählen Sie die gewünschte Basisseite des Site-Abschnitts durch Doppelklick aus. Bei der Veröffentlichung wird dann diese Seite mit allen darunter liegenden Seiten und den zugehörigen Ressourcen an den ausgewählten Serverstandort übertragen.

> **HINWEIS** Auch wenn Sie nur einen Teil der Site veröffentlichen, sind alle internen Hyperlink-Verknüpfungen voll funktionsfähig, auch zu solchen Seiten, die nicht mit veröffentlicht werden. Voraussetzung ist allerdings, dass diese Seiten zuvor bereits einmal auf dem Server veröffentlicht wurden.

Nur ausgewählte Seite

Wenn Sie diese Option aktivieren, können Sie eine einzelne Seite zur Veröffentlichung auswählen.

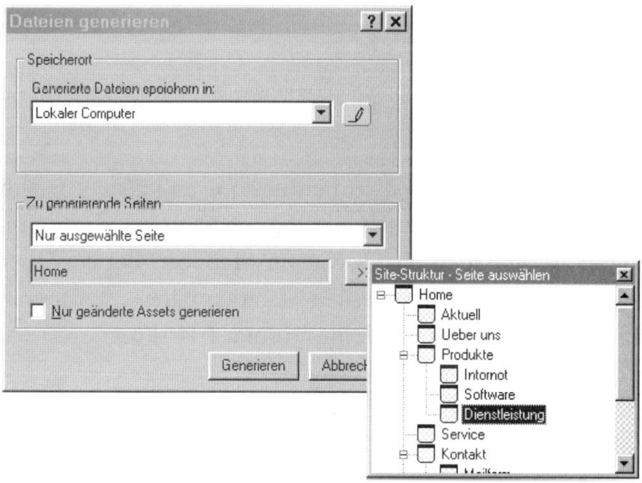

Abb. 9.17: Einzelseite auswählen

Aktivieren Sie dazu die Option *Nur ausgewählte Seite* und klicken Sie auf die kleine Schaltfläche mit den nach rechts weisenden spitzen Klammern. Fusion zeigt daraufhin die Site-Struktur in einem zusätzlichen Fenster an. Verschieben Sie falls nötig den Inhalt des Fensters mit dem Rollbalken und wählen Sie die gewünschte Seite durch Doppelklick aus. Bei der Veröffentlichung wird dann nur diese Seite mit allen zugehörigen Ressourcen an den ausgewählten Serverstandort übertragen.

HINWEIS

Auch wenn Sie nur eine einzelne Seite veröffentlichen, sind alle internen Hyperlink-Verknüpfungen voll funktionsfähig, auch zu solchen Seiten, die nicht mit veröffentlicht werden. Voraussetzung ist allerdings, dass diese Seiten zuvor bereits einmal auf dem Server veröffentlicht wurden.

Nur geänderte Assets generieren

Wenn Sie diese Option aktivieren, werden nur solche Assets veröffentlicht, die seit der letzten Veröffentlichung geändert wurden. Fusion wertet dazu die Attribute aller Assets aus.

Veröffentlichung starten

Klicken Sie auf *Generieren*, um die Veröffentlichung zu starten. Fusion erzeugt daraufhin die HTML-Dateien der ausgewählten Seiten und kopiert die Dateien an den angegebenen Server-Standort. Bei der Übertragung auf einen fernen Server werden dazu zunächst temporäre Dateien erzeugt und diese dann mit dem internen FTP-Programm von Fusion auf den fernen Webserver übertragen.

9.5 Zusammenfassung, Fragen und Übungen

Zusammenfassung

- Fusion stellt für die Veröffentlichung Ihrer Website die *Publizieren-Ansicht* zur Verfügung. Dort können Sie die Einstellungen für die Veröffentlichung vornehmen, Verzeichnisse erstellen, Assets umbenennen und verschieben und die Veröffentlichung durchführen.
- Die *Publizieren-Ansicht* stellt den geplanten Zustand Ihrer Website nach der Veröffentlichung dar.
- Sie können eine Website auf der lokalen Festplatte Ihres Computers, einem Webserver in Ihrem Netzwerk oder einem fernen Webserver veröffentlichen, auf den Sie über das Internet zugreifen können.
- Sie haben die Möglichkeit, mehrere Server zu definieren. Bei der Veröffentlichung können Sie einen dieser Serverstandorte als Ziel für die Veröffentlichung auswählen.
- Es gibt drei verschiedene, grundlegende Verzeichnisstrukturen, die Sie Ihrer Website zuweisen können: *Unstrukturiert*, *Nach Asset-Typ* oder *Nach Site-Struktur*.
- Die Verzeichnisstruktur *Nach Site-Struktur* ist für umfangreiche Websites geeignet und berücksichtigt das Indexierungsverfahren von Suchmaschinen in optimaler Weise.
- Damit Ihre Internetseiten von allen Browsern ohne Probleme angezeigt werden, haben Sie die Möglichkeit, Art und Formatierung der HTML-Ausgabe zu bestimmen. Fusion stellt dazu auch Auswahlmöglichkeiten für verschiedene HTML-Standards und Browsertypen zur Verfügung.

Zusammenfassung

- Sie können die gesamte Website, einen Site-Abschnitt oder nur eine einzelne Seite veröffentlichen.
- Auch wenn Sie nur einen Teil der Website veröffentlichen, bleiben alle Hyperlink-Verbindungen weiterhin funktionsfähig.

Fragen und Übungen

1. Konfigurieren Sie die HTML-Ausgabe Ihrer Website auf die Option *Dynamisches Seiten-Layout*.
2. Für welche Web-Browser ist diese Art der Ausgabe geeignet?
3. Welche Arbeitsschritte müssen Sie ausführen, um den Site-Abschnitt *Produkte* auf den Server *Lokaler Computer* zu veröffentlichen?

Lösungen

Lösungen

Kapitel 1

1. Wechseln Sie in die Siteansicht und klicken Sie auf das *Pfeil*-Symbol in der Werkzeugleiste, um das Auswahlwerkzeug auszuwählen. Klicken Sie auf die Seite *Produkte*, um diese Seite auszuwählen, das Seitensymbol wird dadurch mit einem blauen Rahmen markiert. Klicken Sie dreimal auf das Symbol *Neue Seite* in der Symbolleiste, um drei neue Seiten unterhalb der Seite *Produkte* zu erzeugen.
2. Die neu erzeugten Seiten erhalten automatisch den Namen *Unbenannt*.
3. Klicken Sie mit dem Auswahlwerkzeug bei den neu erzeugten Seiten auf den Namen im Seitensymbol der Seite, die sich ganz links am Anfang der Reihe befindet. Der Text im Eingabefeld wird dadurch farbig markiert. Geben Sie *Internet* ein und betätigen Sie die Tabulatortaste, um den Cursor in das Namensfeld des nächsten Seitensymbols zu bewegen. Geben Sie dort den Namen *Software* ein und betätigen Sie erneut die Tabulatortaste. Der Cursor wird dadurch in das Namensfeld des dritten Seitensymbols gesetzt, wo Sie *Dienstleistung* eingeben. Drücken Sie die [↵]-Taste, um die Änderung des Namens zu übernehmen.
4. Wechseln Sie in die Seitenansicht und lesen Sie am waagerechten Lineal oder in der Eigenschaften-Palette die Breite der Seite ab. Wechseln Sie dann in die Darstellungs-Ansicht und wählen Sie in der linken Liste die Site-Darstellung *Estimate* aus. Klicken Sie anschließend auf das Symbol *Darstellung festlegen* in der Symbolleiste, um die neue Darstellung der Website zuzuweisen.
5. Wechseln Sie wiederum in die Seitenansicht und lesen Sie am waagerechten Lineal oder in der Eigenschaften-Palette die neue Breite der Seite ab. Sie werden feststellen: Die Seite ist breiter geworden.

Kapitel 2

1. Klicken Sie in der Siteansicht mit dem Auswahlwerkzeug auf das Seitensymbol der Seite *Aktuell*. Das Seitensymbol wird dadurch mit einem blauen Rahmen markiert. Klicken Sie dann auf den Symbolknopf *Neue Seite* in der Hauptkontrollleiste, um eine neue Seite mit dem Namen *Unbenannt* unterhalb der Seite *Aktuell* zu erzeugen. Klicken Sie das Namensfeld der neu erzeugten Seite an und tragen Sie dort den Namen `Mailformular1` ein. Drücken Sie die [↵]-Taste, um die Änderung zu übernehmen.

2. Klicken Sie mit dem Auswahlwerkzeug in den oberen Bereich des Seitensymbols der Seite *Mailformular1* und ziehen Sie es mit gedrückter Maustaste an die neue Position unterhalb der Seite *Kontakt*. Achten Sie dabei auf die rote Umrisslinie und den kleinen roten Pfeil, um die Einfügeposition zu bestimmen: Der Mauszeiger muss das Seitensymbol der Seite *Kontakt* berühren, damit der rote nach unten weisende Hinweispfeil für die Einfügeposition angezeigt wird.

3. Klicken Sie mit dem Auswahlwerkzeug auf das Seitensymbol der Seite *Mailformular1*. Das Seitensymbol wird dadurch mit einem blauen Rahmen markiert. Ändern Sie in der Eigenschaften-Palette den Eintrag im Feld *Seitentitel* auf `Infogutschein`. Klicken Sie dann auf die Schaltfläche *Benutzerdefinierte Namen...* in der Eigenschaften-Palette, um das Dialogfenster *Benutzerdefinierte Namen* anzuzeigen. Beim Aufruf des Dialogfensters wird der Cursor automatisch in das Feld *Navigationsschaltfläche* gesetzt, der Eintrag im Feld erscheint farbig markiert. Sie können deshalb sofort die neue Beschriftung `E-Mail` eingeben, der vorhandene Eintrag wird überschrieben. Drücken Sie anschließend die [⇄]-Taste, um den Cursor in das nächste Feld *Banner* zu bewegen. Geben Sie dort `Infogutschein` ein und klicken Sie auf *OK*, um die Änderungen zu übernehmen. Sie können die Auswirkungen Ihrer Änderungen in der Seitenansicht für die Seite *Mailformular1* überprüfen.

4. Einmal angepasste Namen bleiben auch dann erhalten, wenn der Name der Seite nachträglich geändert wird.

5. Drücken Sie die ⇧-Taste und klicken Sie mit dem Auswahlwerkzeug auf das Seitensymbol der Seite *Produkte.* Die Seitensymbole dieser und aller darunter liegenden Seiten werden dadurch mit einem blauen Rahmen markiert. Klicken Sie dann in der Eigenschaften-Palette bei *benutzerdefiniert* auf die Schaltfläche *Farbe,* um das Dialogfenster für die Farbauswahl anzuzeigen. Wählen Sie dort einen hellblauen Farbton aus der Palette aus und bestätigen Sie Ihre Auswahl mit *OK,* um die neue Farbe allen ausgewählten Seitensymbolen zuzuweisen. Wechseln Sie falls erforderlich im Menü *Ansicht / Seiten-Farbcodierung* auf die Option *Benutzerdefiniert,* damit sich die geänderte Farbe auch in der Strukturansicht auswirkt.

6. Klicken Sie mit dem Auswahlwerkzeug auf das Seitensymbol der Seite *Produkte.* Das Seitensymbol wird dadurch mit einem blauen Rahmen markiert. Wählen Sie dann im Menü den Befehl *Datei / Drucken* aus und klicken Sie im Dialogfenster *Drucken* bei *Druckbereich* die Option *Ausgewählte und untergeordnete Seiten* an. Starten Sie den Druckvorgang durch Klicken auf *OK.*

Kapitel 3

1. Die Seite *Über uns* befindet sich relativ zur Seite *Mailformular1* auf der übergeordneten Ebene.

2. Wechseln Sie in die Seitenansicht der Homepage und klicken Sie in den Master-Rahmen. Wählen Sie in der Eigenschaften-Palette *Name – Hinzufügen / Editieren,* um die Liste der Master-Rahmen zu editieren. Klicken Sie dort auf *Hinzufügen,* um das Dialogfenster *Neuer Master-Rahmen* anzuzeigen. Wählen Sie in der Auswahlliste *Basiert auf* den Master-Rahmen *Erste Ebene* aus und tragen Sie in das Feld *Name* den Namen `Homepage` ein. Bestätigen Sie Ihre Eingabe mit *OK.* Der neue Master-Rahmen wird daraufhin erstellt und auf die Homepage angewendet. Klicken Sie anschließend auf die linke Navigationsleiste und drücken Sie die Entf-Taste.

3. Seiten müssen eine gemeinsame Eltern-Seite haben, damit sie in einer Navigationsleiste mit der Anzeigeoption *Aktuelle Ebene* angezeigt werden.
4. Mit Hilfe der Pfeil-Schaltflächen am unteren linken Bildschirmrand der Seitenansicht ist es möglich, zu einer anderen Seite zu wechseln, ohne die Seitenansicht zu verlassen.

Kapitel 4

1. Blenden Sie die Seitenlineale ein, falls sie nicht angezeigt werden, indem Sie die Taste F12 drücken und im anschließenden Dialogfenster ein Häkchen im Ankreuzfeld *Lineale und Hilfslinien* platzieren. Klicken Sie mit der Maus in das linke Seitenlineal, um eine neue Hilfslinie zu erstellen und ziehen Sie die Maus mit gedrückter Maustaste an die Position *120*. Die aktuelle Mausposition wird in einem kleinen Textfenster am Seitenlineal angezeigt. Wenn Sie die Maustaste loslassen, wird die Hilfslinie positioniert.
2. Wählen Sie in der Seitenansicht den Menübefehl *Text – Textformate bearbeiten*. Wählen Sie bei Bereich *Formate in Site* und markieren Sie das Format *Standard (P)* aus der Liste der Stile aus. Klicken Sie auf die Schaltfläche *Duplizieren*, um auf der Basis dieses Formates ein neues Format zu definieren. Wählen Sie im anschließenden Dialogfenster *Textformat duplizieren* bei *Format-Typ* die Option *benutzerdefiniertes Format erstellen* und tragen Sie im daneben liegenden Eingabefeld den Namen *AltePreise* (ohne Leerstellen) ein. Da das Format nur auf der aktuellen Seite verwendet werden soll, müssen Sie bei *Format-Bereich* die Option *Seitenspezifisch* auswählen. Klicken Sie auf *OK*, um das Dialogfenster *Textformat ...* anzuzeigen. Klicken Sie auf der Registerkarte *Zeichen* im Fenster *Effekte* das Ankreuzfeld *Durchgestrichen* an und schließen Sie das Dialogfenster mit *OK*. Das neue Format wird daraufhin in der Liste der Stile angezeigt. Schließen Sie das Textformate-Dialogfenster, indem Sie auf *Schließen* klicken.
3. Platzieren Sie den Cursor durch Doppelklick in das Textfenster in einem Text, um die Textmerkmale anzuzeigen. Klicken Sie in der

Eigenschaften-Palette auf das Farbkästchen, um das Dialogfenster *Farbauswahl* zu öffnen. Wählen Sie dort *Angepaßte Farbpalette* aus der Auswahlliste und klicken Sie auf ein unbenutztes Farbfeld in der Farbtafel. In den Eingabefeldern für die RGB-Werte wird daraufhin die Zahl 255 angezeigt, im Feld *HTML* die Zeichenfolge #FFFFFF. Überschreiben Sie den Eintrag im Feld *HTML* mit der Zeichenfolge #215E21 und betätigen Sie die [⇄]-Taste. Im Vorschaufenster wird ein grüner Farbton angezeigt.

4. Bei einer Bildschirmauflösung von 800 x 600 Pixel ist der sichtbare Bereich einer Seite im Web-Browser etwa 770 Pixel breit und 360 Pixel hoch.

Kapitel 5

1. Wechseln Sie in die Seitenansicht einer Seite der ersten Ebene und wählen Sie dort das Textwerkzeug aus. Ziehen Sie auf dem unteren Rand der Seite ein Textfenster auf und geben Sie dort Ihre Firmenanschrift ein. Markieren Sie den Text, wählen Sie aus der Liste *Schriftart* in der Eigenschaften-Palette die Schriftart *Arial* aus und legen Sie in der Liste *Größe* die Schriftgröße *-2* fest. Klicken Sie die Schaltfläche für *zentriert* an, um den Absatz zentriert auszurichten.

2. Wenn Sie bei Ihrer Firmenanschrift eine E-Mail-Adresse im Format *Name@Domainname.de* eingeben und anschließend ein Leerzeichen eingeben, erstellt Fusion automatisch eine entsprechende *mailto:*-Verknüpfung. Für Text, der nicht in diesem Format vorliegt, müssen Sie diese Verknüpfung manuell erstellen. Markieren Sie dazu den Text und klicken Sie in der Eigenschaften-Palette auf die Schaltfläche *Link*. Wechseln Sie im Link-Dialog zur Registerkarte *Externer Link* und wählen Sie aus der Liste im Feld *URL* den Eintrag *mailto:* aus. Geben Sie im daneben liegenden Feld die E-Mail-Adresse im Format *Name@Domainname.de* ein. Im Feld *Asset-Name* können Sie einen Namen für den Link eingeben. Klicken Sie anschließend auf *Verknüpfen*, um den Link zu erstellen und das Dialogfenster zu schließen.

3. Platzieren Sie den Cursor an der gewünschten Position innerhalb des Textrahmens und klicken Sie in der Eigenschaften-Palette auf der Registerkarte *Textfeld* auf die Schaltfläche *HTML*, um das Dialogfenster *HTML-Code einfügen* anzuzeigen. Klicken Sie dort auf *Feld einfügen*, wählen Sie in der Liste *Typ* den Eintrag *Datum und Zeit* aus und in der Liste *Feld* den Eintrag *Site generiert*. Klicken Sie falls gewünscht auf *Datums- und Zeitformat*, um ein Format aus der Liste auszuwählen und bestätigen Sie die Auswahl mit *OK*. Schließen Sie das Dialogfenster *Feld einfügen* mit *OK*, um die gewählten Einstellungen in das Editorfenster des Dialogfeldes *HTML-Code einfügen* zu übernehmen. Schließen Sie dann auch dieses Fenster mit *OK*. Im Textrahmen erscheint daraufhin an der Cursorposition ein weißes T-Symbol in einem blauen Kreis. Bei der Vorschau im Browser oder der Veröffentlichung der Seiten wird die Feldfunktion durch den entsprechenden Wert ersetzt.

Kapitel 6

1. Klicken Sie auf das Tabellenwerkzeug und ziehen Sie einen Rahmen auf. Im darauf folgenden Fenster geben Sie bei *Anzahl Spalten* eine *3* und bei *Anzahl Zeilen* eine *5* ein und bestätigen mit *OK*
2. Positionieren Sie den Mauszeiger am linken Tabellenrand in Höhe der ersten Zeile bis ein Pfeil nach rechts erscheint. Drücken Sie die linke Maustaste, um die erste Zeile komplett zu markieren. Drücken Sie anschließend die rechte Maustaste und wählen Sie *Zellen verbinden* aus.
3. Klicken Sie in die dritte Spalte der zweiten Zeile und drücken Sie anschließend die rechte Maustaste. Wählen Sie den Menübefehl *Zellen teilen...* aus, um das Dialogfenster *Zellen teilen* anzuzeigen. Hier geben Sie bei der Anzahl der Spalten eine *2* ein und bestätigen Ihre Eingabe mit *OK*.
4. Es sind 14 Zellen.

Kapitel 7

1. Ein Listenfeld mit nur zwei Zeilen ist wenig benutzerfreundlich, außerdem ist die Möglichkeit, beide Zeilen auszuwählen, nicht auf Anhieb ersichtlich. Kontrollkästchen sind in einem solchen Fall die bessere Lösung.
2. Optionsschaltflächen werden durch den gemeinsamen Gruppennamen zu einer Gruppe zusammengefasst.
3. Um in einem Listenfeld eine Mehrfachauswahl vorzunehmen, muss die [Strg]-Taste beim Klicken mit der Maus gedrückt werden.

Kapitel 8

1. Wechseln Sie in die *Verwalten*-Ansicht, indem Sie auf das entsprechende Symbol in der Symbolleiste klicken. Zeigen Sie falls erforderlich durch Klick auf die Indexzunge *Datei* die Registerkarte zur Verwaltung der Dateiressourcen an. Klicken Sie doppelt auf das Datei-Asset in der Liste, die Sie bearbeiten wollen. Fusion öffnet daraufhin das Dialogfenster *Datei*, mit dem Sie die wichtigsten Merkmale des Assets bearbeiten können. Im Feld *Speicherort* wird der aktuelle Speicherort der Datei angezeigt. Sie können diese Angabe ändern, indem Sie auf die Schaltfläche *Durchsuchen* klicken und dem Asset eine neue Datei (oder dieselbe Datei an einem anderen Speicherort) zuweisen. Bestätigen Sie Ihre Angaben mit *OK*.
2. Die Namen der Seiten, auf denen eine Datei verwendet wird, werden im Dialogfenster *Datei* im Abschnitt *Seiten* angezeigt. Sie können dieses Dialogfenster durch Doppelklick auf den Eintrag der Datei in der Asset-Liste anzeigen lassen.
3. Assets, die auf Seiten der Website verwendet werden, sind mit dem Wort *Ja* in der Spalte *In Verwendung* gekennzeichnet.
4. Ja. Fusion kann nur solche Assets automatisch verwalten, die auf den Seiten der Website platziert wurden, nicht jedoch Assets, die manuell hinzugefügt wurden.

Kapitel 9

1. Wählen Sie im Menü *Werkzeuge - Site-Einstellungen*. Klicken Sie im Dialogfenster *Site-Einstellungen* auf die Indexzunge der Registerkarte *Allgemein*. Klicken Sie neben dem Feld *Browser-Kompatibilität* auf die Schaltfläche *Ändern,* um das Dialogfenster *Ziel-Browser und HTML-Generierung* zu öffnen. Wählen Sie im Bereich *HTML-Generierung* die Option *Dynamisches Seiten-Layout* und bestätigen Sie Ihre Auswahl mit *OK*. Sie kehren dadurch zum Fenster *Site-Einstellungen* zurück. Schließen Sie auch dieses Fenster mit *OK*.

2. Die Ausgabeoption *Dynamisches Seiten-Layout* ist für den Microsoft Internet Explorer ab Version 2.x und den Netscape Navigator ab Version 2.x sowie für alle anderen dazu kompatiblen Web-Browser geeignet.

3. Wechseln Sie in die *Publizieren*-Ansicht und klicken Sie auf das Symbol *Generieren* in der Symbolleiste, um das Dialogfenster *Dateien generieren* zu öffnen. Wählen Sie *Lokaler Computer* als Speicherort aus der entsprechenden Liste aus. Wählen Sie bei *Zu generierende Seiten* die Option *Site-Abschnitt* aus und klicken Sie auf die kleine Schaltfläche mit den nach rechts weisenden spitzen Klammern. Fusion zeigt daraufhin die Site-Struktur in einem zusätzlichen Fenster an. Verschieben Sie falls nötig den Inhalt des Fensters mit dem Rollbalken und wählen Sie die Seite *Produkte* durch Doppelklick aus. Durch Klick auf die Schaltfläche *Generieren* starten Sie die Veröffentlichung.

Glossar

Glossar

Autoresponder

Programm auf einem E-Mail-Server, mit dem eingehende E-Mails automatisch beantwortet werden können, indem ein Standardtext an den Absender verschickt wird.

DENIC

Vergabestelle für deutsche Internetadressen und Domain-Namen in Karlsruhe.

Domain (Domäne)

Internetadresse.

Farbpalette

Geordnete Zusammenstellung von Farben zu einer Sammlung. Für das Internet ist vor allem die *browsersichere Farbpalette* von Bedeutung, die ursprünglich von Netscape entwickelt wurde und inzwischen von allen führenden Browser-Herstellern benutzt wird. Sie besteht aus 216 Farben, deren RGB-Werte aus ganzzahligen Vielfachen von 51 gebildet werden.

GIF

Bilddateiformat mit höchstens 256 Farben, von denen eine Farbe transparent sein kann. Das GIF-Format setzt ein Komprimierungsverfahren ein, um den Speicherbedarf des Bildes zu reduzieren. Es eignet sich vor allem für Strichzeichnungen und flächige Darstellungen. Fusion ist in der Lage, Bilder aus anderen Formaten beim Import in das GIF-Format umzuwandeln.

HTML

Englische Abkürzung für *Hypertext Markup Language*: eine Seitenbeschreibungssprache für elektronische Dokumente, die sich inzwischen zum Standard für die Beschreibung von Dokumenten im Internet entwickelt hat.

ISP

Abkürzung für *Internet Service Provider*: ein Unternehmen, das Leistungen in den Bereichen Internetzugang und Web-Hosting anbietet. Oft auch kurz als *Provider* bezeichnet.

JavaScript

Skriptsprache, die ursprünglich von Netscape entwickelt wurde und inzwischen von fast allen Web-Browsern interpretiert werden kann (Netscape Navigator ab Version 2.0, MS Internet Explorer ab Version 3.0). Mit JavaScript ist es möglich, HTML-Seiten mit dynamischen Elementen zu versehen und Benutzereingaben während der Laufzeit zu verarbeiten (z.B. für die Prüfung von Formulareingaben).

JPEG (JPG)

Dieses Dateiformat spart enorm viel Speicherplatz, indem es feine Farbinformationen reduziert und durch Mittelwertberechnung ersetzt. Fusion ist in der Lage, Bilder aus anderen Formaten beim Import in das JPEG-Format umzuwandeln.

Link

Links (Hyperlinks) können im Browser angeklickt werden und verweisen auf eine andere Stelle des Dokumentes, eine andere Seite oder eine Datei.

ODBC

Abkürzung für *Open DataBase Connectivity*, bezeichnet einen von Microsoft entwickelten Standard für den Zugriff auf Datenbankdateien und Datenquellen.

Pixel

Die kleinste Einheit eines digitalen Bildes ist der Bildpunkt, engl. Pixel genannt. Die Anzahl der Pixel pro Fläche bestimmt die Auflösung eines Bildes.

Provider

Siehe ISP.

RGB

Bildschirmfarben werden durch additive Farbmischung der Farben Rot, Grün und Blau erzeugt. Wenn diese Farben bei gleicher Leuchtkraft übereinander projiziert werden, entsteht reines Weiß.

Site-Style

Ein Site-Style funktioniert wie eine Mustervorlage für Navigationsknöpfe, Seitenbanner, Hintergrundbild etc. In der *Design*-Ansicht ordnen Sie Ihrer Website einen Site-Style zu und legen damit das Erscheinungsbild Ihrer Website fest. Sie können selbst eigene Site-Styles erstellen und in Fusion verwenden.

Textformate

Textformate funktionieren wie in Fusion genauso wie Textformatvorlagen in einer Textverarbeitung oder in einem DTP-Programm. Textformate sorgen für ein einheitliches Erscheinungsbild der Texte Ihrer Website und vereinfachen nachträgliche Änderungen, da die Texteigenschaften wie Schriftart, Größe etc. zentral für die gesamte Website festgelegt werden können.

Top-Level Domain

Internetbereich.

Virtuell

Im Internet-Sprachgebrauch werden die elektronischen Abbilder und Modelle von Erscheinungen der wirklichen Welt mit dem Ausdruck *virtuell* bezeichnet. Es gibt virtuelle Einkaufszentren, virtuelle Konferenzräume und sogar virtuelle Personen, die etwas großsprecherisch als *Avatare* bezeichnet werden.

Web-Browser

Programm für die Anzeige von Dokumenten im Internet.

Website (WebSite)

Kunstwort, zusammengesetzt aus den englischen Ausdrücken für *Web* (=Netz, Internet) und *Site* (=Ort, Örtlichkeit, aber auch: Baustelle). Eine Website bezeichnet demnach einen virtuellen Ort im Internet, an dem noch gebaut wird.

Anhang

Anhang

Im Folgenden finden Sie einige Internetadressen mit nützlichen Informationen zur Arbeit mit Fusion, ergänzender Software und ergänzenden Informationen zum Thema Webdesign, Online-Marketing und Online-Recht.

Deutsche NetObjects Homepage

Unter der Adresse *www.netobjects.de* finden Sie aktuelle Informationen in deutscher Sprache zu NetObjects-Produkten, Händlern, Schulungsanbietern und zusätzlicher Software.

www.apollon.de

Ingo Fischer bietet hier eine Fülle von Zusatzprogrammen zu Fusion (sog. *Components*) kostenlos zum Download an. Unbedingt besuchen – es lohnt sich.

www.eFuse.com

eFuse ist eine Website, die sich sehr intensiv mit den Möglichkeiten von Fusion auseinandersetzt (leider alles auf englisch). Sie finden hier Tipps für gutes Webdesign ebenso wie zahlreiche Schritt-für-Schritt-Anleitungen für die Programmierung von Effekten mit NetObjects Fusion.

www.netobjects.com/workbench/

Hinter dieser Internetadresse verbirgt sich die NetObjects-»Werkbank« mit vielen nützlichen Tipps zur Arbeit mit dem Programm und zur Programmierung in Fusion.

www.onlinerecht.de

Unter dieser www-Adresse finden Sie umfassende Informationen zur aktuellen deutschen Online-Rechtsprechung. Die rechtlichen Aspekte von Urheberrecht, Markenschutz und E-Mail-Werbung werden hier auch für Nicht-Juristen verständlich erklärt.

Index

Index

Symbols

.nod-Datei 36, 52

A

Absatzausrichtung 176, 216
Absätze formatieren 176, 216
Alias-Namen 336
Alt. Text 259
ALT-Tag 259
Anker 143, 219
  bearbeiten 145
  definieren 143
Ankreuzfelder 288
Anschrift 198
Ansichten 38
  Ansicht Publizieren 39
  Ansicht Verwalten 39
  Ansicht wechseln 38
  Design-Ansicht 38, 47
  Seiten-Ansicht 87
  Seitenansicht 38, 45
  Site-Ansicht 37, 38, 65
Assets
  bearbeiten 312
  Dateiressource 313
  löschen 315
  Neues Asset 315
  überprüfen 314
  verwalten 312
Assetsverwaltung
  Vorteile 310
Auf externe HTML-Seite verweisen 223
Auswahlfeldfeld 296
Automatische Rahmen
  Eigenschaften 95
  erstellen 94

B

Befehle 242
Benutzerfreundliche Navigation 103, 109
Bild ausrichten 228
  Abstand um Objekt 235
  Links 231
  Links umbrechen 233
  Mitte 230
  Oben 229
  Rechts 233
  Rechts umbrechen 234
  Unten 231
  Zentriert 232
Bilder
  Auflösung 188
  Bildqualität und Ladezeiten 187
  Bild-Werkzeug 188
  Dateiformate 187
  Dateiformate konvertieren 190
  empfohlene Dateigröße 187
  Faustregeln 187
  Größe ändern 133
  Hotspot 188, 190
  Hotspot-Werkzeug 190
  Image Map 188, 190
  Kachelmuster 134
  maussensible Bereiche 190
  platzieren 189
  Rechtliche Aspekte 186

Scannen 188
unterstützte Dateiformate 189
zur Navigation benutzen 188
Bilder in Text platzieren 226
Bildgrößen 167

C

Cascading Style Sheets
aktivieren 151
CGI-BIN-Verzeichnis 336

D

Datei
neu 36
öffnen 64
Datei immer publizieren 314
Dateien aus anderen Programmen importieren 220
Datenbanken
ODBC-Treiber 24
Datum automatisch ändern 200
Datumsformat 201
Design-Ansicht 47
Design-Grundlagen 165
Download von Dateien 150
Drucken
Druckbereich 81
Strukturplan der Web-Site 81

E

Eckenrundung festlegen 255
Eigenschaften für gezeichnete Objekte
Alt.-Text 259
Farbe 259
Linienstärke 259
Text in Element 260
Eigenschaften von gezeichneten Linien
Alt.-Text 268
Farbe 268
Linienbreite 268
Stil 268
Eingabefeld 292
Einrücken 216
Einstellungen
Allgemein 53
Meta-Tags 54
Protokoll 56
Sicherungskopie 57
exakte Positionierung 135
Externe Dateien
HTML-Dateien verknüpfen 222
mit dem Explorer importieren 221
über die Zwischenablage kopieren 220

F

Farbauswahl 79
Farben 161
Angepaßte Farbpalette erstellen 164
Farbauswahl-Dialog 161
Farbe ändern 165
Farbe auswählen 163
Farbpalette auswählen 162
Farbpalette laden 163
Farbpalette speichern 165
Farbpalette 162, 163, 164
Farbwähler 161
Feld einfügen 200
Firewall 336
Format 176, 217
Formatvorlagen 151
Formen und Linien 253

Formular
- Aktion 282
- Auswahlfeld 296
- Eingabefeld 292
- Einstellungen 280
- Elemente platzieren 286
- erstellen 275, 277
- Formular-Werkzeuge 285
- im Layout 280
- im Layout-Bereich 279
- im Textfeld 279
- in einer Tabelle 280
- Kontrollkästchen 288
- Kontrollkästcheneigenschaften 289
- mehrzeiliges Eingabefeld 294
- Methode 282
- Optionsschaltflächen 290
- Optionsschaltflächen - Eigenschaften 291
- Schaltfläche 286
- Schaltflächeneigenschaften 287
- Verdeckte Felder 283

Formular-Werkzeuge 285
Frame
- Eigenschaften 95
- Hintergrund 98

Framesets 94
FTP-Basisverzeichnis 334
FTP-Benutzername 335
FTP-Kennwort 335
FTP-Port 336

G

Gestaltung von Webseiten 165
Gitternetz 135
- Menübefehl 173

Gliederung 68

H

Hauptkontrollleiste 38
HEAD 223
Hilfslinien 137
- löschen 138
- verschieben 138

Homepage
- beim Publizieren umbenennen 332, 335

Hotspots
- anzeigen 191
- definieren 192
- in beliebiger Form 193
- mit Internetseiten verknüpfen 194
- Rechtecke und Ellipsen 192
- Werkzeugausführungen 191

Hotspot-Werkzeug 190
HR 263
HTML
- einfügen 200
- Feld einfügen 200

HTML-Ausgabe 337
HTML-Dateien 220
Hyperlinks 140

I

Importieren 220
Installation
- benutzerdefiniert 30
- minimal 30
- Systemvoraussetzungen 23

IP-Adresse 334

K

Kontrollkästchen 288

L

Layout 89, 98, 165
- Eigenschaften 98
- Größe festlegen 100
- Hintergrund 103
- hinzufügen 99
- HTML-Ausgabe 101
- Layoutname 99

Layout-Bereich 275
- Eigenschaften 277
- erstellen 276

Layoutraster 167
Lineale und Hilfslinien 135
Linien 263
- Eigenschaften von gezeichneten Linien 267
- gezeichnete Linien bearbeiten 269
- Horizontale Linie 263
- in beliebiger Richtung 266
- Linien zeichnen 266
- Pfeilspitzen 266
- Site-Style 270

Link 140, 142, 219
- Anker 143
- Bildlink erstellen 141
- Datei-Link 150
- E-Mail-Adresse 198
- E-Mail-Link 148
- Externer Link 146
- Intern 142
- mailto 199
- Smart Link 145
- Textlink erstellen 140
- Typen 142

Listen 218

M

mailto-Befehl 198
mailto-Link 148
Master-Rahmen 89
- bearbeiten 91
- Bedeutung für die Navigation 114
- Hinweise 92
- hinzufügen 91, 114
- Merkmale 90
- Ränder einstellen 93
- umbenennen 92
- Vorgaben für neue Seiten 91

Mehrzeiliges Eingabefeld 294
Merkmalpalette 42
Meta-Tags
- author 55
- keywords 55
- robots 55

N

Navigation 39
Navigationsleiste
- Aktuelle Ebene 108
- Anzeige der Navigationsleiste 105
- dynamische Buttons 120
- effektive Produktion 123
- Eigenschaften 105
- Erste Ebene 107
- erstellen 110
- Hervorgehobene Schaltflächen verwenden 119
- Rollover-Schaltflächen verwenden 120
- Schaltflächentyp 111
- Standardvorgaben 111
- Übergeordnete Ebene 107

Untergeordnete Ebene 108
NetObjects Fusion-Site öffnen 64

O

Objekte
ausrichten 136
ausschneiden 131
einfügen 131
Form ändern 132
Gruppe von Objekten auswählen 130
kopieren 131
löschen 131
Objekt auswählen 129
positionieren 129
verschieben 132
Objektumrisse 115
Online 40

P

Passiver Modus 336
Publikation konfigurieren
Erweiterte HTML-Optionen 340
Maximale Komprimierung des HTML-Codes 341
Server definieren 330
Verzeichnisstruktur 328
Publizieren-Ansicht 321
Attribute 326
Dateien und Verzeichnisse umbenennen 324
Ressourcen verschieben 326
Veröffentlichungseigenschaften 326
Verzeichnis erstellen 322
Verzeichnis löschen 325

R

Radioknöpfe 290
Raster 89, 135
Maschenweite einstellen 136
Rechtliche Aspekte
Hyperlinks 149
Ressourcen
von externen HTML-Dateien verwalten 223
RTF-Dateien 220
Rückgängig 132

S

Schriftart 214
Standardvorgabe 175
Schriftarten
geeignete 179
Schriftfarbe 215
Schriftgröße 214
Schriftschnitt 213
Seite
benennen 44, 71, 73, 325
Benutzerdefinierte Namen 76
Breite ändern 50
Dateierweiterung 77
empfohlene Seitenbreite 72
Farbe des Seitensymbols ändern 79
gestalten 45
Hinweise zu Seitennamen 75
hinzufügen 42, 69
im Browserfenster zentrieren 197
löschen 71
Namensanzeige 43
Navigationsschaltfläche 77
Publizieren 78
Seitenbanner 77

Seitentitel 74
Status 77
verschieben 71
verschiedene Versionen verwalten 99
Seiten-Ansicht
Navigation zwischen Seiten 117
Symbolknopf 87
Seitenansicht 45
Seitenbeschriftungen 90
Seiten-Farbcodierung 81
Seitengröße 168
Seitenlineale
Anfasser für Master-Rahmen 94
anzeigen 137
Maßeinheit einstellen 139
Seitenmerkmale 135
Server
Ferner Publizierungsserver 333
Lokaler Computer 331
Sicherung
automatisch sichern 57
Sicherungskopien 57
Site
speichern 51
Site-Ansicht 37
Werkzeuge 66
Site-Einstellungen 53
Site-Navigation 118
Site-Style
Linie 270
Sonderzeichen
Copyright-Symbol 198
schwebender Punkt 198
Warenzeichen 175
Spalten 166
Spalteneigenschaften
An Inhalt anpassen 252
Anordnung 251
Spaltenbreite 251
Speichern
im Netzwerk 36
Stil 47
Suchmaschinen
Anmelden 56
Suchbegriffe definieren 55
Suchmaschinengerechte Programmierung 177
Symbolknöpfe
für die Site-Navigation 39
Gehe zu Seite 39
Vorherige Ansicht 39
Vorschau im Browser 39
zum Wechseln der Ansicht 38

T

Tabellen
Abstände 241
Bild einfügen 239
erstellen 237
HTML-Ausgabeoptionen 242
Inhalte eingeben 239
Neue Spalte einfügen 253
Neue Zeile einfügen 252
Spalte auswählen 250
Spalteneigenschaften 251
Tabelle auswählen 240
Tabelleneigenschaften 241
Tabellen-Werkzeug 237
Zeile auswählen 247
Zeileneigenschaften 248
Zellen auswählen 244
Zellen teilen 245
Zellen verbinden 244
Zelleneigenschaften 246
Tabelleneigenschaften
Abstände 241
Befehle generieren 242

Breite für alle Zellen generieren 242
Erweitert 242
Tabelle ist ein Formular 243
Tabellen-HTML 244
Umbruchgeschützte Leerzeichen generieren 243
Text 207
Absatzmarke 181
Ausrichtung 176
drehen 262
Eigenschaften 208
fett 182
Format zuweisen 176
hochstellen 180
markieren 177
Schriftart festlegen 178
Schriftgröße festlegen 179
Texteigenschaften festlegen 175
Textfeld-Eigenschaften 208
Textfenster ändern 183
Textfenster aufziehen 174
Textformat-Eigenschaften 213
Textwerkzeug 173, 207
weicher Zeilenumbruch 182
Texteigenschaften
Format 175
Textfeld
An Textgröße anpassen 211
Eigenschaften 208
Hintergrundbild 209
Hintergrundfarbe 208
Höhe fixieren 210
HTML 212
Inhalt in Browserbreite umbrechen 212
Textfeld ist ein Formular 212
Textformat 151
Absatz 156
Absatz anordnen 216
ändern 161
bearbeiten 151
Benutzerdefiniert 160
Darstellung 217
Durchstreichen 215
Eigenschaften 213
Einrücken 216
Farbe 215
Hintergrund 159
Hochstellen 215
Liste 157
Listen 218
löschen 161
Neu 154
Rahmen 158
Schriftart 155, 214
Schriftgröße 156, 214
Schriftschnitt 213
Tiefstellen 215
Zeichen 155
Textgestaltung 207
TXT-Dateien 220

U

Überlagerte Elemente 196

V

Verbindung
interne Verbindung 195
Verdecktes Formularfeld erstellen 283
Veröffentlichen 343
Ganze Site 344
Nur ausgewählte Seite 345
Nur geänderte Assets generieren 346
Site-Abschnitt 344

Speicherort 343
Veröffentlichungseinstellung 102
Verwalten-Ansicht 309
Dateien 311
Datenobjekte 312
Links 311
Variablen 312
Verzeichnisstruktur
Nach Asset-Typ 328
Nach Site-Struktur 329
Unstrukturiert 328
Vorschau im Browser 51
nur aktuelle Seite 39

W

WebSite
Struktur festlegen 69
Werkzeuge
Ausführungen 67
Auswahl-Werkzeug 66, 129
Bild-Werkzeug 188
Formular-Bereich 278
Hotspot-Werkzeug 190
Layout-Bereich 276
Navigationsleisten-Werkzeug 111
Tabellen-Werkzeug 237
Text-Werkzeug 173
Werkzeugleisten positionieren 66
Zeichen-Werkzeug 253
Zoom-Werkzeug 66
What you see is what you need 39
Widerrufen 173

Z

Zeichenprogramme 24
Zeichnen 253
Abgerundetes Rechteck 254
Eigenschaften für gezeichnete Objekte 258
Ellipse 256
Kreis 257
Linien 263
Rechteck 254
Vieleck 257
Zeileneigenschaften
Anordnung 249
Zeilenhöhe 249
Zeitformate 201
Zelleneigenschaften
Anordnung 246
Hintergrund 247
Zusatzsoftware 35

DAS EINSTEIGERSEMINAR
macromedia
Dreamweaver 3
Achim Beiermann
Volker Hinzen
Der methodische und ausführliche Einstieg
Über 400 Seiten Einsteiger-Know-how
bhv